HEYNE<

ANDREAS SCHLUMBERGER

50 EINFACHE DINGE,
DIE SIE TUN KÖNNEN, UM DIE
WELT ZU RETTEN,
UND WIE SIE DABEI
GELD SPAREN

Mit einem Vorwort
von Ernst Ulrich von Weizsäcker

WILHELM HEYNE VERLAG
MÜNCHEN

Verlagsgruppe Random House FSC® N001967
Das für dieses Buch verwendete FSC®-zertifizierte Papier
Salzer Alpin liefert Salzer Papier, St. Pölten, Austria.

Taschenbucherstausgabe 12/2015

© 2013 by Westend Verlag GmbH, Frankfurt/Main
Der Wilhelm Heyne Verlag, München, ist ein Verlag der
Verlagsgruppe Random House GmbH
Umschlaggestaltung: Eisele Grafik-Design, München
Umschlagillustrationen: colorlife/Bigstock
Printed in Germany
Druck und Bindung: GGP Media GmbH, Pößneck

ISBN: 978-3-453-60328-8
www.heyne.de

Inhalt

Die Welt retten – es rechnet sich!

Es ist schon ein gewaltiger Anspruch, mit dem der Titel dieses Buches konfrontiert. Aber ein Blick auf die teilweise verblüffend einfachen und allesamt sinnvollen Tipps zeigt, wie es gemeint ist und dass es gehen kann. Weil alle diese Vorschläge dazu taugen, den Verbrauchern das Gefühl der eigenen Ohnmacht im Angesicht der gravierenden Umweltprobleme zu nehmen; weil sie zeigen, welchen konkreten Beitrag jeder Einzelne für Klimaschutz, Ressourcenschonung und Abfallvermeidung in den Bereichen Haus und Garten, Ernährung, Mobilität und Freizeit leisten kann.

Dieses Buch hat aber noch eine zweite Botschaft: Dass sich mit einem derart vernünftigen Verhalten sogar Geld sparen lässt. Am relativ banalen Beispiel der Energiesparlampe ist das besonders anschaulich zu vermitteln. So bringt eine einzige dieser Lampen, wenn alles gut geht, bei einer Leistung von 11 Watt und 10 000 Betriebsstunden gegenüber einer herkömmlichen Glühlampe eine Einsparung von 480 Kilowattstunden und 312 Kilogramm CO_2 für die Umwelt und 74 Euro für den Geldbeutel. Das ist Öko-Effizienz in ihrer besten Form: Wenn deutlich wird, wie ohne Verlust an Lebensqualität eine Entlastung der Umwelt erreicht werden kann bei gleichzeitiger Senkung der Kosten.

Dieser doppelte Nutzen beschert dem Buch die Chance, viele Menschen zum Umdenken und zu einem anderen Handeln anzuregen. Insofern ist dieses Buch auch keinesfalls als Alternative zu den klaren Aufträgen an die Entscheider in Politik und Wirtschaft zu verstehen, es ist vielmehr ein wichtiger – und nicht ganz uneigennütziger – Flankenschutz für die lange Auseinandersetzung um den Schutz der Lebensgrundlagen künftiger Generationen. Was ja nicht mehr und nicht weniger heißt, als die Welt zu retten.

In diesem Sinne wünsche ich dem Buch eine möglichst große Verbreitung – und den darin enthaltenen Tipps eine möglichst umfassende Anwendung.

Ernst Ulrich von Weizsäcker

Home sweet Home
Mit Energie gegen den Klimakollaps

Die Klimaveränderung – da sind sich die Experten staatenüber-greifend einig – kommt, ja ist schon im Gange. Wir stehen mitt-lerweile nicht mehr vor der Aufgabe, sie abzuwenden, sondern vielmehr, ihr Ausmaß zu begrenzen und Strategien zu entwi-ckeln, um uns anzupassen.

Jeder weiß, dass der Mensch einen großen Anteil an der fort-schreitenden Klimaerwärmung hat und dass deren Folgen sich wiederum negativ auf die Menschheit auswirken werden. Für Mitteleuropa sind zunehmend extreme Wetterereignisse wie Stürme oder Starkregen und auch extreme Witterungsperioden, zum Beispiel Dürren oder Fluten, zu erwarten. Extremereignisse wie Hitzewellen werden zur Norm, vor allem im Mittelmeerraum. Besonders stark dürften auch die alpinen Regionen unter dem Kli-mawandel leiden. Die Durchschnittstemperaturen in der Schweiz könnten fast doppelt so stark ansteigen als sonst in der nördlichen Hemisphäre. Die wichtigste Rolle bei diesem Vorgang spielen die Verbrennungsgase Kohlendioxid und Kohlenmonoxid, die etwa zwei Drittel des menschengemachten Treibhauseffekts bewirken. Weitere Treibhausgase sind Methan und die FCKW. Unser Um-gang mit Energie muss daher dem Ziel folgen, den Ausstoß von Kohlendioxid und anderen Klimagasen möglichst gering zu hal-ten. Natürlich müssen wir auch weiterhin unsere Wohnung hei-zen oder unterwegs sein, nur eben viel effizienter.

Das *Zwischenstaatliche Gremium für Klimawandel* (Inter-governmental Panel on Climate Change, IPCC) hat errechnet, dass die globale Temperatur jährlich um nicht mehr als 0,01 °C steigen darf, wenn sich die Ökosysteme ohne katastrophale Brüche anpassen können sollen. Das bedeutet, dass jedem Menschen nicht mehr als etwa 5 Kilogramm Kohlendioxid pro Tag zustehen. Diese Menge hat man aber allein schon mit einer Autofahrt von 26 Kilometern verursacht! Die Deutschen als hochentwickelte Industrienation kommen im Jahr auf 10 bis 11 Tonnen Kohlendioxidausstoß pro Kopf, die Österreicher auf 8 und die Schweizer auf 6. Letztere erwirtschaften ihren Wohlstand eher durch Dienstleistungen als durch produzierendes Gewerbe. Dafür importieren sie mehr energieintensive Produkte, die entsprechenden CO_2-Emissionen entstehen lediglich anderswo. Eine Studie der OECD, die diese »grauen Emissionen« berücksichtigt, kommt auch für die Schweiz auf einen hohen Wert von 10,6 Tonnen CO_2 pro Kopf und Jahr. Wie man es auch dreht und wendet: Klimaverträglich wären maximal 1,8 Tonnen – weltweit für jeden. Die Treibhausgasemissionen haben indes mit 34 Milliarden Tonnen – so die aktuelle Auswertung für 2011 – ein neues Rekordhoch erreicht.

Energieformen

Im Hausgebrauch sind vor allem zwei Energieformen von Bedeutung: Wärmeenergie zum Heizen und der Alleskönner Strom. Wärme wird zum größten Teil mit Heizanlagen vor Ort hergestellt, während Strom dezentral produziert und über ein weltweites Netz an die Haushalte verteilt wird. Das liegt vor allem daran, dass sich Strom in großen Mengen wirtschaftlicher erzeugen und leichter über weite Strecken transportieren lässt als Wärme.

Wärme

Schon die Höhlenbewohner haben den Vorgang des Verbrennens genutzt, um Wärme zu erzeugen. Brennstoffe wie Erdöl, Gas oder Holz stecken voller Energie (genauer gesagt ihre Molekülverbindungen auf der Basis von Kohlenstoff), an die man herankommt, indem man sie verbrennt. Hierbei verbindet sich der Kohlenstoff des Brennstoffs mit dem Sauerstoff der Luft (Oxidation) und die Energie, welche die Moleküle des Brennmaterials zusammenhält, wird als Wärme freigesetzt. Neben der Wärme entstehen aber leider unweigerlich auch das klimazerstörende Kohlendioxid und Luftschadstoffe.

Ein weiterer Nachteil der sogenannten fossilen Brennstoffe (Erdöl, Gas, Braun- und Steinkohle sowie ihre Weiterverarbeitungen zu Benzin oder Koks) ist ihr begrenztes Vorkommen. Sie gehen in absehbarer Zeit zur Neige. Aber vielleicht ist das ja auch gut so, denn so sind wir gezwungen, uns über klimaschonende Alternativen Gedanken zu machen.

Um an Brennstoffen – und damit auch an Heizkosten – sparen zu können, sollte man sich zunächst Klarheit über den eigenen Verbrauch verschaffen. Ein Leichtes für alle, die alleine wohnen und Zugang zur Gasuhr oder zum Ölstandsanzeiger haben. Etwas schwieriger ist dies bei Abrechnungen der Techem oder anderen Dienstleistern, da diese stets von einer Gesamtsumme in Euro für Verbrauch plus Servicekosten ausgehen und dann – sozusagen rückwärts – den zu zahlenden Betrag angeben. Lassen Sie sich dadurch nicht verwirren. Um den eigenen Verbrauch zu beziffern, gehen Sie wie folgt vor:

- Ziehen Sie zunächst die Servicekosten ab.
- Aus dem zugrundegelegten Brennstoffpreis (Öl wird in Litern, Gas in Kubikmetern abgerechnet) errechnen Sie die verbrauchte Brennstoffmenge.
- Aus dem Verhältnis von Gesamtquadratmeterzahl eines Mehrfamilienhauses zu eigener Wohnfläche und Gesamtzahl abgelesener Zählerstriche zu eigenen Zählerstrichen berechnen Sie schließlich, wie viel Brennstoffverbrauch Ihnen zugewiesen wurde.

Zu beachten ist auch noch, dass Sammelabrechnungen für Mehrfamilienhäuser anteilig einen Grundkosten- und einen variablen Verbrauchskostenanteil festlegen. (Die Heizkostenabrechnungsverordnung lässt drei Kombinationen zu, Verhältnis 30:70, 50:50 oder 70:30. In den meisten Fällen wird mit 50:50 gearbeitet.) Diese Aufteilung wird vorgenommen, um einen gewissen Ausgleich zwischen den Mietern zu schaffen, die in einer windumbrausten Ecke des Hauses wohnen, und jenen, deren Wohnung schön zentral im Block liegt und von den anderen »mitgeheizt« wird. Je nachdem, wie hoch ihr variabler Anteil ist, können Mieter ihre Kosten mehr oder weniger stark beeinflussen. Sie sollten beim Vermieter immer wieder darauf drängen, den variablen Anteil mit 70 Prozent und den Grundanteil mit 30 Prozent zu veranschlagen.

Eine wichtige Größe, die den Bezug zwischen Wärmebedarf und bewohnter Fläche herstellt, ist die Energiekennzahl oder auch der Energiekennwert: Um sie zu erhalten, teilen Sie Ihren gesamten Energiebedarf eines Jahres für Heizung und Warmwasser durch die versorgte Fläche; dabei gilt: 1 Liter Öl liefert 10,4 Kilowattstunden[1] (kWh), 1 Kubikmeter Gas liefert 10 kWh. Das Ergebnis in Kilowattstunden pro Quadratmeter und Jahr (kWh/m²) verrät Ihnen, wie effizient Sie zurzeit die eingesetzte Energie ausnutzen. Der Stand der Technik ermöglicht heute Werte von etwa 80 bis 120 kWh/m² und Jahr, der Durchschnitt liegt bei – viel zu hohen – 220 bis 280 kWh/m².

---

[1] Die Kilowattstunde dient als Maßeinheit für alle Energieformen. Mit ihr lässt sich auch der Energieinhalt eines Liters Öl oder eines Kilogramms Feuerholz in die Dauer einer Beleuchtung oder die Länge eines Fernsehabends übersetzen.

Strom: elektrische Energie

Neben dem Verbrennen von Erdöl, Gas und Kohle kann auch aus Sonnenstrahlung, Wind und den Gezeiten Energie gewonnen werden. Leider eignen sich die sogenannten Primärenergieträger aber nur für bestimmte Anwendungen und sind außerdem schlecht zu transportieren. Da hilft Elektrizität. Sie lässt sich leicht umwandeln, ist transportabel und abgasfrei. Ein Nachteil der elektrischen Energie ist, dass sie nur in dem Moment verbraucht werden kann, in dem sie hergestellt wird, beziehungsweise sich nur unter hohem Aufwand speichern lässt. Um die Versorgung mit Strom zu gewährleisten, müssen Energieversorgungsunternehmen also stets mehr Energie erzeugen, als tatsächlich gebraucht wird. Das zweite große Manko: Bis der Strom zu Hause ankommt, sind etwa zwei Drittel der ursprünglich eingesetzten Primärenergie als Wandlungsverluste verschwunden.

Der Löwenanteil des Stromangebots wird – bevor er aus der Steckdose kommt – von rotierenden elektromagnetischen Anlagen (Generatoren, Dynamos) erzeugt. In Schwung gebracht werden sie durch Verbrennung, Flüsse (oder seltener die Gezeiten) oder Wind. Bei der Kernspaltung wird die Energie aus den Kräften gewonnen, die die Atomkerne zusammenhalten. Dies erfordert besondere Sicherheitsvorkehrungen wegen der gleichzeitig entstehenden Strahlung.

Eine relativ junge Stromerzeugungsmethode ist die Photovoltaik. Hier entsteht der Strom dadurch, dass Licht Elektronen aus einem Trägermaterial »herauslöst«, so dass sie sich frei bewegen und als Strom fließen können. Die Strommenge hängt dabei von der Beleuchtungsstärke und Menge des Lichts ab. Für die Aufklärung dieses »photoelektrischen Effekts« erhielt Albert Einstein 1922 den Nobelpreis. Heute werden Solarzellen in großem Maßstab aus Silizium hergestellt, aber auch andere Materialien kommen als Lichtabsorber zum Einsatz.

Eine andere, neuere Variante sind Brennstoffzellen, die aus einem Brennstoff (meist Wasserstoff) und Sauerstoff (oft reicht der aus der Luft) auf elektrochemischem Weg direkt Strom produzieren können. Sie haben eine hohe Energieausbeute, produzieren wenig Schadstoffe, lassen sich für viele Leistungsklassen herstellen und arbeiten geräusch- und vibrationsfrei, was sie zum Hoffnungsträger zukünftiger Energiekonzepte macht.

Um Strom zu sparen, muss man auch hier zunächst den Verbrauch messen können. Die Maßeinheit hierfür ist die Kilowattstunde, die man aus der Stromrechnung kennt. Bei der Beschreibung des Energiebedarfs möchte man nicht nur wissen, wie viel Energie, gemessen in Joule (J), zur Verfügung steht, sondern wie viel in welcher Zeit. Energie (beziehungsweise Arbeit) pro Zeit nennt man Leistung und diese wird in der Größe Watt (W) angegeben. Eine 60-Watt-Glühbirne strahlt heller als eine 40-Watt-Birne, weil sie in derselben Zeit 20 Joule mehr Energie aufnehmen und in Licht verwandeln kann.

Wichtig ist zudem, wie lange die Lampe brennt. Für die benötigte Energiemenge multipliziert man die Wattzahl mit der Nutzungsdauer in Stunden. Brennt die 40-Watt-Birne eine Stunde lang, verbraucht sie 40 Wattstunden. Da ein Watt eine kleine Menge ist, rechnet man in der 1 000-fach höheren Einheit, dem Kilowatt. So kommt die Kilowattstunde (kWh) zustande, die obige Lampe würde demnach 0,04 kWh verbrauchen.

Auf diesem Weg können Sie nun leicht den Verbrauch Ihrer Geräte in Euro umrechnen:

- Wie viel Watt (W) nimmt mein Gerät auf?
- Wie lange läuft es? Multiplizieren von Wattzahl und Nutzungsdauer ergibt die Wattstunden.
- Teilen durch 1 000 ergibt kWh.

- Multiplizieren mit dem jeweiligen Preis[2] für eine kWh gibt die Kosten der bestimmten Energiedienstleistung (zum Beispiel eine Stunde Fernsehen) an.

Leistung beziehungsweise Leistungsaufnahme in Watt kann also zu jedem beliebigen Zeitpunkt gemessen werden, während der gesamte Energiebedarf eines Vorgangs in kWh über eine bestimmte Zeitspanne gemessen wird.

Was kann man mit einer Kilowattstunde anfangen? Zum Beispiel 20 Stunden lang Radio hören oder sieben Stunden fernsehen, mit dem Elektroherd ein Mittagessen für vier Personen kochen, mit einem Mixer 50-mal Kuchenteig rühren, mit einem Bügeleisen zwei Stunden lang bügeln, sich mit einer elektrischen Zahnbürste sieben Jahre lang dreimal täglich die Zähne putzen, sich mit einem Elektrorasierapparat zwei Jahre lang rasieren.

Wer wissen möchte, wie die Kilowattstunden auf der Stromabrechnung zusammenkommen, sollte seine Geräte mit einem Strommessgerät prüfen. Es wird zwischen Steckdose und Testkandidat gesteckt und zeigt zunächst zwei Größen an: Watt oder Kilowattstunden. Den Messmodus Watt sollten Sie wählen, wenn das Gerät gleichmäßig arbeitet und beliebig lange läuft: Eine 60-Watt-Glühbirne nimmt 60 Watt Leistung auf, solange sie auch angeschaltet ist. Ihre Kosten ergeben sich damit direkt aus der Betriebsdauer. Der »Wattmodus« zeigt also die Leistungsaufnahme eines Geräts an – genauer als die Angaben in der Bedienungsanleitung – und ist damit besonders geeignet, versteckten Stand-by-Stromfressern auf die Spur zu kommen.

---

2   Wie viel Sie für eine kWh bezahlen, können Sie Ihrer Stromrechnung entnehmen. Für die Rechenbeispiele in diesem Buch haben wir einen mittleren Preis von 27 Cent zugrundegelegt.

Die Anzeige in Kilowattstunden wählen Sie, wenn ein Gerät für einen bestimmten Vorgang eine begrenzte Zeit läuft und dabei verschiedene Schaltzustände einnimmt: Eine Waschmaschine braucht etwa eine Stunde, zieht während dieser aber nicht immer gleich viel Strom – Wasser aufzuheizen kostet viel mehr Energie als das Umwälzen. Ein Kühlschrank schaltet sich immer wieder ein, wenn die gewünschte Temperatur überschritten wird, und schaltet sich nach diesem Kühlvorgang wieder für eine Weile ab. Im »kWh-Modus« zeigt das Messgerät also den Gesamtverbrauch solcher »gestückelten« Arbeitsgänge an. (Beim Kühlschrank sollten Sie daher mindestens einen Tag lang messen und auf das Jahr hochrechnen.)

Manche Messgeräte lassen sich auch noch mit dem aktuellen Strompreis programmieren und nehmen so die Berechnung der Kosten ab.

Sparsame Geräte

Das Niedrigenergie-Institut Detmold (NEI) durchforscht regelmäßig den Markt nach Haushaltsgeräten, die durch geringen Verbrauch glänzen. Vor einer Neuanschaffung sollten Sie unbedingt die umfangreiche, aktuelle Marktübersicht des Instituts zu Rate ziehen – als Faltblatt per Post, unter www.nei-dt.de oder über die Online-Datenbank www.spargeraete.de.

Es wäre natürlich schön, stromsparende Geräte ohne Taschenrechner und Rechenanleitung ausfindig machen zu können. Doch selbst mit Verbrauchsangaben ist es oft schwierig, Geräte unterschiedlicher Größe oder Leistung zu vergleichen. Das EU-Energie-Label (www.eu-label.de) und die Schweizer energieEtikette (www.energieetikette.ch) bieten hierfür eine scheinbar einfache Lösung, indem sie Geräte von *A* bis *G* klassifizieren. *A*-Geräte sind außerordentlich sparsam, *G*-Geräte dagegen grausig verschwenderisch und solche mit *B* bis *F* liegen irgendwo dazwischen. Dass *A* sparsamer ist als *B* gilt allerdings nur für Geräte gleicher Bauart. Vergleicht man hingegen Kühlschränke ohne Sternefach und solche mit */***-Fach oder Gefrierschränke mit Gefriertruhen, hilft das Label nicht, denn die Anforderungen sind je nach Geräteart verschieden. Mancher *B*-Gefrierschrank braucht mehr Strom als eine *D*-Truhe gleicher Größe. Und auch innerhalb der *A*-Gruppe gibt es oft eine große Bandbreite von Verbrauchen. Mit *A* dürfen sich nämlich alle Geräte schmücken, die weniger als 55 Prozent des marktdurchschnittlichen Verbrauches ihrer Bauart aufweisen.

Der »grüne Strom«

Seit der Liberalisierung des europäischen Strommarktes im April 1998 können EU-Bürger ihren Stromlieferanten und damit auch die Stromerzeugungsart frei wählen. Sie können zu einem Anbieter wechseln, der seinen Strom aus erneuerbaren Energien und Anlagen mit hohem Wirkungsgrad bezieht. Nicht alle vermeintlich »grünen« Angebote sind aber aus ökologischer Sicht sinnvoll und leisten einen Beitrag zur Förderung der erneuerbaren Energien. Entscheidungshilfe gibt zum Beispiel der Verein Grüner Strom Label e. V. Er hat sich zum Ziel gesetzt, Unternehmen zu zertifizieren, die auf den Ausbau erneuerbarer Energien setzen, um langfristig atomare und fossile Energien abzulösen. Ein wichtiges Kriterium für die Vergabe des Labels ist darum, Atomkraftwerksbetreiber sowie Unternehmen, die den Marktzugang erneuerbarer Energien behindern, auszuschließen. Anbieter, die aus reinen Marketinggründen einen Alibi-Anteil Ökostrom vertreiben, grundsätzlich aber der atomaren und fossilen Energiewirtschaft verhaftet bleiben, erhalten ebenfalls kein Zertifikat.

Schalt mal ab –
Stand-by kostet viel Strom

Sie glauben, Ihr Fernseher ist aus, wenn Sie den Power-Knopf gedrückt haben? Doch glimmt da nicht noch ein Lämpchen? Fühlt sich ein Netztrafo warm an, obwohl die angeschlossene Lampe nicht leuchtet? Hier verschwenden Sie Strom! Jedes Mal, wenn ein Gerät nicht wirklich aus, sondern nur auf Bereitschaft (englisch: Stand-by) geschaltet wird, fließt weiter Strom – umso mehr, je mehr Leistung ein Gerät im Schlaf aufnimmt. Vor allem Fernseher, Satellitenempfänger, Antennenverstärker und DVD-Spieler fressen Unmengen beim Nichtstun. Aber auch Warmwasserspeicher ziehen Strom, wenn sie gar nicht gebraucht werden. Bei den meisten Geräten ist Stand-by inzwischen der Normalzustand, schlimmer noch: Viele haben gar keinen Netzschalter mehr, der Stand-by-Modus ist nicht zu erkennen. Und viele Geräte, beispielsweise Kopierer, fahren zudem den größten Teil der Zeit nur im Leerlauf. Auch wenn ganz abschalten nicht geht: Sparsame Stand-by-Geräte verbrauchen oft nicht einmal ein Zehntel dessen, was Verschwender aus dem Netz saugen.

Der Regelungsausschuss der EU beschränkt den Stromverbrauch von Geräten im Stand-by-Modus ab 2014 auf 1 Watt, bei Displays sind 2 Watt vorgeschrieben. Nach vier Jahren sollen diese Werte nochmals um die Hälfte reduziert werden. Mit diesen verbindlichen Grenzwerten ließe sich laut Experten pro Jahr so viel Strom sparen, wie ganz Ungarn verbraucht, was bis zum Jahr 2020 Einsparungen von 55 Prozent im Vergleich zu heute bedeutet.

Wussten Sie schon ...

»Die paar Watt, die mein Fernseher im Stand-by-Modus braucht, macht das denn so viel aus?«, fragen Sie vielleicht. Dann wird es Sie überraschen, dass der Leerlauf

- einen Durchschnittshaushalt jedes Jahr rund 113 bis 225 Euro (oder circa 138 bis 305 sFr[3]) kostet,
- in Deutschland rechnerisch zwei Großkraftwerke, in Österreich das halbe Donaukraftwerk im 24-Stunden-Betrieb für sich beansprucht,
- in deutschen Büros und Haushalten jedes Jahr mindestens 22 Milliarden kWh frisst (das entspricht dem Jahresverbrauch der Stadt Berlin) und damit über 4,5 bis 6 Milliarden Euro kostet,
- für 4 Prozent des gesamtdeutschen Strombedarfs und 10 Millionen Tonnen CO_2 und in der Schweiz für bis zu 5 Prozent des Stromverbrauchs verantwortlich ist,
- in Privathaushalten durchschnittlich mit einem Zehntel der Stromrechnung zu Buche schlägt,
- allein schon bei ineffizienten DVD-Spielern 30 Euro im Jahr kostet. Sparsame DVD-Geräte verbrauchen im Stand-by-Modus weniger als 1 Watt, das sind gerade mal 2,25 Euro für die jährliche Stromrechnung.
- Übrigens: Stand-by erhöht die Lebensdauer eines Gerätes nicht!
- In Berlin gab es 2007 die ersten Stromsparmeisterschaften. 10 000 Studenten aus 55 Wohnheimen haben sich im Stromsparen gemessen. Dem Sieger winkten 2 500 Euro. Ähnliches gibt es mittlerweile auch in vielen anderen Städten.

---

3   Wechselkurs Stand Ende März 2013 (1 Euro = 1,22 sFr)

■ Die steigenden Energiekosten machen vielen Verbrauchern zu schaffen. In Nordrhein-Westfalen befindet sich jeder fünfte Haushalt bei seinem Energieversorger in Zahlungsverzug oder in einem Mahnverfahren.

▮ ▮ ▮ TIPPS

Schalten Sie Geräte immer am Netzschalter aus. Wo das nicht geht, installieren Sie Steckdosen mit Schalter, schließen Sie mehrere Geräte an eine schaltbare Steckerleiste an oder ziehen Sie einfach die Strippe. Wo Trafos nötig sind, wählen Sie Ringkerntrafos: Sie ziehen fast 90 Prozent weniger Strom als Mantelkerntrafos. Vergessen Sie nicht die Stromfresser im Verborgenen: Drehen Sie zum Beispiel elektrische Warmwasserbereiter auf »Null«, wenn Sie sie länger nicht benötigen oder verreisen.

Wählen Sie beim Neukauf Geräte mit gut erreichbarem Netzschalter, erkundigen Sie sich nach den sparsamsten Ausführungen (Stand-by um 1 Watt) und achten Sie auf das GEEA-Label, das die sparsamsten Geräte im Stand-by-Modus auszeichnet. Moderne Geräte verlieren ihre Programmierung nicht mehr, wenn sie vom Netz getrennt werden.

Zum Download finden Sie im Internet das Handyspiel *Energy-Buster*, das Ihnen hilft, Stromfressern spielend auf die Schliche zu kommen. Wenn Sie die Verschwender erfolgreich vom Netz getrennt haben, springt der Energielevel in den grünen Bereich und es werden Ihnen die jährlich eingesparten Stromkosten angezeigt. Als Faustregel für die »Schnellmessung« des Stand-by geben die Stadtwerke München an: Handwarm entspricht 5 Watt.

Und das kommt dabei raus

Um Klarheit über Ihren »persönlichen Leerlauf« zu gewinnen, hilft nur, *alle* Endgeräte im Haushalt mit einem Strommessgerät nachzumessen. Diese Geräte verleihen unter anderem Stadtwerke oder Verbraucherzentralen. Sehen Sie auf Ihrer Abrechnung nach, wie viel Sie für eine Kilowattstunde bezahlen (brutto!) und multiplizieren Sie diesen Wert mit der Anzahl der jährlichen Stand-by-Stunden.

Das könnte für einen DVD-Spieler so aussehen: Im Durchschnitt nutzen Sie ihn vielleicht eine Stunde pro Tag, die restlichen 23 steht er auf Stand-by. Ein realistischer Wert für den Stand-by-Bedarf solcher Geräte ist 7,5 W. Das ergibt für einen Tag also 23 h x 7,5 W = 172 Wh. Hochgerechnet auf ein Jahr werden daraus rund 126 kWh. Bei einem Preis von 27 Cent je Kilowattstunde würde Sie dieser Videorecorder jährlich rund 17 Euro kosten, bei einer angenommenen Lebenszeit von zwölf Jahren insgesamt 204 Euro (oder circa 249 sFr) – viel mehr als ein neues Gerät!

Rechnungen wie diese zeigen, dass sich die Investition in Sparhelfer schnell bezahlt macht: Schaltbare Steckerleisten gibt es ab 6 Euro (rund 7,50 sFr) im Handel. Wichtig: Lassen Sie sich beraten, wenn Sie Geräte mit hohem Strombedarf anschließen wollen. Die entsprechende Steckerleiste muss den Stromfluss verkraften können.

2 Meister-Lampe – wenn Stromsparern ein Licht aufgeht

Haben Sie sich auch schon mal an einer Glühbirne die Finger verbrannt? Dann haben Sie am sprichwörtlich eigenen Leib erlebt, wie ineffizient der altbekannte Glaskolben arbeitet: Gerade ein-

mal 5 Prozent der verbrauchten Energie verwandelt die Glühbirne in Licht; die restlichen 95 Prozent sind bestenfalls als Elekt-
roheizung zu bezeichnen, »Verschwendung« trifft es aber besser.
Das hat den Birnen auch das Verbot durch die EU eingebracht.
Genau genommen hat die EU in ihrer Verordnung 244/2009
Glühbirnen gar nicht verboten, sondern vielmehr Standards gesetzt, die sie einfach nicht erfüllen können. Auf dem Markt bleiben vorerst effizientere Lampen mit Halogentechnik – bis 2016 die
nächste Stufe der Verordnung die Grenzen anhebt. Diesem Miss-
stand begegnen Sie am besten mit Energiesparlampen oder mit
Leuchtdioden (LED).

Sparsame Lampen

Energiesparlampen sind eigentlich »zusammengefaltete« Leucht-
stoffröhren: Anstelle des Glühdrahts erzeugt ein Gemisch aus
Leuchtgas und Spuren von Quecksilber das Licht. Die Zusammensetzung dieses Gases entscheidet über die Lichtfarbe, von tages-
lichtweiß bis zu extra-warmweiß. Im großen Sockel zwischen
Glas und Gewinde werden der komplizierte Einschaltvorgang einer Sparlampe und der Stromfluss gesteuert. Im Vergleich zur
Glühbirne haben wir es hier mit Hightech zu tun. Energiesparlampen passen in alle üblichen Leuchtenfassungen (die Bezeichnungen E14 und E27 geben den Gewindedurchmesser in Millimetern
an). Gute Lampen bekommen Sie schon ab 5 Euro (gut 6 sFr).

Wussten Sie schon ...

- Sparlampen verbrauchen bei gleicher Helligkeit nur etwa ein
  Fünftel des Stroms einer Glühlampe. Sie können also eine
  100-Watt-Glühbirne durch eine 20-Watt-Sparlampe ersetzen.
- Glühbirnen erlöschen nach 800 bis 1500 Betriebsstunden,
  Sparlampen hingegen strahlen mit einer Lebensdauer von

5 000 bis 15 000 Stunden, richtig gute Modelle noch etwas länger.

- Energiesparlampen gibt es mittlerweile in allen Formen und – wichtiger noch – Farben. So können Sie auch Lampen mit sehr warmem Licht wählen oder dimmbare Sonderausführungen.

- Halogenlampen sind keine Energiesparlampen. Zwar leben sie länger als Glühbirnen und leuchten heller, dafür benötigt das zugehörige Netzteil aber 10 Prozent Strom extra und zählt überdies zu den typischen Stand-by-Fallen.

- Die Beleuchtung verursacht durchschnittlich rund 8 Prozent der Stromkosten eines Haushalts.

- Neben Australien, das als Vorreiter bereits 2010 Glühlampen aus dem Alltag verbannte, haben die Schweiz, die USA, China und Neuseeland ähnliche Initiativen ergriffen. Australien will dadurch die Treibhausgasemissionen um 4 Millionen Tonnen reduzieren und die Haushalte durch geringere Stromrechnungen entlasten.

▮ ▮ ▮ TIPPS

Setzen Sie Energiesparlampen überall dort ein, wo Sie zwei oder mehr Stunden am Tag Beleuchtung brauchen. Die teuren Lampen im Keller anzubringen, den Sie nur einmal die Woche für wenige Minuten besuchen, lohnt nicht. Drehen Sie Sparlampen am Sockel ein, nicht an der bruchgefährdeten Röhre!

Sparen Sie nicht am falschen Ende. Sehr billige Sparlampen erzielen oft nicht die versprochene Lebensdauer beziehungsweise Lichtausbeute. Einige günstige No-name-Produkte haben 2007 im Test des Magazins *Guter Rat* mit nicht einmal 500 Stunden sogar noch kürzer als eine Glühlampe durchgehalten und verlieren zudem schnell an Helligkeit. Testsieger war die Energiesparlampe »Megaman Compact 2000« für rund 9 Euro, das beste Preis-Leistungs-Verhältnis bietet die IKEA-Lampe »SU302« für knapp 5 Euro.

Manche Sparlampen sind etwas empfindlicher als Glühbirnen: Zwischen Aus- und Einschalten sollten mindestens zwei Minuten liegen und die Lampe sollte dann nicht weniger als sechs Minuten brennen. Die meisten Markenfabrikate sind mittlerweile jedoch mit elektronischem Vorschaltgerät und Vorheizfunktion auch schaltfest, Sie können sie also auch für kurz beleuchtete Räume nutzen.

Werfen Sie ausgediente Energiesparlampen nicht in den Hausabfall, sie sind unter anderem wegen geringer Quecksilbermengen Sondermüll. Meist erklären sich Wertstoffhöfe oder Händler bereit, alte Energiesparlampen kostenlos zurückzunehmen und umweltfreundlich zu entsorgen.

Zerbricht eine Energiesparlampe im Haushalt, öffnen Sie sofort die Fenster, um die austretenden Quecksilberdämpfe abziehen zu lassen, und verlassen Sie für circa 15 Minuten den Raum. Die Scherben bitte vorsichtig in ein verschließbares Behältnis sammeln und bei Gelegenheit zum Wertstoffhof bringen.

Und das kommt dabei raus

Angesichts der folgenden Rechnung wird klar, warum das Ende der Glühbirnen unausweichlich war: Wegen der besseren Lichtausbeute verursachen Energiesparlampen um 80 Prozent geringere Stromkosten und CO_2-Emissionen. Angenommen, Sie haben sich für eine luxuriöse 11-Watt-Lampe entschieden: Der Kaufpreis von 15 Euro (oder circa 18,30 sFr) erscheint gegenüber den 75 Cent für eine Glühbirne enorm. Doch allein durch die Lebensdauer holt die Sparlampe schon auf. Sie überlebt leicht zehn Glühbirnen, im Einkauf ist sie damit nur noch doppelt so teuer. Und im Verbrauch hängt sie die Glühbirnen dann vollends ab. Während die nämlich in 10 000 Betriebsstunden Strom für insgesamt 152 Euro (circa 185 sFr) verbraten, bescheidet sich eine 11-Watt-Sparlampe mit etwa 30 Euro (knapp 37 sFr) und eine 3-Watt-LED-Leuchte sogar mit 8,10 Euro. In dieser Zeit produziert die 11-Watt-Lampe 78 Kilogramm CO_2, bei den Glühbirnen sind es 390 Kilogramm. Für die gleiche Beleuchtungsleistung zahlen Sie bei den Glühbirnen also rund 164 Euro (oder circa 200 sFr), bei der Sparlampe dagegen 23 Euro (oder circa 28 sFr) – und haben somit 141 Euro übrig (172 sFr). Rechnen Sie das mal für alle Ihre Glühbirnen im Haus zusammen!

Licht aus Kristallen

Heute begegnen sie uns überall im Alltag, vor über zehn Jahren war es noch ein echter Durchbruch: weißes Licht aus LED (light emitting diodes). Bis dahin wurden die Leuchtdioden lediglich als kleine Signallämpchen verwendet, vor allem in knalligen Farben. Heute lassen sich mit LED Leuchten realisieren, die in Form, Lichtwirkung oder Regelbarkeit völlig neuartig und den klassischen Glühbirnen und auch den Energiesparlampen überlegen sind. In Leuchtdioden glimmen keine Drähte, sondern der Strom wird durch Halbleiter auf direktem Weg in Licht umgewandelt. LED-Lampen haben daher einen deutlich höheren Wirkungsgrad.

Mittlerweile können flächige oder lineare Leuchten mit beliebiger Kontur hergestellt werden, die gezielt gerichtetes Licht abgeben. Dadurch verbrauchen sie weniger Lichtstrom als Glühlampen, die das Licht in alle Richtungen abgeben, so dass lichtlenkende Elemente einen Teil des Lichtes verschlucken und mehr Energie benötigt wird, um das geschluckte Licht wieder zu ersetzen.

Durch die Kombination verschiedenfarbiger LED lassen sich alle Lichtfarben erzeugen, auch verschiedenste Weißlichttöne.

Dimmen ist ebenfalls möglich. Für stil- und umweltbewusste Menschen kommen sie daher wie gerufen: Anspruchsvolles Design und modernes Ambiente lassen sich auf einem umweltfreundlichen Weg verwirklichen. Aber auch in Sachen Umweltschutz können LED punkten: Sie enthalten kein Quecksilber und haben im Betrieb einen geringeren Energieverbrauch. Interessant für Außenbeleuchtungen ist, dass sie zudem die Insektenorientierung nicht beeinflussen.

Schon 1907 fand H. J. Round heraus, dass sich durch die elektrische Anregung eines Siliziumkarbid-Kristalls Licht erzeugen lässt. General Electric verbreitete ab 1963 die ersten LED kommerziell, und viele Halbleiterproduzenten erkannten einen wachsenden Markt dafür. Seitdem wurden die Effizienz der LED ständig gesteigert und die Einsatzmöglichkeiten vergrößert.

Wussten Sie schon ...

- Energiesparlampen schaffen bis zu 25 Prozent Lichtausbeute – fünfmal mehr als Glühlampen. Leuchtdioden sind noch effizienter und wandeln bis zu 40 Prozent des Stroms in Licht um.
- Für das Abblendfahrtlicht beim Auto werden pro 100 Kilometer 0,2 Liter Sprit benötigt. Scheinwerfer auf LED-Basis kommen mit einem Zehntel der Kraftstoffmenge aus.
- Seit 2004 sind alle Leuchtfeuer auf See auf die LED-Technik umgerüstet worden, vorher wurden sie mit Petroleum betrieben. Die Energie liefern Solarzellen.
- Displays, die giftiges Quecksilber enthalten, lassen sich ebenfalls durch Leuchtdioden ersetzen. Sie verbrauchen außerdem weniger Strom und liefern ein gleichmäßigeres Licht. Apple beispielsweise stellt seine gesamte Produktpalette daraufhin um.

- Marktanalysten gehen davon aus, dass 2020 bis 2025 jede dritte Lichtquelle auf der LED-Technik beruhen wird.
- Die Lichtleistung der LED verdoppelt sich etwa alle zwei Jahre.

▌▌▌ TIPPS

Seit 2007 können Sie von verschiedenen Herstellern LED-Lampen für den Hausgebrauch erwerben. Seit 2013 sind sogar Modelle mit 200 Lumen pro Watt erhältlich, die damit eine 100-Watt-Glühlampe ersetzen können.

LED können Sie wie klassische Glühlampen in Birnen-, Tropfen-, Kugel- und Kerzenform kaufen oder als Spot mit Reflektor, und zwar sowohl für Leuchten mit 230-Volt-Netzspannung als auch für Niedervoltsysteme mit Transformator. Es gibt sie mit unterschiedlichen Steck- und Schraubfüßen, die Preise schwanken je nach Qualität und Anbieter. Beim Discounter sind sie ab 5 Euro zu haben. Unter www.oekotest.de finden Sie Informationen zu Qualität, Lebensdauer und Leuchtkraft der Hightechlampen.

Lichterketten und Lichtschläuche für Balkone und Gärten verbrauchen enorm viel Strom. Zwei zehn Meter lange Lichtschläuche benötigen in einem Sommer bei drei Stunden täglicher Nutzung fast so viel Strom wie ein 140-Liter-Kühlschrank der Energieeffizienzklasse A++ im gesamten Jahr – bei einem Strompreis von 27 Cent pro Kilowattstunde macht das 30 Euro pro Jahr. Verwenden Sie hier LED-Lichterketten, denn sie verbrauchen nur einen Bruchteil der Strommenge. Außerdem haben Sie länger Freude daran, denn LED sind robuster als herkömmliche Lichterketten. Jede einzelne Diode ist von unzerbrechlichem Harz umgeben. Auch als Außenbeleuchtung zu Weihnachten sind LED bestens geeignet, denn sie trotzen Temperaturen bis zu -35 °C.

Und das kommt dabei raus

Herkömmliche Glühlampen geben rund 1 000 Stunden Licht, bevor sie durchbrennen, Halogenlampen bis zu 4 000. Energiesparlampen haben eine Lebensdauer von etwa 10 000 Stunden, einige Modelle halten auch 19 000 Stunden durch. LED könnten theoretisch 100 000 Stunden leuchten, elektronische Bauteile begrenzen die Lebensdauer zurzeit jedoch noch auf 10 000 bis 15 000 Stunden.

Weiße LED verbrauchen bei gleicher Helligkeit nur knapp ein Drittel des Stroms, den herkömmliche Glühlampen benötigen, farbige LED sind noch stromeffizienter. Die Effizienz einer Lichtquelle wird in Lumen pro Watt (lm/W) angegeben. Eine Glühlampe erreicht eine Lichtausbeute von gerade einmal 6 bis 13 lm/W, eine Halogenlampe 25 lm/W. Energiesparlampen sind mit im Schnitt etwa 60 lm/W deutlich effizienter. LED erreichen inzwischen Lichtausbeuten von 100 lm/W.

Setzt man in die obenstehende Berechnung der Stromkosten anstelle der Energiesparlampe eine 3-Watt-LED-Leuchte, bleiben gar nur noch 8,10 Euro (9,90 sFr) für die gesamt Lebenszeit übrig!

3 Unter Strom – aber woher kommt der?

»Bei uns kommt der Strom aus der Steckdose.« So alt der Spruch auch ist, er bleibt der perfekte Aufhänger, um ein paar Gedanken darauf zu verschwenden, woher das Lebenselixier unserer Zivilisation ursprünglich stammt. Denn erstens bleibt stets die Frage: »Nur, wie kommt er in die Steckdose rein?« Und zweitens fließt ein Teil unseres Stroms eben auch aus Akkus oder Batterien. In beiden Fällen ist zu klären, wie die ökologisch und ökonomisch sinnvollste Quelle aussieht. Genau darum soll es in diesem Kapitel gehen.

Gegen den Strom schwimmen: den Anbieter wechseln

Vor nun 15 Jahren, 1998, hat der deutsche Gesetzgeber den Strommarkt geöffnet: Jeder darf seitdem Strom anbieten, und jeder darf Strom kaufen, bei wem er möchte. Dieser Schritt sollte unter anderem zu mehr Wettbewerb und niedrigeren Preisen führen. Tatsächlich beherrscht heute ein Oligopol aus vier Anbietern (EnBW, E.ON, RWE und Vattenfall Europe) den Markt, und die Preise sind seit 1998 um über 25 Prozent gestiegen. Ihre Machtposition, die sich unter anderem im Besitz der Stromnetze begründet, nutzten und nutzen die Vertreter der nuklear-fossilen Stromerzeugung, um die Verpflichtung zum Klimaschutz auf die Verbraucher abzuwälzen und gleichzeitig den Zugang für regenerative Energiequellen durch hohe Netznutzungsgebühren zu behindern. Trotz dieser Missstände dauerte es bis 2005, dass Deutschland eine Regulierungsbehörde eingesetzt hat, die über den Wettbewerb wacht. Immerhin sind die Netzbetreiber durch das Erneuerbare-Energien-Gesetz (EEG) verpflichtet, den Erzeugern von »grünem Strom« – also Strom aus erneuerbaren Energiequellen – ihre Ware abzunehmen und in den deutschen Strommix zu integrieren. Seither – und mit wachsendem Erfolg der erneuerbaren Energien zunehmend heftiger – wird das EEG für die steigenden Strompreise verantwortlich gemacht. Nachweislich geht aber nur ein Bruchteil der Strompreiserhöhungen auf die Förderung der erneuerbaren Energien zurück. Gerne nutzen sie aber Großerzeuger wie RWE, um in ihrem Windschatten die Preise kräftig anzuziehen.

In Deutschland haben bislang vier Unternehmen das Wagnis unternommen, bundesweit selbstständig und vollständig »Ökostrom« zu verkaufen (und nicht nur den regulären Anteil an Strom aus erneuerbaren Energien mit Aufschlag durchzuverkaufen): Die Naturstrom AG, Lichtblick GmbH, Elektrizitätswerke Schönau GmbH (EWS) und Greenpeace Energy. Zwar existieren daneben noch die Vertriebsgesellschaft eprimo GmbH und die Naturenergie AG. Erstere wurde im März 2007 aber von E.ON übernommen, Letztere gehört zu drei Vierteln der EnBW. Damit geht der Gewinn dieser Unternehmen in die Kassen der großen Energieversorger, die sich im Alltag vehement gegen eine Energiewende sträuben – auch wenn sie inzwischen eigene Geschäftstätigkeiten im Bereich »erneuerbare Energien« aufbauen. In Österreich bieten die Ökostrom AG und die Alpen Adria Naturenergie Strom aus erneuerbaren Energiequellen an, in der Schweiz ist vor allem die ADEV Energiegenossenschaft zu nennen.

Und noch einmal die Zahl vier: Vier deutsche Organisationen vergeben Zertifikate, die die Stromerzeugung aus regenerativen Quellen belegen: ok Power, Grüner Strom Label e.V., der TÜV und, weniger bekannt, die Landesgewerbeanstalt Bayern. Alle diese Label fragen aber nicht danach, ob ein Anbieter mit atomar-fossilen Energiekonzernen verflochten ist.

Wussten Sie schon …

- Der Anteil von grünem Strom am deutschen Strommix beträgt inzwischen über 20 Prozent.
- An jeder Kilowattstunde aus herkömmlichem Strom kleben rund 600 Gramm CO_2. Dabei ist der Anteil grünen Stroms im Mix schon berücksichtigt! Reiner Ökostrom verursacht je nach Quelle – Biomasse, Wind, Wasser oder Sonne – zwischen 0 und 150 Gramm CO_2/kWh.
- Viele regionale Anbieter verkaufen eigenen grünen Strom, der aber nicht mehr ist als der Anteil von Strom aus regenerativen Quellen, den Sie nach dem EEG ohnehin abnehmen müssen.

- Seit Dezember 2005 muss Ihr Lieferant die Zusammensetzung seines Stroms aufschlüsseln.
- Bezieht ein Haushalt reinen Ökostrom, verursacht er mit einem Jahresbedarf von 4000 kWh rund 60 Kilogramm CO_2. Beim konventionellen Strommix ist es mit nahezu 2500 Kilogramm mehr als das 40-Fache!

■ ■ ■ TIPPS

Es ist kinderleicht, den Stromanbieter zu wechseln – neun von zehn befragten Verbrauchern würden es nach einer Umfrage sofort wieder tun. Vor allem deshalb, weil Ihr neuer Lieferant Ihnen alle Formalitäten abnimmt, darunter auch die Kündigung beim bisherigen Versorger. Dabei fallen an keiner Stelle irgendwelche Gebühren an, wie sie betrügerische Telefonakquisiteure für ihre »Dienstleistungen« gelegentlich verlangen! Wichtig für Sie ist lediglich, sich die Konditionen und das Geschäftsmodell der Ökostromanbieter anzusehen. Sie unterscheiden sich leicht in der Zusammensetzung ihrer Preise und den Quellen, aus denen sie ihren Strom beziehen. Unternehmensunabhängige Beratung erhalten Sie unter anderem beim Bund für Umwelt und Naturschutz Deutschland e.V. (BUND).

Und das kommt dabei raus

Die Preise von Stromversorgern bestehen aus mindestens zwei Komponenten: dem verbrauchsunabhängigen Grundpreis (pro Monat oder Jahr) und dem Verbrauchs- oder Arbeitspreis, der pro Kilowattstunde abgerechnet wird. Die Elektrizitätswerke Schönau halten aus »pädagogischen Gründen« zum Beispiel den Grundpreis sehr gering und die Kilowattstundenpreise mittelhoch. Damit belohnen sie Stromsparer.

Nach einer kurzen Phase der niedrigen Kampfpreise kennen die Strompreise der herkömmlichen Anbieter nur eine Richtung:

geradeaus nach oben. Die Behauptung, grüner Strom sei dennoch ungleich teurer, ist zwar hartnäckig, aber falsch. Schon 2003 konnten Anbieter von echtem Ökostrom sogar den Billigheimer Yello in mehreren Städten unterbieten. Heute liegen die genannten Ökostromanbieter in etlichen Gegenden Deutschlands unter den Forderungen der regionalen Versorger. Lichtblick legt zum Beispiel einen Vergleich zu zehn konventionellen Konkurrenten aus verschiedenen Gegenden Deutschlands vor, die allesamt teurer sind als der Hamburger Ökostromanbieter. Insgesamt ist bei allen bundesweiten Ökostromlieferanten mit einem Arbeitspreis von rund 20 Cent pro kWh zu rechnen. Sehr zu empfehlen für detaillierte Berechnungen ist das Portal www. verivox.de, das Ihnen nicht nur eine exakte Preisvorhersage erlaubt, sondern auch die eingesparte CO_2-Menge beim Anbieterwechsel beziffert.

Dieses Portal kommt im März 2013 auch zu dem Schluss, dass Ökostrom im Schnitt günstiger ist als die Tarife der Grundversorger. Während die herkömmlichen Versorger für den Bezug von 4 000 Kilowattstunden pro Jahr einen mittleren Preis von 1 180 Euro verlangen, sind es bei den Ökostromlieferanten 1 047 Euro, beim günstigsten sogar nur 773 Euro.

Energie für unterwegs – Batterien und Akkus haben es in sich

Strom zum Mitnehmen befreit von der Strippe. Batterien und Akkus haben Unterhaltung mobil gemacht, in den kleinen Kraftwerken steckt aber oft ein giftiger Kern: Die Schwermetalle Cadmium (Cd), Blei (Pb) und Quecksilber (Hg) sind extrem gefährliche Stoffe, die Ökosysteme schädigen, sich in der Nahrungskette anreichern, Tiere und letztlich Menschen vergiften können. Daneben enthalten Batterien, sofern sie nicht auf Lithium basieren, auch ätzende Kalilauge oder Schwefelsäure als Elektrolyte. Obwohl das Gesetz vorschreibt, verbrauchte Batterien über die Sammelbehälter des Gemeinsamen Rücknahmesystems der Hersteller (GRS) und keinesfalls über den Hausmüll zu entsorgen, beträgt die Rücklaufquote bei Nickel-Cadmium-Akkus kaum 50, bei Knopfzellen gar nur 10 Prozent.

Das bedeutet, dass in Deutschland jährlich bis zu 6 Tonnen Quecksilber und etwa 350 Tonnen krebserregendes Cadmium unkontrolliert in die Umwelt gelangen. Cadmium gilt als das größte Umweltproblem des Batteriemarktes. Seit Dezember 2009 ist aber mit dem Batteriegesetz eine EU-Richtlinie in Deutschland nationales Recht, nach der cadmiumhaltige Batterien »nicht mehr in Verkehr gebracht werden dürfen«. Zwar gilt für schnurlose Elektrowerkzeuge noch eine Ausnahme, doch auch hier steht 2013 eine Überprüfung an.

Natürlich dürfen auch Nickel, Zink und Lithium nicht in die Umwelt gelangen, außerdem handelt es sich um wertvolle, knappe Ressourcen. Die Recyclingquote für Autobatterien beträgt in Deutschland übrigens 95 Prozent. Ob das an den 7,50 Euro Pfand liegt?

Wussten Sie schon ...

- Jeder von uns verbraucht im Mittel ein Dutzend Gerätebatterien im Jahr, Tendenz steigend.
- Einwegbatterien gelten als die teuerste Energiequelle: Ihre Herstellung verbraucht 40- bis 500-mal mehr Energie, als sie selbst bereitstellen können.
- In Deutschland werden jährlich über 1 Milliarde Gerätebatterien verkauft, etwa 33 000 Tonnen. Sie enthalten circa 640 Tonnen Cadmium, 7 Tonnen Quecksilber, 11 Tonnen Silber, 1 050 Tonnen Nickel und 4 700 Tonnen Zink – die rund 14 Millionen Autobatterien mit ihren 190 000 Tonnen Blei nicht

mitgezählt. Der Absatz in Österreich und der Schweiz liegt bei je rund 4 000 Tonnen.

■ Das Quecksilber einer einzigen Knopfzelle kann 800 000 Liter Wasser vergiften. Damit könnte eine 1 000-Seelen-Gemeinde ein Jahr lang ihren Durst stillen.

▪ Fast 70 Prozent der Verbraucher lagern ihre verbrauchten Batterien im Haushalt zwischen.

■ Alle Batterietypen können heute zu fast 100 Prozent recycelt werden.

▮ ▮ ▮ TIPPS

Geben Sie alle alten Batterien und Akkus, auch die aus singenden Grußkarten oder blinkenden Sportschuhen, an den entsprechenden Sammelstellen zurück. Jede Verkaufsstelle ist verpflichtet, sie zurückzunehmen. Besonders umweltgefährliche Batterien sind mit einer durchgestrichenen Mülltonne gekennzeichnet, unter der das chemische Kürzel das enthaltene Schwermetall nennt: Cd, Pb oder Hg.

Überlegen Sie beim Kauf eines Gerätes, ob es batteriebetrieben sein muss: Taschenrechner, Armbanduhren oder Kofferradios gibt es auch mit leistungsstarken Solarzellen, die selbst bei schwachem Licht noch arbeiten. Auch der Betrieb mit Netzteil ist immer noch billiger und umweltfreundlicher als »Wegwerfstrom«. Oder Sie machen sich unabhängig und sorgen per Handarbeit für Spannung: Manche Handy- und Radioakkus lassen sich mit einer Kurbel aufladen – 30 Sekunden Kurbeln, 35 Minuten hören.

Alle Einwegbatterien lassen sich durch Akkus ersetzen – gut für Geräte, die häufig genutzt werden. Für seltener gebrauchte Geräte eignen sich die umweltfreundlichen wieder aufladbaren Alkalimangan-Batterien. Lassen Sie Nickel-Cadmium-Akkus liegen und greifen Sie – auch beim Geräteneukauf – zu Nickel-Metallhydrid-Akkus und Lithium-Ionen-Akkus: Sie enthalten kein Cadmium, zeigen keinen Memory-Effekt (verlieren also keine Ladekapazität bei häufiger Teilentladung) und können zudem deutlich mehr Ladung speichern. Als nächste Generation sind Lithium-Polymer-Akkus auf dem Vormarsch.

Theoretisch verkraften Akkus 500 bis 1000 Auflade-Zyklen, jedoch nur bei richtigem Gebrauch. Untersuchungen in der Schweiz haben ergeben, dass Nutzer durchschnittlich nur 30 Ladezyklen erreichten und so Umwelt- und Kostenvorteile verspielten. Der umweltverträgliche Gebrauch von Akkus setzt ein gutes Ladegerät mit Erhaltungsladungsfunktion und Überladeschutz voraus, das auf die verwendeten Akkus abgestimmt werden kann. Vorsicht: Einwegbatterien gehören nicht in ein Ladegerät.

Zu den jüngsten Umweltverbesserungen in Sachen Batterien zählen wiederaufladbare Lithium-Knopfzellen und Zink-Luft-Knopfzellen für Hörgeräte.

Und das kommt dabei raus

Batterien sind teuer: Für den Preis von zwei bis drei sogenannten 9-V-Blöcken bekommen Sie schon ein recht ordentliches Netzteil. Hochwertige Akkus sind ebenfalls teuer, können Ihnen aber viel Geld sparen, wenn Sie sie gut behandeln. Strom aus Solarzellen und Muskelkraft gibt es sozusagen umsonst.

4 Wassersparen – ein Schlag ins Wasser?

Glaubt man dem Bundesverband der deutschen Gas- und Wasserwirtschaft (BGW), dann sparen die deutschen Verbraucher schon mehr als genug Wasser. Tatsächlich sinkt der Wasserverbrauch in Deutschland seit zwanzig Jahren und liegt mit durchschnittlich 122 Litern pro Kopf und Tag im europäischen Vergleich an vorletzter Stelle. Das klingt zunächst wenig, ist aber immerhin doppelt so viel wie 1950. Dass der Wasserverbrauch seit Ende der 1980er Jahre wieder sinkt, liegt an steigenden Preisen und dem gewachsenen Umweltbewusstsein. Mancherorts, so die Kritiker des Wassersparens, müssten Kanäle bereits mit Trinkwasser gespült werden, um keimträchtige Ablagerungen zu entfernen. (Allerdings lässt sich dem schon an der Quelle vorbeugen: Fett, Öl und Speisereste gehören nicht in den Abfluss!) In Gegenden mit starkem Bevölkerungsrückgang seien die Kanalnetze überdimensioniert und müssten zurückgebaut werden. Hinzu komme, dass Deutschland kein wasserarmes Land ist.

Da stellt sich manchem die Frage, ob Wassersparen wirtschaftlich und ökologisch sinnvoll ist, zumal der Fixkostenanteil an der Wasserrechnung den Löwenanteil ausmacht. Ein wichtiges Argument, es trotzdem zu tun, ist dieses: Wasser, das nicht benutzt wurde, muss auch nicht gereinigt werden. Und in der Reinigung steckt die Energie und damit das Geld. Derzeit verbrauchen Kläranlagen mehr Strom als Schulen, Krankenhäuser oder die Straßenbeleuchtung. Zu geringe Wassermengen in der Kanalisation stellen nur unter besonderen demografischen und topografischen Bedingungen ein Problem dar. Auch der umgekehrte Fall ist möglich, wenn versickerndes Wasser in rissige Rohre dringt und die Kläranlagen belastet.

Wussten Sie schon ...

- Der deutsche Wasserverbrauch liegt bei rund 40 Milliarden Kubikmetern. Dies entspricht einem Anteil von etwa 22 Prozent des potenziellen deutschen Wasserdargebots von 188 Milliarden Kubikmetern, also der für eine bestimmte Zeit aus dem natürlichen Kreislauf zur Verfügung stehenden Menge Süßwassers.

- Ein Deutscher verbraucht durchschnittlich 122 Liter Wasser täglich, das ist weniger als die Hälfte des Verbrauchs eines US-Bürgers. Ein Österreicher verbraucht etwa 135 Liter pro Tag, Schweizer rund 160 Liter.

- Rechnet man zu den 122 Litern jedoch die Wassermengen hinzu, die für Erzeugung und Transport der genutzten Waren benötigt werden, kommen täglich mehr als 4 000 Liter zusammen.

- Der virtuelle Wasserverbrauch zeigt an, wie viel Wasser für die Erzeugung von Produkten benötigt wird: In einer Tasse Kaffee stecken 40 Liter, in einem Baumwoll-T-Shirt 4 100 Liter und in einem 1-Kilo-Steak 16 000 Liter Wasser. In Deutschland mögen wir den Wasserhahn bewusst zudrehen, unser Konsumverhalten verursacht mitunter aber extreme Wassernutzung ausgerechnet in den wasserarmen Regionen der Welt.

- Wasser in der Stadt Essen kostet mehr als dreimal so viel wie in Augsburg.

- Singlehaushalte verbrauchen pro Kopf mehr Wasser als Haushalte mit Kindern, die Bundesländer im Westen mehr als die im Osten.

- Rund 20 Prozent der gesamten Hausabwässer versickern zwischen Gebäude und Kläranlage, belasten also Boden und Grundwasser. Daher ist nach § 18b Wasserhaushaltsgesetz bundesweit eine Dichtheitsprüfung sämtlicher Grundstücksentwässerungsleitungen und Schächte bis spätestens 31. Dezember 2015 vorgeschrieben.

- Das private Kanalnetz in Deutschland wird auf 900 000 Kilometer geschätzt und ist damit doppelt so lang wie das öffentliche. Vermutlich auch doppelt so undicht.

▌▌▌ TIPPS

Ermitteln Sie anhand des Wasserzählers Ihren persönlichen Wasserverbrauch. Mit 70 bis 100 Litern pro Kopf und Tag zählen Sie zu den eher sparsamen Verbrauchern. Wer allerdings täglich mehr als 130 Liter durch die Leitung jagt, verbraucht zu viel. Allein schon durch den psychologischen Effekt von Wasserzählern sparen Sie ohne weitere Maßnahmen bis zu 30 Prozent der täglichen Wassermenge.

In Gebieten mit gleichmäßigem Wasserdruck hilft ein *Durchflussbegrenzer*. Dieses Zwischenstück im Duschschlauch oder am Wasserhahn reduziert die Wassermenge von rund 16 Litern, die pro Minute durchfließt, um 25 bis 40 Prozent. Sie kosten 5 Euro (gut 6 sFr) aufwärts. Ab circa 15 Euro (gut 18 sFr) gibt es Sparduschköpfe mit sogenannten »Perlatoren«, auch Luftsprudler genannt. Sie versetzen Wasser mit Luft und machen es auf diese Weise fülliger. Der Spareffekt liegt bei bis zu 40 Prozent.

Haben Sie noch einen alten Spülkasten? Werfen Sie ihn raus. Wer bei der Toilette einen modernen Spülkasten mit Spartaste einsetzt, kann bis zu 6 Liter pro Spülgang sparen. Das macht aufs Jahr gerechnet fast 18 Euro (circa 22 sFr). Mit der richtigen Waschmaschine der Energieeffizienzklasse A (grün), besser noch dreifach A, brauchen Sie nicht mehr als 10 bis 12 Liter Wasser pro Kilogramm Wäsche. Achten Sie auf optimale Befüllung von Wasch- und Spülmaschinen, die übrigens sparsamer sind als das Spülen von Hand.

Weitere Einsparmöglichkeiten bietet die Nutzung von Regenwasser zumindest für den Garten, gegebenenfalls auch für die Toilettenspülung. Bei der Nutzung von Regenwasser für die Wäsche ergeben sich hingegen häufig hygienische Probleme, deren Beseitigung im Verhältnis zu teuer ist, gibt das Umweltbundesamt zu bedenken.

Beachten Sie auch Ihren virtuellen Wasserverbrauch: Mit dem Kauf regionaler und saisonaler Lebensmittel reduzieren Sie ihn erheblich.

Zu guter Letzt: Vielleicht wird Ihnen die EU-Kommission schon bald die Qual der Wahl beim Wassersparen lindern. Sie bereitet eine Umsetzung der Ökodesign-Richtlinie für Armaturen und Duschköpfe vor. Schon ab 2014 könnten somit nur noch wassersparende Produkte im Handel zugelassen sein.

Und das kommt dabei raus

Sparsamer Umgang mit Wasser bleibt ökologisch und wirtschaftlich sinnvoll. Eine Entscheidungshilfe bietet der Blick auf die Wasserrechnung, denn die fällt je nach Stadt und Bundesland unterschiedlich hoch aus. Besonders teuer ist Wasser in den neuen Bundesländern und in Nordrhein-Westfalen. Auch der Wasserverbrauch ist nicht überall gleich. Eine Studie des Fraunhofer-Instituts für System- und Innovationsforschung belegt, dass der Verbrauch in Ostdeutschland rund 40 Liter unter dem Bundesdurchschnitt liegt. Hohe Preise im Gefolge teurer Sanierungsmaßnahmen und niedrige Einkommen, wohl auch die Schließung zahlreicher Industriebetriebe, haben seit der Wende den Pro-Kopf-Verbrauch sinken lassen.

Mit modernen Wasserspararmaturen und durch sparsames Verhalten können Sie Ihren Wasserverbrauch um bis zu 70 Prozent senken. In barer Münze bedeutet das für einen Vierpersonenhaushalt einen Spareffekt von 200 bis 400 Euro (oder 244 bis 488 sFr) pro Jahr allein beim Duschen und fast 100 Euro (122 sFr) mit der richtigen WC-Spülung. Tropfende Wasserhähne verlieren leicht bis zu 10 Liter am Tag, defekte WC-Spülungen sogar mehrere hundert.

5 Die kochende Leidenschaft – eiskalt kalkuliert

Selber kochen macht Spaß, selber essen erst recht. Für umwelt- und kostenbewusste Gourmets ist neben gesundem Genuss auch ein möglichst geringer Energieeinsatz in der Küche wichtig. Das fängt bei der Technik an: Der altbekannte E-Herd mit Gussplatten ist am weitesten verbreitet, aber auch der teuerste Küchenfreund im Verbrauch. Glaskeramikfelder kommen schon 10 Prozent günstiger, und der Gasherd senkt die Kosten fürs Kochen um unschlagbare 60 Prozent. Vergleichsweise »hightech« sind Induktionsherde: Sie erzeugen die Hitze im Topfboden selbst, auch die Pfanne mit den Spiegeleiern brutzelt eigentlich auf einem kalten Herd. Mit dem Induktionsherd ergeben sich zudem sehr kurze Ankochzeiten. Da die Herdoberfläche nur indirekt über den Geschirrboden erwärmt wird, kann überlaufendes Kochgut nicht anbrennen und es entsteht keine Verbrennungsgefahr für den Benutzer. Induktionsherde drücken den Verbrauch um ein Fünftel, sind aber teurer in der Anschaffung; außerdem ist spezielles Kochgeschirr erforderlich.

Bei den Backöfen unterbieten die Umluftherde als Spitzensparer die herkömmliche Röhre um 30 Prozent, unter anderem weil sie etwa 25 °C niedriger gefahren werden können. Einige Neugeräte besitzen einen Backraumteiler, mit dem sich bei geringer Beladung der Heizbereich verkleinern lässt. Wichtig ist vor allem eine gute Isolierung von Backrohr und Ofentür. Das perfekte Team besteht also aus Gasherd und Umluftherd.

Auch Topf und Pfanne entscheiden, wie schnell die Hitze ins Essen gelangt und wie viel ungenutzt abgestrahlt wird. Das schlägt sich in der Stromrechnung nieder. Auf Dauer lohnt es sich, Omas alten Tiegel als Dekoration an die Wand zu hängen und sich modernes, hoch effizientes Kochgeschirr zu gönnen.

Wussten Sie schon ...

- In den letzten 15 Jahren ist der Energiebedarf von Herden um fast ein Viertel gesunken, teilweise aufgrund von Automatikplatten.
- Mit rund 17 Prozent des gesamten Strombedarfs eines Durchschnittshaushalts gehören Herd und Ofen immer noch zu den »Großverbrauchern«.
- Ein Dreipersonenhaushalt gibt rund 135 Euro (rund 165 sFr) im Jahr für Kochen und Backen aus.
- Wenn Sie einen Braten von 2 Kilogramm in den Ofen schieben, gehen über drei Viertel der gesamten Energie an die Umgebung verloren, 15 Prozent heizen den Ofen auf und nur 7 Prozent machen wirklich den Braten gar.
- Manche Stadtwerke fördern das Umsatteln auf einen Gasherd, weil er bei gleicher Leistung wie ein E-Herd jährlich etwa 250 Kilogramm CO_2 weniger produziert. Außerdem halten Gasherde ein Leben lang.
- Selbst bei vorbildlichem Kochverhalten kostet Sie heißes Wasser vom Herd doppelt so viel Energie wie aus dem Wasserkocher.

▪ ▪ ▪ TIPPS

Kochgeschirr und Herdplatte sollten genau zueinander passen. Wenn die Herdplatte nur 1 bis 2 Zentimeter größer als der Topf- oder Pfannenrand ist, verpulvern Sie bis zu einem Drittel der Hitze. Ebenso wichtig ist, dass das Kochgeschirr plan auf der Platte liegt. Moderne Töpfe gewährleisten dies durch einen Sandwichboden, der zunächst leicht nach innen gewölbt ist und sich beim Kochen ausdehnt, so dass er optimalen Kontakt mit der Herdplatte bekommt.

Edelstahl- und Aluminiumtöpfe strahlen viel weniger Wärme ab als Emailletöpfe, manche moderne Töpfe sind sogar wärmeisoliert und sparen so 15 Prozent Energie.

Schließen Sie Töpfe stets mit einem gut sitzenden Deckel. Ohne den benötigen Sie leicht die vierfache Strommenge und selbst ein fingerbreit geöffneter Deckel bringt kaum mehr als gar keiner. Deckel aus Glas erlauben, den Kochvorgang gut zu überwachen, ohne immer wieder Energie beim »Topfgucken« zu verlieren.

Verwenden Sie möglichst wenig Wasser zum Kochen. Das schont auch Vitamine. Ab 20 Minuten Kochzeit im normalen Topf lohnt sich der Griff zum Schnellkochtopf. Er ist ein Drittel schneller, schont die Inhaltsstoffe der Lebensmittel und das bei einem 50 bis 70 Prozent niedrigeren Energiebedarf.

Beobachten Sie, wie lange das Kochgut auch bei ausgeschalteter Platte noch weiter köchelt und schalten Sie entsprechend frühzeitig ab.

Erhitzen Sie das Wasser für Nudeln oder Reis in einem Wasserkocher. Das spart Energie und das Essen kommt schneller auf dem Tisch.

Das Vorheizen des Backofens ist nur für wenige Gerichte – beispielsweise Hefeteig – wirklich notwendig. Probieren Sie es ohne und sparen Sie 20 Prozent Strom. Je besser der Backraum ausgenutzt wird, desto weniger Energie wird für die einzelnen Gerichte verbraucht. Für Backöfen gilt wie für Kochplatten: Restwärme nutzen! Backen Sie Brötchen nicht im Backofen auf, sondern mit dem Brötchenaufsatz des Toasters – so brauchen Sie 70 Prozent weniger Energie.

Wechseln Sie, sofern sich ein Anschluss leicht machen lässt, zum Gasherd – dann können Sie manche der obigen Tipps gleich wieder vergessen …

Und das kommt dabei raus

Im Vergleich zu einem Elektroherd können Sie beim Kochen mit Gas im Jahr 68 bis 105 Euro (83 bis 182 sFr) sparen. Aber auch beim Kochen mit einem E-Herd sparen Sie durch die obigen Tipps rund die Hälfte der Stromkosten. Wie sehen Ihre Kochgewohnheiten aus?

6 Kalt gemacht – das können Sie billiger haben

Keine Maschine kann Kälte *erzeugen*. Ein Kühlschrank ist eigentlich eine Wärmepumpe, die die Wärme der Speisen aus dem Inneren in die Umgebung schafft. Er arbeitet dabei gegen die Außentemperatur an, man kann bildlich von einem Bergauftransport der Wärme sprechen. Je höher die Außentemperatur und je mehr Wärme in den Kühlschrank eindringt, umso steiler der Berg und umso höher Ihre Stromrechnung. Machen Sie Ihren Kühl- und Gefriergeräten die Arbeit leicht! Sie laufen rund um die Uhr, jahrein, jahraus. So wirken sich selbst kleine Einsparungen und Verbrauchsunterschiede deutlich aus. Sparsame Geräte brauchen täglich etwa 0,78 Kilowattstunden mit Gefrierfach und 0,28 kWh ohne Sterne.

Wussten Sie schon …

- Die Temperatur um 1 °C abzusenken, kostet viel mehr Energie, als sie um 1 °C anzuheben.
- Je 1 °C, das der Kühlschrank weniger erzielen muss, spart man 6 Prozent Energie.
- Kühl- und Gefriergeräte gehören zu den größten Stromfres-

sern im Haushalt. Bis zu einem Drittel der Stromkosten geht auf ihre Rechnung.

- Ein Drei-Sterne-Kühlschrank braucht rund 30 Prozent mehr Strom als ein Kühlschrank ohne Gefrierfach.
- Das Bundesumweltministerium prüft, Bürgerinnen und Bürgern mit niedrigem Einkommen den Neukauf eines energiesparenden Kühlschranks zu bezuschussen, gegebenenfalls als Teil des Projekts Energiespar-Check der Caritas und der Energieagenturen.

▪ ▪ ▪ TIPPS

Passen Sie den Kühlschrank Ihrem Bedarf an. Faustregel: 40 bis 50 Liter pro Person. Temperieren Sie ihn auf +7 bis +8 °C (ein Kühlschrankthermometer kostet circa 3 Euro oder 3,70 sFr) und stellen Sie ihn an einen möglichst kühlen Platz, wenn möglich nicht neben Herd oder Heizung. Schützen Sie den Schrank notfalls mit Styroporplatten. Öffnen Sie ihn nur kurz – Ordnung verkürzt die »Suchzeit« – und entnehmen Sie jeweils nur so viel wie nötig. Geben Sie keine warmen Speisen hinein. Gefrorenes hingegen sollten Sie zum Auftauen immer in den Kühlschrank legen, so sparen Sie bis zu 10 Prozent Stromkosten.

Ein Kühlschrank muss »frei atmen«: Er sollte gut 5 Zentimeter von der Wand entfernt stehen und die Abwärme loswerden können. Das schafft er besser, wenn Sie den Wärmetauscher regelmäßig abstauben. Achten Sie darauf, dass alle Gummidichtungen intakt sind und keine Wärme einströmen kann.

Gefriertruhen (es gibt auch kleine!) kommen mit 15 Prozent weniger Strom aus als Gefrierschränke. Zieltemperatur ist hier -18 °C. Besitzen Sie schon eines dieser Geräte, nehmen Sie einen Kühlschrank *ohne* Gefrierfach. Tauen Sie regelmäßig ab, aber erst ab einer Eisdicke von über einem Zentimeter. No-Frost-Geräte müssen zwar nicht abgetaut werden, brauchen aber auch viel mehr Strom. Sobald Sie verreisen, gönnen Sie auch dem Kühlschrank Urlaub und ziehen Sie den Stecker.

Lassen Sie Ihren alten Schrank von einem Fachbetrieb entsorgen, der die klimaschädlichen Kühlmittel sicher abzapft, und wählen Sie beim Neukauf ein Gerät, das ohne FCKW arbeitet.

Wie es um Ihren Kühlschrank genau steht, können Sie unter anderem mit dem »KühlCheck« unter den Energiespar-Ratgebern auf der Seite www.co$_2$online.de prüfen.

Und das kommt dabei raus

Ein Unterschied im Strombedarf von täglich nur 0,1 kWh summiert sich bei einer angenommenen Lebenszeit von 15 Jahren auf fast 150 Euro (oder 183 sFr). Wenn Sie zum Beispiel beim Neukauf 100 Euro (122 sFr) mehr für einen Kühlschrank ausgeben, der täglich 0,2 kWh weniger zieht als der billige Konkurrent, machen Sie ein gutes Geschäft. Selbst wenn Sie einen Kühlschrank umsonst bekommen, der 1,1 kWh pro Tag braucht, zahlen Sie gegenüber einem neuen Sparsamen – Preis 525 Euro (oder rund 640 sFr), Verbrauch 0,35 kWh pro Tag – in 15 Jahren rund 585 Euro drauf (oder rund 715 sFr)! Aus diesem Grund sollten Sie das Geschenk eines alten Kühlschranks dankend ablehnen.

Aber ist es ökologisch sinnvoll, einen zehn Jahre alten Kühlschrank vorzeitig rauszuschmeißen? In einem Neugerät stecken etwa 1 200 kWh Herstellungsenergie, ein Drittel hätte der Alte also »noch gut«. Diese 400 kWh holt ein Neuer mit einem um 0,7 kWh pro Tag geringeren Verbrauch in 190 Tagen raus, da im Kraftwerk ja die dreifache Menge an Primärenergie eingesetzt werden muss. Danach beginnt die Nettoentlastung der Umwelt.

7 Clever waschen – mit sauberer Wäsche Geld sparen

Maschine auf, Wäsche und Waschmittel rein, Knopf drücken ... Waschen ist so einfach, oder? Genauer betrachtet, ist Wäsche waschen eine ziemlich knifflige Geschichte, wenn man dabei Umwelt und Geldbeutel schonen will. Denn es gilt, maximale Sauberkeit bei minimalem Wasser- und Stromverbrauch zu erzielen. Dafür müssen die richtige Maschine, das effektivste Waschmittel und eine clevere Waschtechnik her – am besten ohne Weichspüler.

Wasser- und Stromzufuhr drosseln

Sehen wir uns zunächst die »nasse« und die »elektrische« Seite des Waschens an: In der Waschmaschinentechnik hat sich einiges getan. Moderne Sparmodelle brauchen nicht einmal mehr halb so viel Wasser wie ihre Vorläufer vor 10 bis 15 Jahren, und ihr Strombedarf ist fast ebenso stark gesunken.

Auch die Verbraucher haben ihre Waschgewohnheiten zugunsten der Umwelt verbessert. Lag die durchschnittliche Waschtemperatur vor 30 Jahren noch bei über 60 °C, sind es heute weniger als 50 °C. Nun kommt es darauf an, die verbesserten technischen Möglichkeiten vollends auszuschöpfen. Beim Wasser- und Energieverbrauch gibt es noch viel zu sparen.

Wussten Sie schon ...

- In einem Vierpersonenhaushalt läuft die Waschmaschine durchschnittlich 260-mal im Jahr.
- Deutschland »verwäscht« jährlich 330 Millionen Kubikmeter Wasser sowie 8 Milliarden kWh Energie. Damit ließen sich

183 000 Wettkampfschwimmbecken füllen beziehungsweise alle Berliner knapp zwei Jahre lang mit Strom versorgen. In Österreich fließen jährlich an die 60 Millionen Kubikmeter Wasser durch die Waschmaschinen.

- Allein durch kluges Waschverhalten ließen sich mehr als ein Drittel des Wasser- und drei Viertel des Energiebedarfs einsparen.
- Eine 90 °C Wäsche frisst nicht dreimal, sondern siebenmal so viel Energie wie eine 30 °C Wäsche.

■ ■ ■ TIPPS

Über drei Viertel des Stroms braucht die Waschmaschine allein zum Aufheizen des Wassers. Dem können Sie auf mehrere Arten begegnen. Die wichtigste Regel lautet, mit möglichst niedrigen Temperaturen zu waschen. Vielerorts herrscht noch der Glaube, höhere Temperaturen machten Wäsche sauberer. Tatsache ist: Die Wirkstoffe moderner Waschmittel haben ihr Temperaturoptimum bei 30 bis 40 °C. Sollten Sie nicht gerade als Kaminkehrer arbeiten, können Sie sich Vor- und Kochwäsche also getrost sparen. Wenn Sie Bedenken wegen der Hygiene haben, schieben Sie gelegentlich einen 60 °C Waschgang dazwischen.

Um den Strombedarf noch weiter zu senken, verfügen einige Maschinen über einen Warmwasseranschluss. Sie mischen sich aus heißem und kaltem Wasser der Hausleitungen die jeweils benötigte Temperatur. Dies setzt natürlich voraus, dass am Waschplatz neben dem Kaltwasser- auch ein Warmwasserhahn frei ist.

Füllen Sie die Trommel immer voll. Viele Spartasten vermitteln den falschen Eindruck: Sie sparen höchstens 20 Prozent Strom.

Mal ehrlich, wie alt ist Ihre Maschine? Auch wenn sie noch gut in Schuss scheint, kann sich eine neue aufgrund ihrer Sparsamkeit lohnen. Richtig sparsame Maschinen brauchen je 5-Kilogramm-Waschgang bei 40 °C nur noch 0,3 kWh Strom und 39 Liter Wasser. Bei der Entscheidung für eine Maschine hilft zum Beispiel das EU-Energielabel, das alle wichtigen Kenngrößen der Maschine nennt: Energie- und Wasserbedarf, Füllmenge und Waschwirkung. Anhand dieser Daten können Sie ausrechnen, wie schnell sich ein Neukauf amortisiert.

Und das kommt dabei raus

Die Verbrauchseinsparungen eines sparsamen Neugeräts gegenüber einer 10 Jahre alten Maschine können für eine vierköpfige Familie 40 Euro (oder rund 49 sFr) im Jahr betragen, gegenüber einer 20 Jahre alten Maschine sogar bis zu 158 Euro (oder rund 193 sFr). Im Unterschied zu einem 25 Jahre alten Gerät kann ein neues jährlich über 25 000 Liter Wasser und 200 kWh sparen. Damit können Sie zweieinhalb Jahre lang täglich duschen und ein Jahr lang einen 300-Liter-Kühlschrank betreiben. Übrigens: Wenn Sie den Wasserverbrauch senken, sparen Sie mit jedem Liter doppelt, da Sie ja für Brauchwasser auch Abwassergebühren zahlen müssen.

Weniger Waschmittel verpulvern

Nach Strom und Wasser kommen nun die zahllosen Waschmittel ins Spiel. Indem Sie das für Ihre Bedürfnisse Richtige auswählen und genau dosieren, drehen Sie die dritte wichtige Stellgröße beim Waschen in Richtung Umweltschutz und Sparen. Moderne Waschmittel sind ausgereift, billige Marken können ebenso gute Waschergebnisse liefern wie teure. Das überrascht nicht, denn der Aufbau aller Waschmittel ist im Wesentlichen gleich: Tenside, Bleichmittel, optische Aufheller, Enzyme, Gerüststoffe und Parfüme. Immer neue Wirkstoffkombinationen aus den mehr als

400 verfügbaren Komponenten sollen in erster Linie den Markt beleben. Einige Duftstoffe und Bleichmittel können allerdings Haut und Atemwege reizen. Mit dem Verbot von Phosphaten wurde den Gewässern von staatlicher Seite schon viel geholfen. Zeigen Sie durch kluges Dosieren, dass die Haushalte dies genauso gut können.

Wussten Sie schon …

- In Deutschland kommen jährlich fast 18 Millionen Tonnen Schmutzwäsche zusammen.
- Für diesen Berg brauchen die Deutschen fast 700 000 Tonnen Waschmittel, Spezialwaschmittel und Weichspüler noch nicht mitgerechnet. Die Österreicher haben mit 8 Kilogramm einen ähnlichen Pro-Kopf-Verbrauch.
- Im Mai 2007 ist in Deutschland ein neues Wasch- und Reinigungsmittelgesetz in Kraft getreten, das die Hersteller verpflichtet, alle Konservierungsmittel und allergieauslösenden Stoffe auf der Verpackung zu nennen – immerhin 500 000 Menschen haben hierzulande eine solche Allergie. Auch die Angaben zur Ergiebigkeit, also die Anzahl der Wäschen, sollen klarer werden.
- Würden Superkompakt- oder Baukastenwaschmittel alle herkömmlichen Vollwaschmittel ersetzen, gelangten in Deutschland rund 120 000 Tonnen weniger Pulver in die Gewässer.
- In der Schweiz gelangen jährlich 60 000 Tonnen Waschmittel in den Wasserkreislauf.

▮ ▮ ▮ TIPPS

Baukastenwaschmittel sind die ökologische und ökonomische Top-Empfehlung. So ein Baukasten enthält ein kompaktes Grundwaschmittel, einen Enthärter (für Wasserhärten über 1; Auskunft erteilt Ihr Wasserversorger) und ein Bleichmittel für weiße oder stark verschmutzte Wäsche. Etliche Anbieter führen auch separate Enzyme im Sortiment, die individuell zudosiert werden können. Diese Komponenten lassen sich exakt auf die jeweiligen Gegebenheiten anpassen. Obwohl sie zunächst teuer erscheinen, werden sie damit zum Sparrenner.

Wenn Sie sich nicht für einen Baukasten entscheiden können, wählen Sie ein Kompaktwaschmittel in Pulverform. Flüssige Waschmittel enthalten deutlich mehr Tenside und waschen trotzdem nicht so weiß wie ein gutes Pulver. Kompakte Color-Waschmittel sind Vollwaschmitteln vorzuziehen, da sie ohne Bleiche auskommen. Gänzlich ausgedient haben Jumbo-Vollwaschmittel. Diese Großpackungen enthalten rund ein Drittel Füllmittel – Gewässer belastende Salze, die dafür sorgen, dass das Waschmittel nicht verklumpt. Berechnungen der Kosten pro Waschgang belegen, dass Konzentrate viel günstiger sind als die vermeintlich ergiebigen Jumbos.

Dosieren Sie jedes Waschmittel entsprechend den Herstellerempfehlungen für leicht verschmutzte Wäsche und gemäß dem Härtegrad Ihres Wassers. Tasten Sie sich an die kleinste Menge heran, mit der Sie die Wäsche noch gut sauber bekommen, und markieren Sie sich diese mit einem Strich auf dem Füllbecher. Beim Dosieren können auch Waschmitteltabletten helfen, ähnlich wie sie für Spülmaschinen bekannt sind.

Achten Sie beim Kauf des Waschmittels auf problematische Inhaltsstoffe: Das Bleichmittel Perborat setzt pflanzengiftige Borsalze frei, die keine Kläranlage beseitigen kann. Unter den Duftstoffen gelten vor allem polycyclische und Nitro-Moschusverbindungen als gesundheitsgefährdend und wegen ihrer Langlebigkeit als ökologisch sehr bedenklich.

Für Naturverbundene bieten Reform- und Versandhäuser eine Besonderheit an: Waschnüsse. Ihre Schalen enthalten Saponin und machen ganz ohne synthetische Chemie sauber. Sie sind vollständig biologisch abbaubar und reduzieren die Waschmittelkosten um rund die Hälfte.

Und das kommt dabei raus

Im Durchschnitt gibt ein Haushalt ewa 40 Euro (oder rund 49 sFr) im Jahr für Waschmittel aus. Durch kluges Dosieren von Baukastenwaschmitteln können Sie für das gleiche oder sogar weniger Geld bei gleicher Wäschemenge die Gewässerbelastung erheblich verringern. Knausern Sie ruhig mit dem Waschmittel: Wenn Sie bislang eher viel zugegeben haben, anstatt entsprechend »leichter Verschmutzung« zu dosieren, haben Sie wahrscheinlich bis zu 50 Prozent Ihrer Waschmittelausgaben verpulvert.

Weichspüler – hart zur Umwelt

Weichspüler helfen nicht beim Waschen. Sie verhindern lediglich, dass sich Kalk aus dem Waschwasser auf der Faser ablagert, und plustern sie auf. Das sorgt für das beliebte »Kuschelgefühl«. Die aktive Rolle dabei spielen sogenannte kationische Tenside, und die gelangen mit dem Abwasser in die Umwelt. Inzwischen gibt es zwar Weichspüler, die besser abgebaut werden als früher eingesetzte Chemikalien, doch auch sie belasten die Gewässer noch erheblich. Vor allem Kleinstlebewesen in Bächen und Flüssen, Garanten für ein funktionierendes Ökosystem, gehen an den Weichspülerresten zu Grunde. Nicht abgebaute Tenside können auch Fischen gefährlich werden, wenn sie sich auf die Kiemen legen. Außerdem wirken viele Weichspüler stark hautreizend, da wird aus kuschelweich schnell kratzig. Besonders Baby- und Kinderwäsche sollte also von ihnen verschont bleiben.

Wussten Sie schon …

- Deutsche Haushalte spülen jedes Jahr 180 000 Tonnen Tenside in die Gewässer. Weichspüler haben daran einen großen Anteil.
- Die wenigsten Kläranlagen können Weichspüler aus dem Wasser entfernen.
- »Biologisch abbaubar« bedeutet nur, dass die betreffenden Substanzen ihre wäscherelevanten Eigenschaften verlieren. Sie belasten dennoch die Gewässer.
- Weichspüler überziehen die Textilien wie ein dünner Fettfilm. Deswegen nehmen weichgespülte Tücher Feuchtigkeit so schlecht auf.

▮ ▮ ▮ TIPPS

Die einfachste, umweltfreundlichste und billigste Veränderung beim eigenen Waschverhalten ist natürlich, es mal ohne Weichspüler zu versuchen. Sie gehören auch zu jenen, die um keinen Preis auf das Kuschelgefühl nach dem Duschen verzichten mögen und am liebsten Ihr Handtuch vorher noch kurz über der Heizung wärmen? Vielleicht wagen Sie dann das Experiment, die Dosierung bei jedem Waschgang etwas zu reduzieren.

Umweltverträglichen Ersatz für synthetische Weichspüler bieten Essig und Tonerde, auch Zitronensäure sorgt als guter Kalklöser für weichere Wäsche. Kautschukkugeln walken die Wäsche in der Trommel durch und verhindern so, dass sich ein Kalkfilm auf der Faser niederschlägt. Damit die Kugeln genügend Spielraum haben, darf die Maschine aber nicht zu voll gepackt werden. Auch die bereits erwähnten Waschnüsse machen durch ihre natürlichen Öle die Wäsche angenehm weich.

Der »große Wurf« – die Lösung nicht nur für das Problem harter Wäsche – wäre, das gesamte Brauchwasser aus einer eigenen Regensammelanlage zu beziehen: Regen gibt es kostenlos und hartes Wasser ist damit passé. Zugegeben, Mieter können diesen Tipp leider nicht so einfach umsetzen.

Und das kommt dabei raus

Der Verzicht auf Weichspüler spart je nach Marke und persönlichem Verbrauch bis zu 20 Euro (oder circa 25 sFr) pro Jahr. Essig, Tonerde und Zitronensäure finden Sie für wenig Geld in allen Drogerien.

Waschverhalten – unterm Strich

Die jährlichen Ausgaben fürs Waschen hängen von vielen Faktoren ab. Um Ihr Sparpotenzial abzuschätzen, beantworten Sie sich folgende Fragen: Wie häufig waschen Sie? Wie alt ist Ihre Maschine und wie viel verbraucht sie je Waschgang? Den tatsächlichen Stromverbrauch bestimmen Sie am besten mit einem Strommessgerät, beim Wasserverbrauch müssen Sie sich auf die Herstellerangaben verlassen. Wie dosieren Sie Ihr Waschmittel? Und welche der bisher genannten Spartipps beherzigen Sie bereits?

Wie stark sich das Waschverhalten auswirken kann, ließ das deutsche Umweltbundesamt (UBA) vom Öko-Institut Freiburg anhand dreier Modellhaushalte abschätzen: Im Haus *Weißkragen* ist allzeit Sauberkeit oberstes Gebot, sozusagen ohne Rücksicht auf Verluste. Bei Familie *Wischi-Waschi* muss es nicht immer klinisch rein sein und man wäscht nach Gefühl, allerdings ohne besonderen Umwelt- oder Sparanspruch. Die *Cleverles* dagegen könnte man sich zum Vorbild für unsere Tipps nehmen: Sie machen mit ihrem durchdachten Reinigungsregime vor, wie man sauber und umweltfreundlich aus der Wäsche schaut.

Die Berechnungen des Öko-Instituts fassen übrigens nur zusammen, wie sich unterschiedliches Waschverhalten auswirkt, also welche Temperatur und wie viel von welchen Waschchemikalien gewählt wird. Sparmöglichkeiten durch neue Technologien sind darin noch gar nicht enthalten. Doch nun zu den drei Familien im Detail:

Familie *Weißkragen* wäscht besonders häufig und mit geringer Befüllung. So kommen in einem Jahr 500 Kilogramm Wäsche oder 286 Waschgänge zusammen mit im Schnitt nur 1,75 Kilogramm Beladung. Überdies dosiert sie ein herkömmliches Vollwaschmittel stets auf »stark verschmutzt« und gibt jeder Wäsche ordentlich Weichspüler zu. Fast ein Drittel der Wäsche wird bei 90 °C gewaschen und immerhin 40 Prozent bei 60 °C. Alles wandert in den Wäschetrockner, und das meiste wird auch noch gebügelt.

Familie *Wischi-Waschi*, sie entspricht am ehesten einem Durchschnittshaushalt, wäscht seltener und braucht für 500 Kilogramm Wäsche nur 182 Waschgänge. Sie nutzt ein Kompaktvollwaschmittel, das sie in drei Viertel der Fälle für normale, sonst für starke Verschmutzung dosiert. Weichspüler kommt nur in jeder zweiten Wäsche zum Einsatz. Die häufigste Waschtemperatur ist 60 °C und das Kochprogramm kommt nur halb so oft zum Zuge wie bei *Weißkragens*. Wäschetrockner und Bügeleisen bearbeiten rund ein Drittel der Wäsche.

Familie *Cleverle* schließlich geht schon ganz anders ans Thema heran: Weil sie einmal getragene Oberbekleidung oft auch durch Auslüften wieder fit bekommt, schrumpft ihr jährlicher Wäscheberg um ein Viertel. Sie füllt die Maschine stets voll und kommt so auf 94 Waschgänge im Jahr, und sie wäscht mit einem Baukastenwaschmittel bei niedrigster Dosierung. Weichspüler schenken sich die *Cleverles*. Drei Viertel der Waschgänge laufen auf 30 °C, der Rest auf 60 °C, und die Wäsche trocknet ausschließlich an der Luft. Gebügelt wird nur jedes zehnte Wäschestück.

Und das kommt dabei raus

Fazit der Untersuchung: Obwohl Familie *Cleverle* mit einem teuren Baukastenwaschmittel wäscht, zahlt sie wesentlich weniger fürs Waschen als die beiden anderen Haushalte, nämlich 53 Euro (rund 65 sFr) im Jahr. Das ist nur etwa halb soviel wie die Durchschnittsfamilie *Wischi-Waschi*, die auf 108 Euro (rund 132 sFr) jährlich für Waschmittel, Energie und Wasser kommt. Familie *Weißkragen* bezahlt für die saubere Wäsche sogar 252 Euro (rund 307 sFr).

Noch deutlicher als die Kosten bilden die Umweltbelastungen die unterschiedlichen Waschstrategien der drei Haushalte ab: Bis die Wäsche im Schrank liegt, braucht Familie *Wischi-Waschi* fast viermal, die *Weißkragens* brauchen letztlich sogar zehnmal soviel Energie wie die *Cleverles*. In welchem der drei Waschtypen können Sie sich wiedererkennen? Ihr persönliches Waschverhalten können Sie unter anderem mit dem Online-Wasch-Rechner unter www.forum-waschen.de prüfen.

8 *In trockenen Tüchern – am billigsten mit Geduld*

Wäschetrockner gehören zu den größten Stromverbrauchern im Haushalt, und sparsame Geräte sind kaum in Sicht. An den meisten im Handelsbestand hängt immer noch das EU-Label der Effizienzklasse *C* oder schlechter. Klasse *B* oder *A* erreichen nur eine Handvoll Geräte, vor allem wenn sie über Gas oder eine Wärmepumpe beheizt werden. Seit Ende Mai 2013 gilt für Trockner ein neues Label, das nun von *A+++* bis *D* reicht. Damit trägt die EU der Tatsache Rechnung, dass innerhalb der Klasse *A* immer noch enorme Unterschiede bestehen. Ab 1. November 2013 müssen alle neuen Geräte mindestens Energieeffizienzklasse *C* erreichen. Auch unter Geräten der bisherigen Klassen *C* bis *G* gibt es noch wesentliche Verbrauchsunterschiede. Neben dem Energieverbrauch fließen auch die maximale Füllmenge und das Trocknungsverfahren in die Bewertung ein. Zwei Gerätetypen beherrschen den Markt: Ablufttrockner leiten die feuchte Luft über einen Schlauch ins Freie, Kondensationstrockner – eigens für fensterlose Räume entwickelt – schlagen die Feuchtigkeit nieder und fangen sie in einem Behälter auf. Kaltluft-Schranktrockner finden trotz Effizienzklasse *A* wenig Zuspruch, ihre lange Trockendauer von 12 bis 16 Stunden ist wohl wenig attraktiv.

Wussten Sie schon ...

- In jedem dritten deutschen Haushalt steht ein elektrischer Wäschetrockner.
- Trockner brauchen für die gleiche Wäschemenge doppelt so viel Strom wie eine Waschmaschine im Kochwaschgang.
- Ein Haushalt mit Wäschetrockner verdankt diesem gut 10 Prozent der Stromkosten.

▮ ▮ ▮ TIPPS

Der umweltfreundlichste Trockner ist die Wäscheleine im Garten oder auf dem Balkon. Und gibt es nicht auch drinnen irgendeinen Raum, wo die Wäsche niemanden stört, beispielsweise über Nacht? Im Winter befeuchtet im Haus aufgehängte Wäsche trockene Heizungsluft. Aber auch auf dem Dachboden oder im gut durchlüfteten (!) Keller bekommen Sie die Wäsche dann noch mit wenig Energie trocken: Stellen Sie einen 25-Watt-Ventilator (ab 10 Euro oder gut 12 sFr erhältlich) so auf, dass die Luft durch die Wäschestücke streicht. Gut geschleuderte Wäsche kann so binnen weniger Stunden trocknen.

Wenn Sie einen Wäschetrockner verwenden, beladen Sie ihn richtig. Zweimal die halbe Füllung kostet etwa 30 Prozent mehr Strom. Je besser die Waschmaschine schleudert, umso weniger muss der Trockner arbeiten. Bei einer Schleuderdrehzahl von schlappen 850 Umdrehungen pro Minute braucht der Trockner bis zu 90 Minuten, um 5 Kilogramm Wäsche schranktrocken zu liefern. Bei mindestens 1200 Umdrehungen pro Minute sind es nur noch 75 Minuten.

Das Übertrocknen der Wäsche verschwendet nicht nur Energie, sondern schadet auch der Kleidung. Für alles, was Sie bügeln wollen, genügt die Einstellung »bügeltrocken«.

Halten Sie bei einem Ablufttrockner den Schlauch möglichst kurz und reinigen Sie den Luftfilter nach jedem Trockengang. Flusen in den Filtern verlängern die Trocknungszeit.

Wählen Sie beim Neukauf ein Gerät mit Feuchtigkeitsmesser. So ausgerüstet läuft der Trockner nicht länger als nötig. Ablufttrockner brauchen etwa 10 Prozent weniger Strom als Kondensationstrockner, gasbetriebene Trockner belasten Klima und Geldbeutel am wenigsten. Waschtrockner verbrauchen, da für jeden Waschgang zwei Trockengänge anfallen, überdurchschnittlich viel Strom und schlucken für die Kühlung eine ordentliche Extraportion Wasser. Sie sollten nur als Notlösung bei extrem wenig Platz in Betracht kommen.

Lassen Sie sich im Handel die Kosten beziehungsweise den Energiebedarf für einen Trockengang vorlegen.

Und das kommt dabei raus

Durchschnittlich wendet ein Vierpersonenhaushalt 500 Kilowattstunden oder 135 Euro (circa 165 sFr) pro Jahr fürs Wäschetrocknen auf. Wäsche an die Luft zu hängen kostet gar nichts. Wenn Sie sich zumindest im Sommer für diese Methode entscheiden können, sparen Sie rund die Hälfte der Stromkosten.

Vorheriges Schleudern mit 1400 statt 1000 Umdrehungen pro Minute spart knapp 20 Prozent Strom. Wenn Sie einen *A*-Klasse-Trockner kaufen, können Sie im Vergleich zu einem Gerät der Klasse *C* bis zu 85 Euro (oder 104 sFr) Stromkosten im Jahr sparen. Die höheren Anschaffungskosten haben Sie so schon nach wenigen Jahren wieder drin.

9 Richtig einheizen – Wege zum warmen Heim

In jüngster Zeit sind die Energiepreise rasant gestiegen. Zwischen 2002 und 2012 mussten Verbraucher zum Beispiel bei Heizöl eine Teuerungsrate von 155 Prozent verkraften. Dem sind Sie als Mieter oder Eigentümer einer Immobilie aber nicht hilflos ausgeliefert. Zwar wohnen die Wenigsten in optimal renovierten Wohnungen oder Neubauten, die der aktuellen Wärmeschutzverordnung entsprechen. Doch Sie können selbst aktiv werden, damit die Jahresabrechnung nicht zum Fiasko gerät. Als Hausbesitzer sind Sie auch Herr über Ihre eigene Heizanlage. Der Weg in den Keller eröffnet Ihnen die Möglichkeit, Ihre Heizkosten »von Grund auf« in den Griff zu bekommen.

Die deutsche Bundesregierung hat 2008 den Energieausweis für Immobilieneigentümer eingeführt, um die energetische Gebäudesanierung voranzutreiben. Für Wohngebäude, die bis 1965 fertiggestellt wurden, wurde der Energieausweis am 1. Januar 2008 Pflicht, für jüngere Wohngebäude am 1. Juli 2008. Für Nichtwohngebäude gilt er seit dem 1. Januar 2009. Sie benötigen als Eigentümer den Ausweis allerdings vorerst nur dann, wenn Sie verkaufen oder vermieten möchten, und hier auch noch mit Ausnahmen. Mit dem Pass erfahren Käufer und Mieter, mit welchen Kosten für Heizung und Warmwasser sie etwa rechnen müssen, außerdem liefert er Basisdaten zur Dämmung und Heizungsanlage.

Der Kohlendioxidausstoß aus den Heizanlagen der Wohnhäuser gilt als eine der größten Triebkräfte des Klimawandels. Durch einen sparsamen Umgang mit Heizenergie und Warmwasser lässt sich also viel für den Klimaschutz tun. Beim richtigen Heizen geht es schlicht darum, Wärme in der angemessenen Menge dorthin zu lenken, wo sie wirklich gebraucht wird, und ihr den unkontrollierten Weg nach draußen zu versperren.

Wussten Sie schon …

- Die Mehrzahl der Deutschen glaubt, die meiste Energie im Haushalt würde für Elektrogeräte verbraucht. Tatsächlich werden aber drei Viertel der eingesetzten Energie »verheizt«.
- Schon eine um 1 Grad höhere Raumtemperatur lässt den Energieverbrauch einer Heizung um 5 bis 6 Prozent steigen.
- Je nach Dämmung zahlt ein Haushalt im Jahr für Heizung und Warmwasser zwischen 10 und 30 Euro pro Quadratmeter. An einem einzigen kalten Tag kann man allein fürs Heizen schnell über 10 Euro ausgeben.
- Eine dreiköpfige Familie »heizt« 6 bis 7 Tonnen Kohlendioxid pro Jahr in die Atmosphäre, alle deutschen Privathaushalte zusammen bringen es jährlich auf über 130 Millionen Tonnen. Diese Verhältnisse gelten entsprechend der Bevölkerungszahl auch für Österreich und die Schweiz.
- Nach der letzten bundesweiten Erhebung von 2011 zahlt ein Haushalt im Schnitt 72 Euro pro Monat für Heizung und Warmwasser.
- Nahezu drei Viertel der gesamten Wohnfläche in Deutschland erfüllen nicht die Anforderungen der ersten Wärmeschutz-

verordnung von 1977. In Österreich und der Schweiz sind die Vorgaben je nach Bundesland beziehungsweise Kanton recht unterschiedlich und somit schwer zu vergleichen.

- Erdgas belastet die Umwelt weit weniger als Öl. Bei seiner Verbrennung entstehen fast keine Schwefel- und deutlich weniger Stickstoffverbindungen und Kohlendioxid.
- Die deutschlandweit über 30 Millionen Heizungspumpen benötigen etwa 3,5 Prozent der gesamten elektrischen Energie. Damit verbrauchen sie etwa so viel wie alle Schienenfahrzeuge von Bundesbahn und öffentlichem Nahverkehr.
- Heizen macht dick: Nach einer Studie des University College London steigt die Fettverbrennung bei sinkender Umgebungstemperatur. Bei weniger als 18 °C greift der Körper die Fettpolster an, um seine Betriebstemperatur zu halten.
- Nur ein Zehntel der 17 Millionen deutschen Zentralheizungen entspricht dem aktuellen Stand der Technik, 20 Prozent der Kessel sind älter als 24 Jahre und erreichen Wirkungsgrade unter 65 Prozent, so das Bundesamt für Wirtschaft und Ausfuhrkontrolle (BAFA).

▪ ▪ ▪ TIPPS

Beheizen Sie nur Räume, die Sie wirklich nutzen. Halten Sie die Temperatur in Wohnräumen bei 18 bis 20 °C, im Schlafzimmer genügen oft schon 16 °C. Jedes Grad mehr Raumtemperatur steigert den Energieverbrauch um 6 Prozent. Wenn Sie mehrere Tage verreisen, stellen Sie die Heizung auf etwa 12 °C ein. Drehen Sie die Heizung nie völlig ab. Es kostet unverhältnismäßig viel Energie, ein ausgekühltes Zimmer wieder aufzuheizen. In einem Raum mit mehreren Heizkörpern kommt es günstiger, alle etwas aufzudrehen, als einen die ganze Arbeit alleine machen zu lassen.

Thermostatventile halten die Raumtemperatur konstant auf dem gewünschten Wert und können bis zu 8 Prozent Heizenergie sparen. Die Stellung 3 entspricht gewöhnlich 20 °C, 4 etwa 24 °C. Die Ventile dürfen nicht von Gardinen verdeckt sein. Eine gute Investition sind programmierbare elektronische Thermostatventile, mit denen Sie unter anderem Heizintervalle festlegen können. So lässt sich etwa die Raumtemperatur werktags, wenn alle bei der Arbeit oder in der Schule sind, oder nachts automatisch senken. Beim Umzug einfach abschrauben und mitnehmen!

Verstellen Sie der Wärme nicht den Weg, sie muss sich frei im Raum verteilen können: Sofas, Vorhänge oder Verkleidungen vor dem Heizkörper verhindern eine optimale Abstrahlung – und kosten Sie 5 Prozent zusätzliche Energie.

Während der Nachtstunden sollte die Raumtemperatur um 5 °C gesenkt werden. Um möglichst wenig Wärme über die Fenster zu verlieren, schließen Sie nachts die Vorhänge und lassen Sie Rollos herunter. So senken Sie den Wärmeverlust um 10 bis 20 Prozent.

Schlaues Lüften heißt Stoßlüften: Heizung ganz runter und Fenster ganz auf. So wird im Winter in 4 bis 6 Minuten die komplette Raumluft einer 75-Quadratmeter-Wohnung ausgetauscht und die Wände verlieren nur wenig Wärme. Heizen Sie kalte Räume nicht durch warme Luft aus anderen Zimmern auf, dabei kondensiert zu viel Feuchtigkeit aus.

Zu Beginn der Heizperiode sollten Sie die Heizkörper entlüften, damit sie effizient arbeiten.

Mit Strom Räume und Wasser zu heizen, ist nicht nur die unökologischste, sondern auch die teuerste Methode. Stromheizungen verbrauchen 8 Prozent der elektrischen Energie in Deutschland.

Sprechen Sie mit dem Vermieter: Versuchen Sie eine Abrechnung zu erwirken, die sich zu 70 Prozent aus verbrauchsabhängigen Kosten und nur 30 Prozent aus Grundkosten zusammensetzt (siehe dazu Seite 14). So holen Sie durch kluges Heizverhalten auch finanziell am meisten raus.

∎ ∎ ∎ TIPPS FÜR EIGENTÜMER

Richtig Energie sparen lässt sich mit einer neuen Heizung. Hier hilft der Staat mit Förderprogrammen, günstigen Zinsen oder Barzuschüssen. Eigentümer erhalten je nach Sanierungsart und -umfang bis zu 10 Prozent der Kosten, höchstens jedoch 5 000 Euro für die Heizungssanierung und bis zu 25 Prozent beziehungsweise 18 750 Euro für die Sanierung von Wohneinheiten. Meist reichen schon die gesparten Heizkosten aus, das Darlehen zurückzuzahlen. Analysieren Sie mit einem Energieberater Ihren aktuellen Energieverbrauch und optimieren Sie den Wärmeverbrauch, etwa über eine bessere Dämmung oder den Einsatz erneuerbarer Energien. Die eingesparten Brennstoffkosten machen die meisten Investitionen schnell wieder wett. Informationen dazu finden Sie unter www.energiefoerderung.info.

Wenn Sie eine alte Anlage haben, muss sie auf jeden Fall optimal laufen. Überprüfen Sie zu Beginn der Heizperiode folgende Stellgrößen: Die Nachtabsenkung ist auf 15 bis 16 °C eingestellt, der Kessel kann nachts herunterfahren. Prüfen Sie, ob genug Wasser im Heizsystem ist. Nur wenn der Druck stimmt, gelangt die Wärme auch in die Heizkörper. Warmwasser sollte nicht mehr als 50 bis 60 °C haben. Bei höheren Temperaturen muss man am Hahn doch nur wieder kalt zumischen, zudem verkalkt das System schneller. Legionellen töten Sie zuverlässig durch gelegentliches kurzes Aufheizen auf 80 °C.

Stellen Sie die Heizungspumpe auf die niedrigste Position ein und regeln Sie nur höher, wenn die Heizkörper trotz richtigem Wasserdruck ungleichmäßig warm werden. Stellen Sie die Pumpe ab, wann immer Sie nicht heizen, zum Beispiel im Sommer. Oder denken Sie über den Wechsel zu einer neuen Umwälzpumpe nach, die dank sehr energieeffizienter Elektromotoren bei einer um rund 70 Prozent geringeren Leistungsaufnahme die gleiche hydraulische Förderleistung erbringt wie eine herkömmliche Pumpe. Deshalb hat die EU Anforderungen an die Mindesteffizienz von Umwälzpumpen beschlossen: Seit 2013 sollen ineffiziente Umwälzpumpen in zwei Stufen vom Markt verschwinden. Rund 90 Prozent der bis 2012 erhältlichen ungeregelten Pumpen dürfen in Deutschland nun nicht mehr von der Industrie in den Verkauf gebracht werden. Das Energie-Label von *A* bis *G* wird dafür durch den Energie-Effizienz-Index (EEI) ersetzt, der maximal 0,27 betragen darf. Besonders effiziente Pumpen unterschreiten sogar den Wert 0,20. Ab 2015 werden noch schärfere Vorgaben folgen: Dann dürfen nur noch Umwälzpumpen mit einem Wert kleiner oder gleich 0,23 auf den Markt.

Überprüfen Sie die Heizungsregelung und stellen Sie die Heizkurve möglichst niedrig ein, probehalber auf 1,2. Die Vorlauftemperatur sollte gerade so hoch sein, dass die Räume angemessen schnell warm werden. Die Verschiebung der Kurve sollte bei +3 °C bis +5 °C liegen.

Notieren Sie wöchentlich den Zählerstand Ihrer Gasheizung beziehungsweise monatlich die Tankfüllung Ihrer Ölheizung. So behalten Sie Ihre Heizkosten im Blick und vermeiden teure Überraschungen.

Wenn Sie an einer Ölheizung festhalten wollen, prüfen Sie, ob Sie als Beitrag zur Luftverbesserung schwefelarmes Öl einsetzen können. Eine weitere Neuerung: rußarmes Superöl, tut Tank und Brenner gut.

Achten Sie auf Alarmzeichen wie Abgastemperaturen über 200 °C und eine Kesselummantelung, die mehr als nur lauwarm ist: Hier ist etwas im Argen und Sie verschwenden viel Energie.

Gerade bei Heizungen, die mehrere Etagen versorgen, empfiehlt sich ein hydraulischer Abgleich. Der kostet zwar 300 bis 500 Euro, kann sich aber sehr lohnen. Eine Einschätzung der eigenen Verhältnisse erlaubt der WärmeCheck unter www.klimasucht-schutz.de.

Und das kommt dabei raus

Der Unterschied zwischen unbesonnenem und klugem Heizen kann sich auf 30 Prozent der Heizkosten belaufen. Aus Ihrer Abrechnung können Sie die Kilowattstunden Ihres Heiz- und Warmwasserverbrauchs entnehmen und Ihre Energiekennzahl berechnen (siehe Seite 14). Liegt sie bei 240 kWh/m^2 im Jahr, ist das Durchschnitt, aber kein Grund zum Jubeln: Bis maximal 120 kWh/m^2 jährlich gelten heute als »gut«. Eine Energiekennzahl von über 280 kWh/m^2 sollten Sie als Alarmglocke verstehen!

Schon eine korrekte Nachtabsenkung bringt bis zu 10 Prozent weniger Energiebedarf, ebenso die gewissenhafte Wartung der Heizanlage. Als Quantensprung in Sachen Energieeinsparung kann sich erweisen, die Heizanlage komplett zu modernisieren: 30 Prozent und mehr sind drin. Diese Maßnahme sei Eigentümern dringend ans Herz gelegt, deren Anlage zehn Jahre und älter ist. Mit der Bundesimmissionsschutzverordnung (BImSchV) werden in Deutschland deutlich höhere Anforderungen an den Wirkungsgrad einer Heizanlage zum Gesetz, die letzte Übergangsfrist endete im November 2004. Die Energieeinsparverordnung (EnEV) hat seit 2006 sogar pauschal untersagt, Heizungen zu betreiben, die vor Oktober 1978 eingebaut wurden – allerdings auch hier wiederum mit Ausnahmen. Österreicher und Schweizer wenden sich bitte an die jeweiligen Landes- beziehungsweise kantonalen Behörden.

10 Wärmekraft voraus – ein Kraftwerk im Keller

Die steigenden Strom- und Heizenergiepreise und die ehrgeizigen Klimaziele der Regierung sorgen dafür, dass die Idee, die zwei Energieformen Strom und Wärme gleichzeitig zu nutzen, immer mehr Anhänger findet. Das Stichwort heißt Kraft-Wärme-Kopplung (KWK). Der Bund stellt jährlich 750 Millionen Euro für Kraftwerke bereit, die neben Strom auch Wärme produzieren, um auf diese Weise den CO_2-Ausstoß und den Energieverbrauch zu senken. Bis 2020 soll der Anteil der Kraft-Wärme-Kopplung auf 25 Prozent der gesamten Stromproduktion steigen, das Bremer Energie Institut sieht sogar Potenzial für über 50 Prozent. Der Clou dieser Blockheizkraftwerke (BHKW) ist, dass nicht wie in der konventionellen Stromerzeugung ein großer Teil der Energie ungenutzt verpufft. Kleine Brüder solcher Kraftwerke könnten in den kommenden Jahren in zahlreichen Kellern stehen. Das ist keine Frage des technischen Potenzials, sondern der Rahmenbedingungen und des Verhaltens der beteiligten Akteure. Das Bundesamt für Wirtschaft und Ausfuhrkontrolle (BAFA) vergibt für Mini-BHKW Fördermittel zwischen 1 500 und 3 500 Euro.

Die Entscheidung für ein kleines Blockheizkraftwerk im Keller könnte vor allem für Mehrfamilienhäuser, aber auch für Ein- bis Zweifamilienhäuser interessant sein. Deutschlandweit kommen BHKW für etwa zwei bis drei Millionen Häuser in Frage. Der größte Umwelteffekt ergibt sich durch die direkte Nutzung der Wärme, die bei der Stromproduktion ja immer anfällt, zu Heizzwecken und für die Warmwasserbereitung. Der Wirkungsgrad der Stromerzeugung liegt dabei zwischen 25 und 50 Prozent. Durch die ortsnahe Nutzung der Abwärme wird die eingesetzte Primärenergie aber zu 80 bis über 90 Prozent genutzt, so dass Blockheizkraftwerke bis zu 40 Prozent Primärenergie einsparen. Eine Stromüberproduktion kann ins Netz eingespeist werden und wird entsprechend verrechnet.

Wie günstig die Umweltbilanz ist, hängt letztlich davon ab, was zur Stromerzeugung verbrannt wird, etwa Diesel, Erdgas oder Biogase aus Klärschlamm oder Bioabfall. Derzeit sind die Motoren-BHKW wirtschaftlich am weitesten. Eine lange Lebensdauer, ein hoher Nutzungsgrad und ein wartungsarmer Betrieb sorgen in günstigen Einsatzfällen für eine Amortisation oft schon nach etwa vier bis fünf Jahren. Aber es gibt auch andere Modelle: In Brennstoffzellen ersetzt eine biochemische Reaktion die Verbrennung. Seit 2012 gibt es immerhin einen Anbieter, Ceramic Fuel Cells, der mit BlueGen ein Modell für Ein- und Mehrfamilienhäuser liefert. So würde der Ausstoß von Klimagasen auf null gesenkt. Auch der Stirlingmotor, Anfang des 19. Jahrhunderts vom schottischen Pfarrer Robert Stirling entwickelt, könnte hier eine Renaissance erleben, so zum Beispiel im Projekt ÖkoFEN_e: www.okofen-e.com.

Wussten Sie schon ...

- Heizkessel, die vor dem 1. Oktober 1978 eingebaut wurden, mussten bis zum 31. Dezember 2008 außer Betrieb genommen werden – laut dem Bundesverband der deutschen Gas- und Wasserwirtschaft rund 900 000 Öl- und Gasheizkessel.
- Die als Stromfresser bekannten rund 1,4 Millionen Nachtstromspeicheröfen sollen bis Ende des Jahrzehnts aus den Haushalten verschwinden.
- Künftig sollen 15 Prozent der Heizenergie in Neubauten aus erneuerbaren Energiequellen stammen.
- Laut einer Studie des Wirtschaftsinstituts WIFO könnten die

CO_2-Emissionen in Österreich durch Fernwärme-KWK-Anlagen um bis zu 16 Millionen Tonnen pro Jahr gesenkt werden.

- Dänemark nutzt bereits seit den 1930er Jahren die Kraft-Wärme-Kopplung und deckt heute über 50 Prozent seines Energiebedarfs mit dieser Technik.
- Über 70 Prozent der finnischen Fernwärme entsteht in KWK-Anlagen.

▌▌▌ TIPPS

Die Wirtschaftlichkeit von BHKW hängt von den jährlichen Betriebsstunden ab. Es gilt: Je mehr, desto besser. Dabei fängt die Rentabilität bei minimal 2500 Betriebsstunden an, besser sind 4000 und mehr. Der Gesamtnutzungsgrad für elektrische und thermische Energie liegt bei den meisten Systemen zwischen 80 und 90 Prozent, der Anteil der elektrischen zwischen rund 20 und 30 Prozent.

Wenn Sie über ein Mini-BHKW nachdenken, sollten Sie sicher sein, dass Strom und Wärme möglichst ganzjährig in ausreichendem Maß abgenommen werden. Eine Kombination mit einer solarthermischen Anlage ist also im Gegensatz zu anderen alternativen Heizsystemen nicht sinnvoll. Auch für ein Passiv- oder Niedrigenergiehaus ist die Wirtschaftlichkeit fraglich, wenn die Wärme nicht in ein öffentliches Netz eingespeist oder für andere Nutzungen gebraucht wird. Zu empfehlen ist häufig ein zusätzlicher Wärmespeicher.

Immer mehr Kommunen und Länderregierungen unterstützen mit Förderprogrammen die Installation von Kraft-Wärme-Kopplungsanlagen. Informationen über Art und Umfang der jeweiligen Unterstützung erhalten Sie bei der Stadtverwaltung oder über den zuständigen Energieversorger. Unter www.energiefoerderung.info finden Sie einen Überblick aller Förderprogramme, unter www.klima-sucht-schutz.de erste Anhaltspunkte, welches Heizsystem für Sie das richtige sein könnte. Der Bundesverband Kraft-Wärme-Kopplung e.V. stellt seine Informationen unter www.bkwk.de zur Verfügung.

Und das kommt dabei raus
In Mehrfamilienhäusern können Mini-BHKW eine wirtschaftliche Alternative darstellen. Je nach Wärmebedarf kann die Energieproduktion in Richtung »Wärme« oder »Strom« optimiert werden. Überschüssigen Strom können Sie gegen Vergütung ins öffentliche Netz einspeisen. Sie müssen jedoch im Einzelfall berechnen, ob die Ersparnis durch die Unabhängigkeit vom Strompreis größer ist als die Einnahmen durch die Einspeisevergütung. Unterschiede ergeben sich etwa dann, wenn der Strom aus erneuerbaren Energiequellen stammt, dann gibt es Boni. Als Richtwert steht der Summe verschiedener Einspeisevergütungen eine Strompreisersparnis von wenigstens 15 Ct/kWh entgegen.

11 Macht den Laden dicht – einfache Dämmtipps

Kluges Heizen ist nur die eine Hälfte Ihrer Wärmesparstrategie, vielleicht noch größeres Gewicht hat die entsprechende Dämmung. Sie entscheidet grundsätzlich darüber, wie viel Wärme gebraucht wird, um sich in einem Raum wohl zu fühlen.

Experten sind sich einig: Wenn wir die Aufnahmefähigkeit der Erde für Kohlendioxid nicht heillos überfordern wollen, muss der Wärmebedarf im Gebäudebestand um den Faktor 10 gesenkt werden. Das ist nur mit Häusern zu erreichen, die über eine effiziente Heizung verfügen *und* so gut gedämmt sind, dass sie unkontrolliert kaum Wärme verlieren. Der Markt bietet für jeden Dämmjob die richtigen Materialien. Aus ökologischer Sicht sind hierfür besonders Naturstoffe wie Wolle, Hanf oder Zellstoff zu empfehlen. Entgegen hartnäckiger Gerüchte steigern sie nicht die Brandgefahr, manche zäumen Feuer sogar besser ein als Kunststoffdämmungen. Das deutsche Verbraucherministerium bietet zudem eine Förderung an, um den Preisunterschied zu synthetischen Dämmstoffen zu verringern. In Österreich gelten je nach Bundesland unterschiedliche Bestimmungen und entsprechend unterschiedliche Fördermöglichkeiten. Die Schweizer Zentralkantone schreiben mit der SIA-Norm 380/1 für Neubauten den Niedrigenergiehaus-Standard vor. Fördermittel sind ebenfalls kantonal verschieden. Neben den hier genannten einfachen Dämmtipps lassen sich größere Maßnahmen an der Fassade am besten in ohnehin anstehende Renovierungen integrieren.

Auch als Mieter können Sie einiges bewegen. Vor allem Wärmeschlupflöchern wie Türen, Fenstern oder Heizungsnischen sollten Sie Ihre Aufmerksamkeit widmen. Mit sehr einfachen Mitteln und geringen Investitionen lassen sich Lecks so abdichten, dass Sie trotz niedriger eingestellter Heizungsventile eine angenehmere Temperaturverteilung im Raum erzielen.

Wussten Sie schon ...

- Fast die Hälfte der Kohlendioxidemissionen einer Familie geht auf den Energiebedarf für Heizen und Warmwasser zurück.
- Ein 100 Quadratmeter großes, ungedämmtes Einfamilienhaus von 1970 verbrauchte pro Jahr circa 3500 Liter Heizöl, nach der Wärmeschutzverordnung 1982 circa 1700 Liter und nach der Wärmeschutzverordnung 1995 etwa 1000 Liter. Ein

Niedrigenergiehaus kommt hingegen mit 200 bis 700 Litern aus, einem Passivhaus reichen sogar weniger als 200 Liter.

- Etwa 20 Prozent der Heizenergie verschwinden durch die (geschlossenen!) Fenster.
- Durch Gebäudesanierungen, effiziente Heizungsanlagen und KWK ließen sich in Deutschland jährlich 41 Millionen Tonnen CO_2-Emissionen einsparen.
- In manchen Städten verfügt noch immer jede fünfte Wohnung nur über einfach verglaste Holzfenster.
- Hauseigentümer können nicht gezwungen werden, schlecht schließende Fenster mit Einfachverglasung auszutauschen oder eine Wärmedämmung vorzunehmen.
- Seit 2008 ist in Deutschland der Energieausweis Pflicht. Siehe dazu Kapitel 9, *Richtig einheizen – Wege zum warmen Heim.*
- Seit Mai 2013 dürfen Sanierungsmaßnahmen drei Monate lang Lärm und Schmutz verursachen, ohne dass die Miete gemindert werden muss.

▮ ▮ ▮ TIPPS

Zieht's? Meist spüren Sie die undichten Stellen an Fenster und Türrahmen schon durch den kalten Hauch auf der Haut des Handrückens oder Unterarms. Ganz klassisch hilft auch der Kerzentest oder ein Blatt Papier, das Sie ins das Fenster einklemmen: Lässt es sich leicht wieder herausziehen, ist das ein Indiz für eine schlechte Isolierung. Gehen Sie mit Schaumstoffstreifen oder Dichtungsprofilen gegen die Ritzen vor. Kleben Sie immer den ganzen Rahmen ab, damit Fensterflügel beziehungsweise Türblatt wieder eine ebene Auflage finden und nicht neue Lücken entstehen. Für Gummiprofile, die eingefräst werden müssen, geben Sie zwar circa 8 Euro (oder circa 10 sFr) pro Meter aus, haben dann aber zehn Jahre Ruhe.

Zwischen Unterkante der Haustüre und Boden passt oft sogar ein »kleiner Finger«. Eine Besenleiste, Klemmschienen oder einfach nur Stoffrollen zum Vorlegen schaffen hier Abhilfe. Rüsten Sie auch die Türen zu kalten Räumen, zum Beispiel der Speisekammer, zu Wärmebarrieren auf. Besonders schlimm sieht es in vielen Rollokästen aus: Nur ein übertapeziertes Spanbrett trennt den beheizten Raum von der kalten Außenluft. Am besten beraten Sie mit dem Vermieter, wie Sie diese Wärmelücke schließen können.

Eine Dämmschicht mit hitzereflektierender Oberfläche lohnt sich in jedem Fall hinter den Heizkörpern – wenn sie in der Mauer versenkt montiert sind, auch seitlich. In Baumärkten finden Sie eigene Heizkörperdämmplatten in unterschiedlichen Stärken. Herrscht Platzmangel, leisten schon eine 5 Millimeter dicke, aluminium-kaschierte Styroporplatte oder eine flexible Dämmfolie gute Dienste.

Bevor Sie bei einem Dämmvorhaben an die Bausubstanz gehen, müssen Sie mit dem Vermieter sprechen. Eine gute Gelegenheit, fürs Dämmen zu werben.

▎▎▎ TIPPS FÜR EIGENTÜMER

Relativ einfach und in »Heimarbeit« können Sie sowohl die Kellerdecke als auch die letzte Geschossdecke zum Dachboden isolieren – sofern Sie diesen nicht ohnehin komplett ausbauen wollen. Die Dämmplatten müssen hierfür 15 bis 25 Zentimeter stark sein und kosten rund 25 Euro pro Quadratmeter (oder rund 31 sFr). Beachten Sie, dass die beiden Bereiche unter Umständen unterschiedliche Materialien erfordern. Denken Sie auch an die Heizungsrohre im Keller: Packen Sie »nackte« Leitungen, die vom Heizkessel in die bewohnten Räume führen oder in nicht beheizten Räumen verlaufen, mindestens 2 Zentimeter dick ein. Wegen des hohen Temperaturunterschieds zwischen Rohr und

Umgebung verlieren Sie hier sonst schon auf wenigen Metern sehr viel Wärme.

Die Kreditanstalt für Wiederaufbau in Frankfurt/Main fördert verschiedene Maßnahmenpakete zur Dämmung und Heizungssanierung, die auch einen Zuschuss zur Energieberatung enthalten (www.kfw.de). Informationen zu Förderprogrammen finden Sie auch unter www.energiefoerderung.info. In Österreich und der Schweiz sind die Länder beziehungsweise Kantone für Fördertöpfe zuständig. Meist lohnt es sich, bei der Materialauswahl etwas mehr zu investieren, um dafür deutlich bessere Dämmwerte zu erreichen.

Eine Aufnahme Ihres Hauses mit einer Wärmebildkamera (Thermografie), die Ihnen jeder Energieberater macht, zeigt Ihnen, wie viele Wärmelecks darin klaffen und wo sie sitzen. Wichtig für Vermieter: Eine gut gedämmte Wohnung müssen die Mieter auch gut lüften! Und geben Sie die Tipps an Ihre Mieter weiter.

Und das kommt dabei raus

Wie viel Geld und Kohlendioxid Sie sparen, hängt von der Qualität der ursprünglichen Wärmedämmung ab, der Zahl der Außenwände und der Lage der Wohnung – unterm Dach und im Erdgeschoss zahlen Sie gewöhnlich mehr fürs Heizen. Eine gute Fensterisolierung kann diese Kosten um 10 Prozent drücken. Die ausgekleidete Heiznische spart bis zu 6 Prozent Heizenergie, nochmal so viel können dichte Rollladenkästen bringen. Und die gesamten Investitionen machen sich nach spätestens zwei bis drei Heizperioden bezahlt. Gleichzeitig entlasten Sie die Umwelt jedes Jahr um viele hundert Kilogramm Kohlendioxid.

Wenn Sie als Eigentümer nur Dachboden, Kellerdecke und Verteilerrohre isolieren, reduzieren Sie die entsprechenden Energieverluste um jeweils bis zu 25 Prozent. Mit einer gelungenen Rundum-Dämmung können Sie in einem Einfamilienhaus mit etwa 500 Quadratmetern Außenfläche mehr als 1 000 Liter Heizöl im Jahr einsparen, also mindestens 350 Euro (oder rund 430 sFr). Schon bei einer Nutzungsdauer von 30 Jahren beträgt die steuerfreie Rendite 9 Prozent. Suchen Sie mal Anlageformen dieser Qualität! Außerdem wohnen Sie behaglich wie nie und schützen Ihr Haus vor Bauschäden. Das Thema Dämmen und Heizung in größerem Maßstab anzugehen rentiert sich meist ab einem Energiekennwert von über 120 kWh/m².

12 Die Kraft der Sonne – Strom und Warmwasser vom Dach

Teilchen hin, Welle her – egal wie man Licht definiert, es ist Energie, die uns die Sonne jeden Tag kostenlos in rund 8 Minuten zur Erde strahlt. Eine Photovoltaikanlage macht aus dieser starken Strahlung elektrischen Strom, und zwar im Wesentlichen in zwei Schritten: Solarmodule erzeugen unter Lichteinstrahlung aufgrund des photoelektrischen Effekts Gleichspannung, Wechselrichter wandeln diese Gleichspannung in 230-Volt-Wechselspannung und speisen den resultierenden Strom in das öffentliche Stromnetz ein. Als typische Größe für eine private Dachanlage kann man rund 5 kW nennen.

Für diesen Strom erhält der Betreiber einer Photovoltaikanlage eine Vergütung, die aus dem Abschlag aller Stromkunden generiert wird. Es handelt sich damit bei der Vergütung also um eine Umlage, keine Subvention. Die Abnahme des Stroms und die Höhe der Vergütung regelt das Erneuerbare-Energien-Gesetz (EEG), das am 1. April 2000 in Kraft trat.

In den letzten Jahren sind die Preise für Photovoltaikanlagen rapide zurückgegangen, ebenso die Fördersätze für eingespeisten Solarstrom. Inzwischen erhalten Betreiber neu errichteter Photovoltaikanlagen daher eine Vergütung, die niedriger ist als der Preis für Strom aus der Steckdose. Damit ist der Eigenverbrauch des selbst erzeugten Stroms hochattraktiv geworden. Lassen Sie sich hierzu beraten!

Wussten Sie schon …

- Photovoltaik ist seit 1958 zur Energieversorgung in der Raumfahrt im Einsatz.
- Schon 2005 überschritt die in Deutschland installierte Photovoltaikleistung die magische Grenze von 1 Gigawatt. 2013 sind es rund 33 Gigawatt.
- In Osnabrück wurde 2008 eine Studie vorgestellt, nach der Photovoltaik 70 Prozent des Strombedarfs der Stadt decken kann, wenn alle gut geeigneten Dachflächen mit Solarmodulen ausgerüstet würden.
- Das bislang größte Photovoltaikkraftwerk der Welt steht in Brandenburg. Die über 160 Megawatt starke Anlage deckt den jährlichen Strombedarf von rund 80 000 Menschen.
- In Deutschland speisen bereits über eine Million PV-Anlagen grünen Strom ins Netz.
- Über 40 Länder weltweit haben das Modell des deutschen EEG zur Solarstromförderung übernommen.
- Gerade nach dem Platzen einer der größten Spekulationsblasen aller Zeiten gilt mehr denn je: Die Investition in Photovoltaik ist in stabilen Staaten die sicherste Anlage und eine perfekte Altersvorsorge.
- Ein Unternehmen nahe Wien fertigt jene Spezialfolien, mit denen die Rückseite von etwa 80 Prozent aller in Europa hergestellten PV-Module versiegelt wird.

- Gegenüber der EU hat Österreich sich verpflichtet, den Anteil grünen Stroms an der Stromerzeugung von derzeit schon 64 (!) Prozent bis zum Jahr 2010 auf 78 Prozent zu steigern.

∎ ∎ ∎ TIPPS

Im Grunde ist die Installation einer PV-Anlage kein Hexenwerk. Wie hoch aber – abgesehen vom eigentlichen Beweggrund, der Entlastung unserer Atmosphäre – nach der Refinanzierung die Rendite für Sie ausfällt, hängt von einigen Randbedingungen ab, die nur Experten zutreffend einschätzen können: Wie viel Sonne fällt im gesamten Jahr auf die geplante Fläche? Wie viel Strom kann welche Anlagenform daraus gewinnen? Hier helfen Ihnen ausgewiesene Installationsbetriebe, die Erfahrung mit der Berechnung und dem Aufbau von Solaranlagen haben.

Ob sich Ihr Dach für eine Solaranlage eignet, können Sie in vielen Städten auch aus eigens erstellten Solarkatastern entnehmen.

Den Rahmen für solche Berechnungen geben die jeweils aktuell geltenden Gesetze vor.

Das deutsche EEG beschreibt für Solarstrom aus PV-Anlagen mittlerweile einen recht komplizierten dynamischen Berechnungsmodus. Die aktuelle Vergütung entnehmen Sie daher am besten der Website www.bundesnetzagentur.de.

In Österreich ist Januar 2009 das Ökostromgesetz in Kraft getreten. Danach erhalten PV-Betreiber für 10 Jahre eine konstante und für weitere zwei Jahre eine degressive Förderung. Nach diesem Förderzeitraum besteht für den Strom eine Abnahmeverpflichtung von 13 Jahren. Weitere Informationen unter www.pvaustria.at und www.oem-ag.at. Auch einige Gemeinden haben attraktive Förderprogramme aufgelegt, so der Wiener Vorort Purkersdorf.

Auch in der Schweiz gilt gemäß der Energieverordnung von 2008 seit Januar 2009 eine kostendeckende Vergütung für Strom aus erneuerbaren Energien (KEV). Sie finanziert sich über einen Zuschlag auf jede verkaufte Kilowattstunde Strom von maximal 0,6 Rappen. Für die Zulassung von PV-Anlagen hat der Gesetzgeber einen komplizierten Mechanismus entwickelt, der darauf hinausläuft, dass Schweizer beim heutigen Preisniveau Solarstromanlagen im Umfang von rund 25 Megawatt (MW) bauen und kostendeckend betreiben können. Unter www.swissolar.ch finden Sie weitere Informationen.

In Deutschland gibt es zudem verschiedene Programme zur Unterstützung eines Anlagenkaufs, besonders bei der Kreditanstalt für Wiederaufbau (KfW): etwa »KfW-Solarstrom erzeugen«, »ERP-Umwelt und Energiesparprogramm«, »KfW-Umweltprogramm«, »KfW-Kommunalkredit« oder »BMU-Demonstrationsprogramm«. Sie erhalten hier günstige Darlehen, die Sie über Ihre Hausbank ausgezahlt bekommen. Schließlich können je nach Betreiber auch Gelder aus dem Landesbudget genehmigt werden.

Eine Alternative zur eigenen PV-Anlage ist die Beteiligung an einer Gemeinschafts- oder Bürgeranlage. In zahlreichen Kommunen bieten sich etwa die Stadtwerke als Träger der Anlage an. Sie können sich schon mit wenigen hundert Euro beteiligen. Solche Modelle ermöglichen Ihnen einen einfachen Einstieg in die Stromproduktion aus Sonnenenergie. Hier gilt: Größere Projekte sind wirtschaftlicher, da der Systempreis bei größerer Leistung sinkt, und auch die Möglichkeit, gezielt an sonnenreichen Standorten bauen zu können, spricht für Gemeinschaftsanlagen. Ihr Kapital ist zwar langfristig gebunden und schneller Gewinn nicht unbedingt zu erwarten, dafür ist es bei ordentlicher Planung eine zukunftssichere Investition.

Egal ob kleine oder große PV-Anlage, in die Kalkulation müssen Sie immer alle Kosten einfließen lassen – also auch die für Wartung, etwaige Reparaturen oder Versicherungen. Der »Ratgeber Umwelt- und Erneuerbare Energie-Beteiligungen« der greenValue GmbH (18,50 Euro) ist empfehlenswert für weitere Informationen zu Recht, Technik und Finanzen im Zusammenhang mit privaten Geldanlagen in diesem Bereich.

Und das kommt dabei raus

Die Preise von Solarstromanlagen sind in Deutschland in den vergangenen zwei Jahren enorm gesunken. Eine Dachanlage kostete 2006 pro Kilowatt Leistung noch bis zu 5000 Euro, 2013 fast nur noch ein Drittel bis ein Viertel! Trotz sinkender Solarförderung bleibt Solarenergie deshalb attraktiv. Bei einem Systempreis von deutlich unter 1500 Euro pro Kilowatt Leistung erwirtschaftet eine 40-kW-Bürgeranlage, die 2013 ans Netz geht, nach der Laufzeit von 20 Jahren insgesamt immer noch eine Rendite von gut 6 Prozent. Interessanter ist aber, solch ein Kraftwerk direkt auf einem Gebäude zu installieren, wo täglich ein entsprechender Strombedarf herrscht, zum Beispiel auf einem Supermarkt. Nach allem, was man heute weiß – die ältesten Solarmodule laufen nach bald 40 Jahren immer noch – werden die Anlagenbetreiber nach Ablauf der 20-jährigen Förderzeit überdies ein eigenes Kraftwerk besitzen, das noch lange Strom zum dann üblichen Marktwert liefern oder direkt in die benachbarten Gebäude speisen kann.

Warmwasser vom Dach

Die Methode der »Sonnenheizung« ist genial einfach: Die Sonne erhitzt im Kollektor, den meist dunkelblauen Panelen auf dem Dach, ein Gemisch aus Wasser und Frostschutzmittel, welches die Energie über einen Wärmetauscher an den Hauskreislauf abgibt. Bis auf die Kollektoren und den etwas größeren Solarspeicher selbst besteht eine Solaranlage aus Standardbauteilen der

Heizungstechnik. Sie liefert in den Sommermonaten genug Energie, um jeweils den gesamten Warmwasserbedarf zu decken. Voraussetzung: Die Anlage ist richtig dimensioniert. Pro Person benötigt man eine Fläche von 1 bis 1,5 Quadratmeter Flachbettkollektoren beziehungsweise 0,6 bis 0,8 Quadratmeter der leistungsfähigeren Vakuumkollektoren sowie ein Wasserspeichervolumen von 80 bis 100 Litern. Im Winter und in der Übergangszeit schafft sie immer noch ein Drittel des benötigten Warmwassers, der Brenner im Keller heizt nach. Jedenfalls stellt es kein Problem dar, eine Solaranlage mit jeder beliebigen Heizungstechnik zu kombinieren. Während die Technik also noch zu den *50 einfachen Dingen* gezählt werden darf, gestaltet sich die perfekte Finanzierungsplanung deutlich komplexer, denn sie hängt von einer Vielzahl stark individueller Randbedingungen ab.

Wussten Sie schon …

- Solarkollektoren brauchen weder direkte noch besonders intensive Bestrahlung, sie holen auch aus diffusem Licht erstaunlich viel raus.
- Eine hochwertige Solaranlage liefert über 30 Jahre lang Wärme.
- Nach etwa zwei Jahren hat die Solaranlage die Energie erwirtschaftet, die für ihre Herstellung und den Transport aufgewandt wurde.
- 10 bis 15 Prozent des Stromverbrauchs deutscher Haushalte werden für die Warmwasserbereitung ver(sch)wendet.
- Allein im Jahr 2007 wurden in Österreich 281 000 Quadratmeter solarthermische Kollektoren zur Erzeugung von Warmwasser installiert. Insgesamt liegen auf Österreichs Dächern rund 3,6 Millionen Quadratmeter Warmwasserkollektoren – mehr als in jedem anderen Land.

■ Die Schweiz hält sich noch stark zurück: Hier wird gerade mal halb so viel Kollektorfläche installiert wie in Österreich.

■ ■ ■ TIPPS

Am günstigsten installieren Eigentümer eine Solaranlage beim Neubau, bei einem Kesselaustausch oder bei einer Dachsanierung. Eine Dachneigung von 30 bis 45 Grad ist optimal, eine Ausrichtung zwischen Südwest und Südost genügt. Achten Sie darauf, dass der Kollektorplatz zu keiner Tageszeit verschattet wird. Kollektor und Speicher sollten über möglichst kurze Leitungen verbunden sein.

Alle großen Heizungshersteller haben mittlerweile auch »Solarwärme« im Programm. Die Installation übernimmt ein Fachbetrieb für Sanitär-Heizung-Klima. Geubte Heimwerker können sich auch selbst daran versuchen, ihnen bietet der Markt spezielle Bausätze.

Solarkollektoranlagen mit dem Label »Blauer Engel« arbeiten nicht nur garantiert effizient, sondern wurden auch umweltverträglich hergestellt.

Solaranlagen werden in Beratung, Planung und Finanzierung mit Zuschüssen aus dem Marktanreizprogramm (MAP) gefördert. In Deutschland besteht die Basisförderung aus 90 Euro bei Kombination mit der Heizanlage je angefangenem Quadratmeter Kollektorfläche, mindestens aber 410 Euro je Anlage. Es gibt außerdem zusätzliche Bonusförderungen, zum Beispiel einen Kesseltauschbonus von 500 Euro. Seit März 2013 bietet sich die Kombination mit dem KfW-Programm 167 »Energieeffizient Sanieren – Ergänzungskredit« zur Förderung von Heizungen auf Basis erneuerbarer Energien an. Den entsprechenden Antrag stellen Sie an das Bundesamt für Wirtschaft und Ausfuhrkontrolle (BAFA) innerhalb von sechs Monaten nach Herstellung der Betriebsbereitschaft der Anlage. Zusammen mit dem Förderantrag müssen Sie eine Fachunternehmererklärung und die Rechnung einreichen. Antragsformulare für Bundesmittel und Informationen erhalten Sie unter www.bafa.de. Daneben existieren noch Förderprogramme der Länder, Regionen, Kommunen oder auch einzelner Energieversorger, nach denen es zu suchen lohnt. Einen umfassenden Überblick der Fördermöglichkeiten finden Sie unter www.bine.info oder www.solarfoerderung.de.

In Österreich und der Schweiz ist die Solarförderung Sache der Länder beziehungsweise Kantone und fällt recht unterschiedlich aus. In den meisten Fällen wird ein Festbetrag mit Zuschüssen je installiertem Quadratmeter kombiniert. Bitte wenden Sie sich für Details an die für Sie zuständigen Behörden, Informationen finden Sie für Österreich unter www.eva.ac.at und für die Schweiz unter www.solarenergy.ch. In Österreich könnte die Förderung so aussehen: 20 Prozent übernimmt das Land, 15 Prozent die Gemeinden und der Bund gewährt 500 Euro Steuerersparnis.

Und das kommt dabei raus

Die Preise für Öl und Gas steigen stetig, Sonnenstrahlen kosten Sie hingegen gar nichts. Eine Anlage für einen Vierpersonenhaushalt bekommen Sie fertig montiert ab 4000 Euro (oder rund 4900 sFr) – abzüglich der gesamten Fördersumme. Im Jahresmittel sparen Sonnenkollektoren Ihnen bis zu zwei Drittel der Energie für Warmwasser. Damit amortisiert sich eine solarthermische Anlage je nach Rahmenbedingungen – Förderanteil, Abschreibungsfristen, Ölpreisentwicklung und so weiter – nach etwa 13 bis 20 Jahren. Ab diesem Zeitpunkt können Sie die verminderten Heizkosten als Nettoersparnis einfahren. Möchte man mehr Sonne nutzen, kann die Solaranlage auch die Raumheizung unterstützen und dabei nochmal bis zu 25 Prozent Energie einsparen – die richtige Haustechnik vorausgesetzt.

13 Abfall vom Glauben – die ungelöste Müllfrage

An die Verpackungsverordnung als Antwort auf die Müllfrage erinnern sich wohl nur Insider, aber ihr »Kind« kennt jeder: Seit Juli 1991 soll das Duale System Deutschland (DSD), besser bekannt durch sein Logo »Grüner Punkt«, eine Alternative zum bloßen Wegwerfen bieten. Österreich hat, wie 25 weitere europäische Länder, den Grünen Punkt in Lizenz eingeführt. Seither wird Müll gesammelt, sortiert, fraktioniert, gerne auch durch die Gegend kutschiert – nur weniger wird er nicht. Das Abfallaufkommen je Einwohner bleibt annähernd unverändert. Anfang 2005 wurde DSD für einen Schnäppchenpreis an den amerikanischen Finanzinvestor KKR verkauft, der Vorwurf persönlicher Profitinteressen wurde laut. Spekulationen über die Zukunft des Müllkonzerns mit dem Grünen Punkt nach der Übernahme des einstigen Monopolisten durch den Private-Equity-Fonds KKR sorgten weiterhin für Unruhe. Inzwischen ist das Unternehmen an die Investorengruppe Solidus Partners weiterverkauft worden.

Industrie und Handel hatten das DSD gegründet, um sich von der Rücknahme- und Verwertungspflicht der Verordnung zu befreien, die Kosten tragen die Verbraucher mit dem Kauf der Produkte. Für einen Joghurtbecher beträgt der Verwertungsaufschlag etwa 1,7 Cent. So kommt beim DSD immerhin ein Jahresumsatz von 1,7 Milliarden Euro zusammen. Dabei erfasst es gerade mal 45 Prozent der Siedlungsabfälle aus Haushalten und Gewerbe und führt sie einer Verwertung zu. Damit hat das »weltweit komplizierteste Müllsystem«, so die *Financial Times* vor Jahren, zwar die Deponien entlastet, doch die Verbrennungsanlagen rauchen umso heftiger. Das als »thermische Verwertung« schön titulierte Verheizen – oft in Müllöfen mit geringer Stromausbeute – hat wohl einige hunderttausend Tonnen Rohöl eingespart, kommt aber so teuer wie Heizöl zu mehreren Euro pro Liter.

Eine echte Wiederverwertung der Kunststoffe als sortenreiner, hochwertiger Sekundärrohstoff scheitert häufig an den unzähligen Formulierungen und Beimischungen. So ersteht der Müll als Parkbank wieder auf, oder als Gelber Sack, um seine Verwandtschaft einzusammeln. Ob eine echte Nachfrage nach den Produkten aus Mischkunststoff besteht, lässt sich kaum beurteilen. Da lohnt es doch, sich nochmal an die Verpackungsverordnung und ihren zentralen Passus zu erinnern: »Verpackungsabfälle sind in erster Linie zu vermeiden; im übrigen wird der Wiederverwendung von Verpackungen, der stofflichen Verwertung sowie den anderen Formen der Verwertung Vorrang vor der Beseitigung … eingeräumt.« Und das gilt so für alle Abfälle, nicht nur für Verpackungen. Recycling ist und bleibt richtig, einen echten Durchbruch im Umweltschutz aber darf man es nur nennen, wenn die Müllberge schrumpfen.

Wussten Sie schon …

- Laut einer Allensbach-Umfrage sehen 95 Prozent der Bürger die Abfalltrennung als ihren wichtigsten persönlichen Beitrag zum Umweltschutz. Und die Vermeidung?
- Ein Haushalt in der Schweiz gibt im Durchschnitt 0,3 Prozent seines gesamten Einkommens für die Kosten der Abfallentsorgung aus. Dort gilt als Hausmüll aber nur jener Abfall, der nach der Mülltrennung durch die Verbraucher übrigbleibt.
- Würde jeder seinen Proviant in einer Lunchbox zur Schule, Arbeit oder auf die Reise mitnehmen, ließen sich knapp 90 Prozent des »Pausenmülls« und jährlich 500 000 Tonnen Abfälle an deutschen Straßen und Autobahnen vermeiden.
- In manchen Kommunen liegt die Restabfallmenge bei nur 75

Kilogramm pro Einwohner und Jahr, während anderenorts mehr als die doppelte Menge Standard ist. Der Naturschutzbund schätzte das deutschlandweite Einsparpotenzial für Abfall auf mindestens 30 Prozent.

- Restmüll besteht immer noch bis zu 20 Prozent aus Verpackungen.
- Alle Komponenten eines durchschnittlichen Plastik-Joghurtbechers haben zusammen rund 70 000 Kilometer auf dem Buckel, bevor sie im Mülleimer landen.
- Weltweit werden jährlich 500 Milliarden Plastiktüten produziert und wieder weggeschmissen. Bis sie sich auflösen, benötigen sie fast 1 000 Jahre. Zahlreiche Städte und Länder wie etwa San Francisco, China oder Australien wollen sie daher abschaffen oder haben sie bereits (teilweise) verboten.
- Zur Herstellung von einer Tonne Aluminium braucht man etwa 4 Tonnen Bauxit aus Tagebau und 16 000 Kilowattstunden Strom – so viel wie ein Vierpersonenhaushalt in über fünf Jahren. Für eine Tonne Recycling-Aluminium genügen 800 Kilowattstunden.
- Auf den Ozeanen treiben heute regelrechte Mülldeponien. 80 Prozent dieses Mülls stammen vom Festland. Der größte Teil besteht aus Plastik – große Kunststoffteile, aber auch winzige Flöckchen, die über die Meerestiere dann wieder zurück in die Verwertungskette gelangen.
- Von den jährlich bis zu 240 Millionen Tonnen produziertem Plastik landen nach Schätzungen des Umweltprogramms der Vereinten Nationen sieben Millionen Tonnen als Müll in den Ozeanen. Auf jedem Quadratkilometer der Wasseroberfläche treiben inzwischen bis zu 18 000 Plastikteile. Und dies sind nur 15 Prozent, denn mehr als 70 Prozent sinkt auf den Meeresboden, weitere 15 Prozent werden an den Küsten angespült.

- Ein besonderes Phänomen sind die sogenannten Müllstrudel. Hydrographische Wirbel sammeln hier gigantische Müllteppiche an. Der wohl bekannteste ist der »Great Pacific Garbage Patch« im Nordpazifik, der inzwischen die Größe Mitteleuropas erreicht hat.

▮ ▮ ▮ TIPPS

Alle aufwändigen und teuren Verfahren zur Behandlung von Müll bringen nicht so viel wie ein paar uralte Tipps zur Müllvermeidung: Verwenden Sie zum Einkaufen eine Stofftasche oder den Korb. Kaufen Sie Obst und Gemüse lose, zum Beispiel auf dem Markt, denn frische Ware ist meist weniger verpackt. Plastikschalen für Obst und Gemüse bestehen aus Kunststoffen, die schwer zu recyclen sind. Lang Haltbares wie Nudeln oder Müsli können Sie in großen Mengen statt in Single-Verpackungen kaufen. Vermeiden Sie überflüssige Verpackungen und Verbundstoffe ebenso wie Wegwerfprodukte, zum Beispiel Einmalrasierer, Einwegfeuerzeuge oder Einmalkameras, denn sämtliche Verpackungen sind natürlich eingepreist!

Wählen Sie, wenn möglich, grundsätzlich Produkte, die sich leicht reparieren oder recyclen lassen, also: gesteckt und geschraubt statt geklebt oder verschweißt. Höhere Qualität bedeutet längeres Leben und weniger Müll. Widerstehen Sie Schnäppchen aus dem Discounter und überlegen Sie genau, ob Sie dieses Produkt tatsächlich jetzt in dieser (geringen) Qualität und in dieser Stückzahl brauchen!

Was Ihnen nicht mehr gefällt, gefällt vielleicht anderen: Vor dem Sperrmüll könnte noch eine Kleinanzeige oder ein Internetauktionsportal in Frage kommen. Ihre Kleidung findet möglicherweise Interessenten bei Kleidertauschbörsen oder in Secondhandläden. So können Sie sogar noch dazuverdienen oder wenigstens eventuelle Entsorgungskosten sparen.

Geben Sie Ihre Wegzehrung nicht in billige Dosensets mit unklaren Inhaltsstoffen, sondern in hochwertige Behälter aus Polyethylen (PE) oder Polypropylen (PP), aus denen keine gefährlichen Stoffe austreten.

Und das kommt dabei raus

Wie alle Bürger zahlen Sie knapp 21 Euro im Jahr als Verpackungsaufschlag für den Grünen Punkt, bei einer vierköpfigen Familie kommen also über 80 Euro zusammen. Diese Summe können Sie durch bewusst abfallarmen Einkauf drücken. Haushalte mit zwei grauen Tonnen schaffen es vielleicht sogar, eine ganz abzumelden. Fragen Sie mal bei Ihrer Gemeindeverwaltung, was das bringt. Als schlechteste Variante unbedingt vermeiden sollten Sie, Grüne-Punkt-Verpackungen in die Hausmulltonne zu werfen: So zahlen Sie zweimal – den Verpackungsaufschlag *plus* die Müllgebühren – und dem Recycling gehen Wertstoffe verloren.

Die Tage des DSD-Monopols gingen nach der Intervention des deutschen Bundeskartellamts zu Ende, immerhin arbeiten lokale Konkurrenten bis zu einem Drittel billiger. Verstehen Sie sinkende Entsorgungskosten aber bitte nicht als Aufforderung, mehr Müll zu produzieren ...

Mehrweg ist der Weg

Mit Trendgetränken in schriller Aufmachung versuchten Einweganbieter lange Zeit, Mehrwegflaschen als »altmodisch« aus den Regalen zu kegeln. Und tatsächlich: Der Mehrweganteil war im Jahr 2000 auf dem Weg unter die 50-Prozent-Marke. Die Verpackungsverordnung indes schreibt seit 1991 ein Minimum von 72 Prozent (in der Schweiz sind es für Dosen, Glas- und PET-Flaschen sogar 75 Prozent, die aktuell auch genau eingehalten werden) vor und droht bei Unterschreiten mit Pfand für Einweg – das

2003 dann ja auch eingeführt wurde. Zu Recht, wie die jeweiligen Ökobilanzen beweisen. Das deutsche Umweltbundesamt hat mehrmals den gesamten Lebensweg verschiedener Verpackungsarten von der Rohstoffgewinnung über Herstellung und Transport bis zur Entsorgung betrachtet, das Ergebnis lautete stets: Mehrwegflaschen aus Glas oder Kunststoff (PET) belasten die Umwelt deutlich weniger als Dosen und Einwegflaschen.

Daran ändert auch der notwendige Transport des Leerguts nichts. Sein Energiebedarf kann mit der Entfernung (ab etwa 600 Kilometern) zwar so steigen, dass er die Umweltvorteile aufhebt. Doch »reisen« Mehrwegverpackungen schon aus ökonomischen Gründen meist weniger als die Wegwerfkonkurrenz. Und auch die muss transportiert werden: einmal zum Befüllen und dann wieder als Abfall. Mehrweg ist damit die typische Verpackungsvariante für Waren regionaler Wirtschaftskreisläufe. Gerade die Mineralbrunnen und kleineren Brauereien können Deutschland flächendeckend auf kurzen Wegen versorgen. Das Einwegpfand von einheitlich 25 Cent hat deren Wettbewerbsnachteile gemindert und somit Arbeitsplätze erhalten. Mehrweg ist nicht nur umweltverträglicher, sondern verursacht auch weniger volkswirtschaftliche Kosten.

Wussten Sie schon ...

- Mehrwegflaschen können 20- (PET) bis 40-mal (Glas) wieder befüllt werden.
- Würden alle Einweg- durch Mehrwegflaschen ersetzt, könnte Deutschland jährlich die Energie von rund 350 Millionen Litern Heizöl sparen und Berlin zwei Monate lang mit Strom versorgen.
- Glas-Mehrwegflaschen verursachen 96 Prozent weniger Abfall als Glas-Einwegflaschen. Bei PET-Flaschen beträgt die Differenz immer noch 80 Prozent.

- Das Dosenpfand hat die Mehrwegquote bei Bier von 70 wieder auf stabile 90 Prozent gehoben.
- Rund ein Sechstel der jährlich auflaufenden deutschen Verpackungsabfälle entfallen auf Getränkeverpackungen.
- In der Schweiz ist Dosenpfand unbekannt, Pfand auf Glas- und PET-Flaschen ist heute im Gegensatz zu früher selten. Die größte Schweizer Lebensmittelkette Migros schaffte 2002 das Pfand auf Glas- und PET-Flaschen ab.

■ ■ ■ TIPPS

Wählen Sie Mehrweg. Ähnlich gut wie Mehrwegsysteme schneiden nur Schlauchpackungen, etwa für Milch, und reine Kartons ohne Plastikanteil ab – wenn sie recycelt werden. Bevorzugen Sie auch Marken aus der Region, damit senken Sie klimaschädliche Transporte und stärken die Wirtschaft vor Ort.

Um unterwegs nicht auf Dosen oder Wegwerfflaschen angewiesen zu sein, können Sie sich waschbare Freizeitflaschen zulegen. Bedenken Sie auch: Thermosflaschen halten Getränke nicht nur warm, sondern ebenso kühl.

Lange Zeit war »Pfand« gleichbedeutend mit »Mehrweg«. Die neue deutsche Pfandregelung hat das geändert: Das Pfand auf eine Dose fördert deren Rückgabe, ihre Umweltprobleme löst es nicht.

Wenn Sie Einwegverpackungen kaufen müssen, entsorgen Sie diese bitte über eines der »Dualen Systeme«.

Und das kommt dabei raus

Den »Einweg« zu verlassen, ist nicht nur ökologisch sinnvoll, sondern auch finanziell attraktiv: Mehrere Untersuchungen konnten zeigen, dass Getränke in Mehrweggebinden, aber auch Produkte wie Shampoos oder Spülmittel in Nachfüllpackungen, mittlerweile in den meisten Fällen günstiger sind. Zudem sparen

Sie auch »auf Umwegen«, denn die volkswirtschaftlichen Kosten der Einwegwirtschaft, besonders aus dem Bereich Abfall, fallen auf alle Verbraucher zurück.

14 Ab ins Wasser? Lieber nicht!

Was haben Zigarettenkippen, Slipeinlagen und Katzenstreu gemeinsam? Täglich müssen Kläranlagen sie aus dem Abwasser fischen, obwohl sie dort definitiv nicht hingehören. Zwar sind heute fast alle Haushalte an die Kanalisation angeschlossen, das ist aber kein Freibrief, Klärwerke zur Müllentsorgung zu missbrauchen. Schließlich landet alles, was die Kläranlagen nicht aus dem Wasser entfernen können, in Flüssen, Seen oder im Meer. Fette und Öle verstopfen nicht nur die Hausabflüsse, in der Kanalisation bilden sie mit anderen Resten auch einen Nährboden für Bakterien, die sogar die Rohre angreifen können. Zuviel Öl kann überdies den fleißigen Mikroorganismen der biologischen Klärstufe den »Magen verderben«. Sie müssen dann aufwändig mit zusätzlichem Sauerstoff versorgt werden, was die Kosten in die Höhe treibt.

Noch schlimmer sind technische Öle: Sie richten in Klärwerken sowie unter den Gewässerlebewesen verheerende Schäden an und vergiften schon in kleinsten Mengen Millionen Liter Trinkwasser. Chemikalien jeglicher Art im Abwasser beschleunigen die Korrosion der Leitungen und gefährden die Umwelt, manche wirken zudem ähnlich wie natürliche Hormone. Auch Medikamente – seien sie über den Körper ausgeschieden oder schlicht ins Klo geworfen – wirken im Wasser katastrophal: Synthetische Östrogene aus der Antibabypille führen zum Verschwinden männlicher Fische. 1992 wurden erstmals Reste eines Lipidsenkers im Trinkwasser gefunden. Seit man genauer sucht, entdeckt man im Wasser auch Antibiotika, Schmerzmittel, Psychopharmaka und andere Substanzen. Die Folgen für Umwelt und Gesundheit lassen sich noch kaum abschätzen.

Wussten Sie schon ...

- Gut 10 Milliarden Kubikmeter Abwasser müssen in Deutschland jedes Jahr in Trinkwasser zurückverwandelt werden, das entspricht einem Fünftel der Wassermenge des Bodensees.
- In der Schweiz fallen jährlich 1450 Millionen Kubikmeter kommunales Abwasser an, vorwiegend aus den Haushalten, sowie noch einmal 500 Millionen Kubikmeter Industrieabwasser.
- Für eine ordentliche Wasseraufbereitung brauchen Klärwerke bis zu zwei Quadratmeter Fläche je Einwohner.
- In Deutschlands Untergrund liegen 450 000 Kilometer Abwasserkanäle, das reicht mehr als zehnmal um die Erde.
- Jedes Jahr sickern durch Lecks in diesen Kanälen rund 600 Millionen Kubikmeter Abwässer aus und schlimmstenfalls ins Grundwasser – mit allen enthaltenen Schadstoffen.
- Etwa eine Milliarde Menschen weltweit haben keinen Zugang zu sauberem Trinkwasser. Täglich sterben 4000 Menschen durch verunreinigtes Trinkwasser.
- Deutschlands Badegewässer sind laut der EU-Kommission sehr sauber: Von 352 geprüften Stränden erfüllten 97,7 Prozent die gestellten Anforderungen.

■ ■ ■ TIPPS

Will man sauberes Trinkwasser, gilt eine einfache Regel: Alles, was rein kommt, muss auch wieder raus. Benutzen Sie Spüle oder Toilette daher nicht als Abfalleimer. Für Küchenabfälle,

Speisereste oder andere feste Gegenstände gibt es Mülltonne und Kompost.

Frittieröle und -fette, gegebenenfalls in Flaschen gefüllt, können Sie bei einem städtischen Recyclinghof abliefern. Jede Verkaufsstelle für Maschinenöl, beispielsweise Ihre Tankstelle, ist verpflichtet, Altöl kostenlos entgegenzunehmen. Lösungsmittel, Fotochemikalien, Farben und Lacke – auch wasserlösliche – gehören nicht in den Abfluss, sondern in die Sondermüllsammlung!

Geben Sie alte oder überflüssige Medikamente bei einer Apotheke oder bei kommunalen Sammelstellen ab.

Und das kommt dabei raus

Abwassergebühren sind typische Bumerangkosten: Jeder Problemstoff, den Sie über Abfluss oder Klospülung entsorgen, kommt als Gebührenerhöhung zu Ihnen zurück. In Deutschland kostet die Rückverwandlung von Abwasser in Trinkwasser pro Kopf und Monat rund 10 Euro! Und wenn vom Müll im Wasser keine anderen »Rückstände« als höhere Kosten bleiben, ist das schon der günstigste Fall. Weil Kläranlagen nicht alle Gifte aus dem Wasser filtern können und wir noch nicht einmal alle kennen, ist es klug, die Selbstreinigungskraft der Gewässer nicht zu überschätzen.

15 Gar nicht putzig – die meisten Reiniger sind einfach bescheuert

Ein Heer von Reinigungsmitteln wartet in den Regalen der Märkte nur darauf, uns das Scheuern abzunehmen. Und zwar auf Kosten der Umwelt, für die sind die kleinen Saubermänner nämlich gar nicht putzig: Auch wenn die Verpackungen Sauberkeit ohne Reue versprechen, sagen die meisten Formulierungen über die tatsächlichen Umweltbelastungen nichts. Nach geltender Rechtsprechung sind Aussagen wie »Bio« oder »umweltverträglich« ohne Erläuterung sogar unzulässig, werden aber immer wieder eingesetzt.

Besonders bedenklich: Immer mehr Anbieter entwerfen hygienische Horrorszenarien, um besorgten Müttern Desinfektionsmittel anzudrehen. Lassen Sie sich nicht von »Panik-Werbung« beeindrucken: Desinfektionsmittel gehören auf eine Krankenstation, aber nicht in die Wohnung. Essigessenz beseitigt Keime ausreichend. Keine Frage, Hygiene muss sein. Würden Kinder allerdings in einer keimfreien Umgebung aufwachsen, hätten sie keine Chance, ein robustes Immunsystem zu entwickeln. Die – unnötigen – Biozide schädigen aber biologische Klärstufen ebenso wie Wasserlebewesen und bereiten Probleme bei der Trinkwasseraufbereitung.

Wussten Sie schon …

- Es gibt keine umweltfreundlichen Reinigungsmittel: Fast alle enthalten Tenside, die als »wassergefährdend« eingestuft sind.
- Jedes Jahr gehen pro Kopf über 2 Kilogramm Haushaltsreiniger über den Tisch und letztlich ins Wasser.
- »Registriert beim Umweltbundesamt« *müssen* in Deutschland generell alle Mittel vor dem Vertrieb sein, damit ist aber keine Prüfung verbunden!
- Ebenso *müssen* die waschaktiven Inhaltsstoffe (Tenside) gemäß Wasch- und Reinigungsmittelgesetz biologisch abbaubar sein. Das bezieht sich aber nur auf den Verlust der ursprünglichen chemischen Struktur. Weitere, eventuell schädliche Zwischenstufen sind damit nicht ausgeschlossen.

- Der häufige Gebrauch von Haushaltssprays erhöht die Asthmarate. Vor allem Backofensprays, aber auch Fenster- und Badreiniger, Möbelpolituren oder Raumerfrischer in Sprayform verursachen allergische, toxische oder Feinstaubreaktionen.
- Ohne Tierversuche? In Deutschland sind Tierversuche für Wasch- und Reinigungsmittel gar nicht vorgeschrieben.

▮▮▮ TIPPS

Auch wenn es die Hersteller der rund 54 000 Wasch- und Reinigungsmittel auf dem deutschsprachigen Markt nicht freuen wird: Die meisten ihrer Produkte sind nicht nur flüssig, sondern überflüssig. Um im Haushalt klar Schiff zu machen, bedarf es keiner Armada an Putzmitteln. (Schmier-)Seife und Spiritus gegen Fette sowie Essig oder Zitronensäure gegen Kalk genügen, damit Boden, Armaturen und Fenster wieder strahlen. Weniger Reiniger und mehr Schrubben helfen der Umwelt und Ihrem Geldbeutel am meisten, Dosiersysteme können dabei einen sparsamen Gebrauch fördern.

Zum »Selberbrauen«: Ein Teelöffel Borax und zwei Teelöffel Essig in zwei Tassen heißem Wasser gelöst, ergeben ein wirksames Allzweckreiniger-Konzentrat. Etwas Handspülmittel und Spiritus in klarem Wasser setzen auch Profis zum Fensterputzen ein, der perfekte Durchblick kommt mit dem geübten Einsatz einer Gummilippe. Ein halbes Päckchen Backpulver in etwas heißem Wasser aufgelöst entfernt Angebranntes aus Töpfen, beseitigt den Fettfilm von Küchenmöbeln und offen in den Kühlschrank gestellt neutralisiert es zudem Geruch. Ihre Oma kennt wahrscheinlich noch etliche solcher Tipps. Aber auch moderne Technik hat ihre starken Seiten: Mikrofasertücher können manchen Nasswischgang ersparen.

WC-Beckensteine oder Wasserkastenzusätze reinigen nicht, sondern suggerieren Sauberkeit. Auch Luftverbesserer verbessern nichts, sondern überlagern ungewünschte Gerüche lediglich mit fragwürdiger Chemie.

Und das kommt dabei raus
Wie viel Geld haben Sie in Ihrem Putzschrank versenkt? Versuchen Sie einmal, mit der genannten Minimalausrüstung zu Recht zu kommen, und zählen Sie das Gesparte zusammen – Sie werden staunen! Neben der Haushaltskasse werden es Ihnen Wassergetier und Atmosphäre danken.

16 *Arbeiten und Gutes tun – das umweltbewusste Büro*

Wo verbringen Sie die meiste Zeit Ihres Lebens? Im Bett? Bei Arbeitnehmern stehen die Chancen gut, dass sie einen – eigentlich erschreckend – großen Teil ihres Lebens im Büro zubringen. Bei so viel Zeit an einem hoch technisierten Ort wird es wenig überraschen, dass sich dort zahllose Gelegenheiten finden, die Umwelt zu entlasten. Vom Bleistift bis zur unternehmensinternen Mobilität lässt sich beinahe alles in einer mehr oder weniger umweltverträglichen Weise organisieren. Hier kann ein Maßnahmenpaket greifen, das einem Querschnitt aus den Umwelttipps zu vielen anderen Lebensbereichen gleicht.

Rund 17 Millionen Deutsche arbeiten an Büroarbeitsplätzen. Da summieren sich die Umweltbelastungen. In deutschen Büros werden schätzungsweise 800 000 Tonnen Papier pro Jahr verbraucht. Damit könnte man einen 600 Kilometer langen Güterzug beladen oder ein Papierband von einem Meter Breite rund 250-mal um den Äquator spannen. Diese Mengen können Sie mit dem »elektronischen Büro« reduzieren: Verwalten Sie den Großteil der Daten auf elektronischem Weg statt auf Papier. Achten Sie dann aber darauf, dass Sie ein doppeltes oder dreifaches Sicherungssystem für Ihre Daten einbauen, um nicht Opfer eines Computerdefekts zu werden. Das elektronische Büro hat eine Menge Vorzüge: Daten können schnell und einfach mehreren Mitarbeitern zugänglich gemacht und über Suchfunktionen nach bestimmten Themen oder Stichwörtern durchsucht werden. Zudem sind keine endlosen Aktenschränke mehr notwendig, sondern lediglich ein paar Festplatten. Weitere Tipps zum Thema Papier finden Sie in Kapitel 45 *Teures Papier*.

Rund 55 Millionen Tonerpatronen und acht Millionen Tonerkartuschen gehen pro Jahr in deutschen Büros drauf und landen überwiegend auf dem Müll. Und dank der zahlreichen IT-Geräte steigt auch der Energieverbrauch: In Deutschland sind sie schon für rund 3 Prozent des gesamten Stromverbrauchs verantwortlich. Wenn Sie, egal ob als Unternehmer, Arbeitnehmer oder Selbstständiger, auf ein ressourcenschonendes Verhalten bei sich und den Kollegen im Büroalltag achten, können Sie viel bewirken. Das sollte schon beim Kauf von Büroartikeln losgehen. Das Angebot an umweltfreundlichen Produkten nimmt erfreulicherweise stetig zu. Achten Sie beim Kauf von Büroartikeln und Geräten grundsätzlich auf den »Blauen Engel«, der einen sparsamen Energieverbrauch und die Recyclingfähigkeit der Produkte bewertet. Eine Liste aller damit ausgezeichneten Produkte finden Sie unter www.blauer-engel.de, das UBA hat mit www.beschaffung-info.de ebenfalls eine informative Seite zur umweltfreundlichen Beschaffung von Büroutensilien.

Wussten Sie schon ...

■ Die Unternehmen der Allianz-Gruppe haben vor einigen Jahren noch knapp 710 000 Tonnen CO_2 pro Jahr produziert – so

viel wie die privaten Haushalte der Stadt Augsburg mit
264 000 Einwohnern. Bis 2010 hat das Unternehmen weltweit
20 Prozent eingespart, bis 2015 sollen es 33 Prozent werden.

- Durchschnittlich verbraucht jeder Deutsche circa 243 Kilo-gramm Papier im Jahr – siebenmal mehr als 1950. Damit liegt Deutschland beim Gesamtpapierverbrauch auf Platz vier hin-ter den USA, China und Japan. In der Summe bedingt der deutsche Papierbedarf einen Holzverbrauch von rund 45 Ton-nen – pro Minute!
- Stapelt man das jährlich in Deutschland verbrauchte Kopier-papier zu einem Turm, erreicht er eine Höhe von 16 000 Kilo-metern.
- Beim Drucken und Kopieren hat das verwendete Papier einen größeren Einfluss auf die Ökobilanz als der Stromverbrauch der Geräte.
- Ein Bildschirm verbraucht deutlich mehr Strom als der PC selbst. Notebooks benötigen zwar weniger Strom, zeigen aber durch ihre aufwendige Produktion und die Verwendung von Akkus eine schlechtere Umweltbilanz als herkömmliche PCs.
- Der Energieverbrauch durch Online-Surfer steigt stetig. 1 Pro-zent des Stroms in Deutschland wird für Betrieb und Nutzung des Internets benötigt.
- In der Schweiz verbrauchen die Bürogeräte über 70 Prozent der Energie im Stand-by- oder Ruhe-Modus.
- Häufiges Ein- und Ausschalten beeinflusst die Lebensdauer von Geräten unwesentlich bis gar nicht.

▊ ▊ ▊ TIPPS

Setzen Sie, wann immer es geht, Recycling-Papier ein. Zumin-dest für den internen Gebrauch dürfte es ausreichend sein. Ach-ten Sie darauf, dass es die Norm DIN 19309 erfüllt. Auch beim Kauf von Kopierern und Druckern sollten Sie vom Händler eine möglichst schriftliche Zusage verlangen, dass Sie dieses Gerät mit Papier nach DIN 19309 beschicken können. Bei hohem Kopieraufkommen lohnt sich ein Kopierer, der doppelseitig kopieren kann.

Bei den meisten Druckern kann ein Sparmodus eingestellt oder die Druckauflösung heruntergesetzt werden. Die Ausdrucke sind dann etwas blass, aber für Probedrucke völlig ausreichend, und Sie sparen viel Tinte oder Druckertoner. Beim Kopieren können Sie mit der Verkleinerungsfunktion viel Strom, Toner und Papier einsparen. Schalten Sie Drucker erst ein, wenn es wirklich etwas zu drucken gibt, und schalten Sie ihn bei längeren Pausen und abends auch wieder ab.

Achten Sie beim Neukauf auf geringen Energieverbrauch und auf einen Energiesparmodus. Wählen Sie wenn möglich Tintenstrahlgeräte: Laserfaxgeräte ziehen rund fünfmal so viel Energie aus dem Netz wie Thermo- oder Tintenstrahlfaxgeräte. Bei Druckern kann der Unterschied sogar das 15-Fache betragen – unabhängig davon, ob das Gerät tatsächlich benutzt wird. Entsorgen Sie Toner- und Tintenkartuschen auf keinen Fall im Restmüll, sondern recyceln Sie sie. Manche Firmen kaufen gebrauchte Kartuschen für ein paar Euro auf und holen sie sogar kostenlos ab – Sie erhalten Geld und haben den Sondermüll korrekt entsorgt. Ankäufer für Tintenpatronen und Tonerkartuschen finden Sie unter www.geldfuermuell.de (seit Kurzem können Sie unter dieser Seite auch alte Mobiltelefone, Kabel und CDs gegen Geld recyclen lassen).

Nutzen Sie die Möglichkeit, Faxe per Computer zu empfangen. Sie können sich dann immer noch überlegen, ob Sie das Dokument ausdrucken möchten. So lässt sich sehr viel Papier und Tinte oder Toner einsparen.

Flachbildschirme haben eine Leistungsaufnahme von 15 bis 50 Watt, bei Röhrenbildschirmen sind es 60 bis 160 Watt. Sie verbrauchen also weniger Strom und überhitzen die Büros nicht so stark, so dass weniger Kühlbedarf besteht. Kaufen Sie nur Monitore, wo der energiesparende Ruhezustand (»sleep mode«) einstellbar ist. Dieser Zustand aktiviert sich selbstständig und reduziert den Stromverbrauch des Monitors auf rund ein Zehntel. Bei Arbeitsunterbrechungen von mehr als einer halben Stunde sollten Sie das Gerät abschalten.

Sammeln und entsorgen Sie Altpapier getrennt. Auch für CDs bieten einige Hersteller mittlerweile Sammelbehälter an – erkundigen Sie sich nach einer Rücknahmemöglichkeit in Ihrer Nähe, denn CDs bestehen zu 99 Prozent aus äußerst hochwertigem Kunststoff (Polycarbonat). Oder investieren Sie in einen CD-RW-Brenner und verwenden Sie wiederbeschreibbare (*ReWritable*)-CDs. So entlasten Sie Umwelt und Geldbeutel, anstatt ständig neue CD-Rohlinge zu erwerben. Noch besser sind USB-Sticks, die für wenige Euro Speichergrößen mit mehreren GB bieten. Doch auch hier gilt, wenigstens auf ein Minimum an Qualität zu achten.

Stifte und Klebstoffe werden zum Umweltproblem, wenn sie Lösungsmittel (Faserstifte), Lacke (Bleistiftoberfläche) und PVC (Marker/Filzstifte) enthalten und über die Restmülltonne entsorgt werden. Helfen Sie der Umwelt, indem Sie auf Einwegstifte im Büro verzichten und unlackierte Bleistifte oder Folienstifte auf Wasserbasis benutzen. Auch Klebstoff sollte möglichst auf Wasserbasis gefertigt sein.

Schalten Sie in Pausen Bildschirme, Drucker und Licht und bei längeren Pausen auch PCs ab, denn sie verschwenden Strom und heizen die Räume auf. Vor allem im Sommer spüren Sie den Effekt sofort! Wenn Sie keine Klimaanlage haben, nutzen Sie die frische Morgenluft zum Kühlen der Räume, tagsüber sollten die Fenster auf der Schattenseite und Türen zum Korridor offen bleiben. Bei klimatisierten Büros sollten die Fenster geschlossen bleiben und beschattet sein – sonst heizt die Sonne die Räume auf und die Klimaanlage muss auf Hochtouren arbeiten. Beschattete Fenster lassen nur ein Fünftel der Sonnenwärme passieren.

Wenn in Räumen oder Gängen keine Dauerbeleuchtung nötig ist, nutzen Sie Bewegungsmelder statt Lichtschalter.

Und das kommt dabei raus

Durch solche einfachen Maßnahmen und ein systematisches Energiemanagement lassen sich 15 bis 20 Prozent des Stromverbrauchs einsparen. Holen Sie die Mitarbeiter mit ins Boot und motivieren Sie sie, sich an Sparaktionen zu beteiligen. Sonst laufen viele Maßnahmen ins Leere. Eingebaute Sparschaltungen an Geräten können die Stromaufnahme um 95 Prozent auf weniger als 2 Watt drücken. Das Nachrüsten vorhandener Geräte ist allerdings nicht sinnvoll.

Der Bundesdeutsche Arbeitskreis für Umweltbewusstes Management (B.A.U.M.) e.V. organisiert den Wettbewerb »Büro & Umwelt«. Die Gewinner erhalten Einkaufsgutscheine für nachhaltige Büroprodukte im Wert von 10 000 Euro (www.buero-und-umwelt.de).

Alles im grünen Bereich
Gartenreich

Sie haben einen Garten, einen Balkon, einen Innenhof? Sie *können* die Welt retten! Zumindest ein Stück heimische Tier- und Pflanzenwelt. Dem passionierten Schreber wie dem König von Balkonien eröffnen sich da zahlreiche Handlungs- oder besser: Nichthandlungsmöglichkeiten. Denn in den meisten Fällen müssen Sie gar nichts tun, sondern viel mehr ganz gelassen manches einfach lassen. Und das kostet bekanntlich nur Zurückhaltung.

Jemand zu Hause?

Doch zunächst ein Blick in Wald und Flur. Wie steht es da um Tiere und Pflanzen? Hier Inventar zu führen obliegt den Roten Listen. Regelmäßig berichten sie, wie weit wir unseren biologischen Reichtum schon geplündert haben. Oder, freundlicher gesagt: eingetauscht – gegen leergeräumte Agrarflächen und sterile Forste, Autobahnen und Industrieparks, begradigte Flüsse oder traumhafte Wohnanlagen im Grünen. Die Situation bei den Schmetterlingen vermittelt ein gutes Bild davon, wie es generell um die Bestände der Tierarten in unseren Breiten bestellt ist: Nur noch etwa die Hälfte gilt als ungefährdet, 40 Prozent sind unterschiedlich ernst bedroht und rund 3 Prozent für immer verschwunden. Daneben gibt es Tiergruppen, denen es recht gut geht, ebenso wie solche, deren Vertreter sämtlich vom Aussterben bedroht oder bereits ausgestorben sind. Für das Gros der Pflanzen gelten in etwa dieselben Zahlenverhältnisse wie bei den Tierarten. Nach der Roten Liste, die die Weltnaturschutzunion (IUCN) im Oktober 2012 vorgelegt hat, ist ein Drittel aller Tier- und Pflanzenarten weltweit vom Aussterben bedroht, von den 5487 Säugetierarten auf der Erde gut ein Viertel. Dazu muss man wissen: Die Rote Liste bewertet 64 000 Tier- und Pflanzenarten, wissenschaftlich beschrieben sind zwei Millionen, vermutet werden zehn bis 100 Millionen. Biologen schätzen, dass der Mensch die natürliche Aussterberate um den Faktor 1000 bis 10 000 gesteigert hat.

Der Verlust an Lebensräumen, Biotopen, gilt als wichtigster Grund des weltweiten beschleunigten Artenschwunds, der in Mitteleuropa eine längere Tradition hat. Nur noch 6 Prozent der deutschen Biotope, die auch als schutzwürdig erachtet werden, fallen unter die Kategorie »ungefährdet«. Fast drei Viertel der Biotope dagegen sind gefährdet, nahezu zwei Drittel der gefährdeten Biotoptypen stuft der WWF als nicht oder kaum regenerierbar ein. Das Bundesamt für Naturschutz sieht 15 Prozent der Biotope gar »von vollständiger Vernichtung bedroht« und fährt fort: »Bei all diesen Typen ist davon auszugehen, dass Bestandseinbußen zumindest innerhalb planbarer beziehungsweise überschaubarer Zeiträume weder im Rahmen natürlicher Entwicklungsprozesse noch durch gezielte Maßnahmen des Naturschutzes kompensiert werden können.« Heißt auf Deutsch: Wenn die weg sind, sind sie weg. Mit ihren angestammten Lebensräumen verschwinden dann die Tier- und Pflanzenarten, besonders jene, die sich nicht an andere Umgebungen anpassen können.

Sozusagen auf den letzten Drücker soll es nun ein europaweiter Biotopverbund richten. Das Netzwerk Natura 2000 wird, geht die Rechnung auf, verschiedene Lebensräume so miteinander verknüpfen, dass isolierte Naturschutzgebiete nicht nebeneinander her vegetieren, sondern lebendige Korridore entstehen, die besonders auch über das Wohl und Wehe wandernder

Spezies entscheiden können. Nach Informationen des Bundes-
umweltministeriums ist Natura 2000 heute »mit derzeit über 20
Prozent der Fläche der EU das größte Schutzgebietsnetz weltweit«. Die Umweltminister von Thüringen und Bayern, das Bundesamt für Naturschutz, der BUND und regionale Partner haben
2007 das Projekt »Erlebnis Grünes Band« gestartet. Mit 1393 Kilometern ist das Grüne Band der längste Lebensraumverbund
Deutschlands. Mit Ihrem Balkon, Innenhof oder Garten können
Sie einen wichtigen Mosaikstein beitragen.

Surrogate

Während echte Natur schwindet, nehmen vor allem in der Werbung naturidentische Versatzstücke zu, als glatt gebügelte optische Aromastoffe. Da springt der Delphin lustig neben der se-
gelnden Zigarette, Autos gleiten grundsätzlich auf einsamen
Küstenstraßen dahin und der Centerpark lockt mit Naturersatz
unter Glas.

Diese Haltung gegenüber Natur ist nicht neu, sondern uralt.
Aus den Tagen, als es noch ums nackte Überleben ging – »der
Höhlenbär oder ich« –, ist dem Menschen die tief verwurzelte
Empfindung der Natur als Bedrohung geblieben, die es zurück-
zudrängen oder zu zähmen gilt. Die Idee der gefügig gemachten
Natur findet ihre Vollendung im Barockgarten, wo Lebendiges
nur als »zu Gestaltendes« begriffen wird – Spiegelbild des abso-
lutistischen Herrschaftsanspruchs. Joseph Addison, Wegberei-
ter des – vermeintlich naturnäheren – englischen Gartenstils,
notierte zur Entstehung seines Ansatzes: »Die artigste Landschaft, welche ich jemals gesehen, war eine Zeichnung an den
Wänden eines dunklen Zimmers …« Ein Entwurf also, nicht die
Wirklichkeit der Wildnis, prägte sein Ideal. Folgerichtig führte
er den Gedanken zu dem Ende, »dass die Werke der Natur um
desto angenehmer sind, je mehr sie den Werken der Kunst glei-

chen«. Hinter dem totdesignten Barockgarten und der naturtümelnden Landschaftsgärtnerei im englischen Stile steht letztlich der gleiche Wunsch: Es muss doch eine bessere Natur geben als die natürliche. Dieses Streben, der Natur eine höhere Ordnung überzustülpen, schwingt fort in vielen heutigen Privatgärten und Stadtparks, die vielfach immer noch wirken wie die Verlängerung eines aufgeräumten Wohnzimmers.

Doch es zeichnet sich eine Trendwende ab. Stetig wächst die Zahl der Pflanzenbegeisterten, die sich nicht nur für Natur, sondern auch für naturgemäßen Gartenbau interessieren. Wünschen Sie sich auch mal etwas anderes als Tennisrasen mit Thuja-Einfassung? Haben Sie genug vom Koniferen-Einheitsgrün?

Letzte Zuflucht Stadt

Der Ökogärtner unterscheidet sich vom Normalgärtner in seiner Haltung gegenüber dem Garten und seinen Bewohnern. Er sieht sich nicht als Alleinherrscher des Gartens und wird den tierischen Mitbewohnern ihren Teil gönnen, statt mit Spritzmitteln gegen weniger beliebte Gäste vorzurücken. Vor 50 Jahren noch wurde zum Beispiel der Sperling als angeblicher Schädling unerbittlich verfolgt. Im Jahr 2002 hat es das ehemalige Ungeziefer ob seines rapiden Rückgangs zum *Vogel des Jahres* gebracht. Aus der Einstellung also ergeben sich automatisch die Methoden, die Sie zum Teil in den folgenden Kapiteln vorgeschlagen finden und mit denen Sie das Angebot an Lebensraum für heimische Arten wesentlich ergänzen können. Schon vor Jahren belegte eine Schweizer Untersuchung, dass sogar gut begrünte Siedlungsbereiche eine höhere Artenvielfalt zu bieten haben als landwirtschaftlich intensiv genutzte Flächen. Suchte man in typischen Kleinstädten mit Wohn-, aber auch Industriegebieten, umgeben von Äckern und Wiesen, nach empfindlichen Spezies, so hatten die kleinräumigen Strukturen der Siedlungen in jeder Hinsicht mehr zu bieten als die Agrarsteppe. Ob Gehäuseschnecken, Vögel oder Tagfalter, die Artenzahl aller untersuchten Spezies in Gärten, Grünflächen und Parks lag ein Vielfaches über der im Zugriffsbereich der Hochleistungslandwirtschaft. Etliche neuere Zählungen bestätigen den Trend: Städtisches Grün ersetzt vielen Tieren das natürliche Habitat. Dies darf uns aber nicht darüber hinwegtäuschen, dass in den Siedlungsgebieten die Zahl etwa der Vogelarten während der letzten 150 Jahre lediglich *weniger stark* zurückgegangen ist. Die Landflucht der Tiere spricht also weniger *für* die Städte als *gegen* den Umgang mit ihren Lebensräumen auf dem freien Land. Und so werden auch die natürlichsten Gärten Pflanzen- oder Tierarten mit sehr speziellen Ansprüchen nicht retten können. Brachvögel besiedeln eben nur weite, offene Wiesenflächen, und Bekassinen brauchen weiche, feuchte Böden, um darin nach Würmern und Insektenlarven zu stochern. Nicht umsonst unterteilen Zoologen die Tierwelt bereits in »winner« und »loser«: Opportunisten, die auch in der Nähe des Menschen und überformter Landschaften ein Auskommen finden, und Aussterbende, deren einzige Nische sich gerade schließt. Dennoch ist es wichtig, in Gärten Refugien zu schaffen beziehungsweise entstehen zu lassen, findet man doch sogar im engeren Stadtgebiet Hannover knapp die Hälfte aller Brutvogelarten Niedersachsens vertreten.

In Deutschland nehmen die 17 Millionen Gärten mit insgesamt 2 Prozent der Landesfläche fast schon so viel Raum ein wie alle Naturschutzgebiete. Entsteht hier Natur »aus zweiter Hand«, können wir die missliche Lage für viele Arten immerhin entschärfen. Hier finden sie Rastplätze und Gelegenheit, sich – wenn auch auf Sparflamme – zu vermehren, bis sie vielleicht ihre ehemaligen Heimaten wieder besiedeln können.

Lassen Sie sich überraschen, welche nie zuvor beobachteten Tiere vor Ihrer Terrasse auftauchen. Allein an die 30 bedrohte Hummelarten suchen ein Zuhause. Keine Angst, wenn die ungiftige Ringelnatter im Sommer ihre Eier in den wärmenden Komposthaufen legt und bald kleine Nattern von dannen schlängeln. Im naturnahen Garten oder auf dem bewachsenen Balkon können Sie was erleben!

17 Daheim ist daheim – Tieren ein Zuhause geben

Hauptsache, Blumen oder Sträucher blühen bunt und duften angenehm? Nicht ganz! Die Vielfalt der Blütenpflanzen bietet einer Unzahl von Tieren Nahrung und Zuhause. Viele Zierpflanzen in deutschen Gärten können diese Funktion aber nicht erfüllen: Sie stammen aus weit entlegenen Breiten und nutzen hiesigen Tieren wenig, sind manchmal sogar giftig für sie. Häufig werden solche Ziergewächse unfruchtbar gezüchtet, liefern also weder Pollen noch Früchte, oder sie tragen Beeren, mit denen unsere Vögel nichts anzufangen wissen. Manche der eingeführten Pflanzen (Neophyten, siehe auch Kapitel 48) können sich sogar zu einer Bedrohung für die heimische Flora entwickeln, wenn sie hier auf einmalig günstige Bedingungen treffen, die regulierenden Faktoren ihrer ursprünglichen Standorte aber fehlen. Dann verdrängen sie die heimische Vegetation und damit die an sie angepassten Tierarten. Bekannte Beispiele sind Goldrute, Springkraut oder Bärenklau.

Je mehr natürliche Lebensräume verloren gehen – etwa zwei Drittel unserer großen Falter stehen bereits auf der Roten Liste –, umso mehr gewinnen naturnahe Gärten als Ersatzbiotope an Bedeutung. Treten heimische Blumen, Stauden und Bäume an die Stelle von Einheitsrasen, Rhododendron, Scheinzypresse oder Serbischer Fichte und Thujahecke, dann stellt sich eine farbige Insektenfauna ein, darunter seltene Schmetterlinge und Wildbienen. So geschehen auf den »Vertragsnaturschutzflächen« in Nordrhein-Westfalen. Über 25 000 Hektar Wiesen und Weiden werden hier seit 1985 von Landwirten nach Naturschutzkriterien bewirtschaftet. Auf diesen subventionierten Flächen sind die Populationen nahezu aller Rote-Liste-Pflanzenarten in den letzten Jahrzehnten stark gestiegen, nicht selten um das 10- bis 100-Fache.

Wussten Sie schon …

- An den roten Beeren der Eberesche laben sich 63 Vogelarten, den Weißdorn besuchen gar 163 Insektenarten – ein Paradies für insektenfressende Sänger.
- 90 Prozent der exotischen Pflanzen sind für heimische Schmetterlingsraupen ungenießbar.
- Über 80 Prozent der hiesigen Schmetterlinge sind nachtaktiv. Daher entfalten etliche Pflanzen erst in der Dämmerung ihr volles Aroma.
- Besonders im Spätsommer leiden Nektarsucher Not. Die häufig unter Silberlinden liegenden Hummeln sind schlicht verhungert.
- Die artenreichen Streuobstwiesen sind in den letzten 100 Jahren um 70 bis 90 Prozent geschrumpft.
- Das deutsche Bundesamt für Naturschutz hat rund 1 000 eingeschleppte Pflanzenarten gezählt. Wann eine Art zur Plage wird, ist nicht vorherzusehen, die ökonomischen Folgen schwierig zu schätzen.

▮▮▮ TIPPS

Kaufen Sie nur Sämereien, die nachweislich aus heimischen Arten gewonnen wurden. Viele sogenannte Wildblumenmischungen aus dem »Gartenmarkt um die Ecke« enthalten Samen aus aller Welt und gelten als ein wichtiger Grund für Florenverfälschung.

Die meisten heimischen Wildblumen gedeihen auf mageren Böden. Oft müssen Sie daher den Nährstoffgehalt des Bodens durch eine Sandbeimischung senken. Sorgen Sie für Vielfalt im Garten und auf dem Balkon: Bieten Sie ein breites Spektrum an Blütenpflanzen an, das die *gesamte* Vegetationsperiode abdeckt. Im Frühjahr blühen zum Beispiel Blaustern, Schlüsselblume, Seidelbast und Margerite, im Herbst spenden Astern oder Purpur-Fetthenne noch Nektar. Schmetterlinge können Sie ganz gezielt anlocken: Bei vielen Arten haben sich die Raupen auf eine bestimmte Nahrungspflanze spezialisiert. Nur wo sie diese finden, können sie sich verpuppen. Nachtfalter lieben Geißblatt, Nachtkerze, Nachtlichtnelke und Nickendes Leimkraut. Über ein Gemüsebeet mit Dill, Kümmel, Fenchel, Pastinak oder Sellerie freuen sich viele kleine Insekten. Vielleicht versuchen Sie es auch mal mit seltenen alten Sorten.

Lassen Sie sich von Ökogärtnern beraten, welche Pflanzen am besten zu den Standortbedingungen in Ihrem Garten passen. Adressen spezialisierter Wildpflanzen-Gärtnereien und Samenlieferanten nennen Ihnen zum Beispiel die Bioland-Betriebe (www.bioland.de), der Naturgarten e. V. (www.naturgarten.org) oder der Naturschutzbund Deutschland (www.nabu.de).

Und das kommt dabei raus

Sparen Sie sich das Geld für extravagante Gewächse aus »Hinterindien«, die die hungrige Tierwelt hier nicht interessieren. Heimische Pflanzen aus ökologischer Zucht kommen bei allen

Tieren besser an, sind zudem vermehrungsfähig und müssen nicht immer wieder nachgekauft werden.

Ein Heim für kleine Tiere

Gehen Sie doch noch einen Schritt weiter und bieten Sie kleinen Tieren ein Zuhause. In der Natur wird getreu dem Motto »Ordnung muss sein« gründlich aufgeräumt. Tiere auf Wohnungssuche haben jedoch ganz andere Prioritäten: Wo morsche Bäume oder Unterholz fehlen, wo sandige Abbrüche und Ödland schnell wieder unter Anpflanzungen verschwinden, werden Höhlenbrüter, Wildbienen und viele andere obdachlos. Dabei sind gerade die kaum bekannten Wildbienen, nicht-staatenbildende Verwandte der berühmten Honigbienen, schon mit wenig zufrieden – einige Holunder- oder Schilfbündel genügen als Niströhren – und spannend zu beobachten. Wer ihnen Unterschlupf gewährt, im Garten oder auf der Terrasse, muss keine Stiche fürchten: Sie sind harmlos und friedlich.

Auch Tiere, die sich schon seit jeher in der Nähe des Menschen aufhalten, wie Fledermäuse oder Schleiereulen, finden in der heute üblichen, perfekt nischenlosen Architektur keine Unterkunft mehr. Sie brauchen Ersatzhöhlen. Nisthilfen für Insekten und Vögel gibt es zu kaufen, sind aber auch leicht selbst zu basteln. Noch anspruchsloser sind Igel und anderes Kleingetier. Ihnen ist schon geholfen, wenn im Garten eben nicht preußische Ordnung herrscht, sondern Laub auch mal in einer Ecke über Winter liegen bleiben darf…

Wussten Sie schon …

- In Deutschland kommen mehr als 500 Wildbienenarten vor, immer mehr davon müssen jedoch in der Roten Liste geführt werden.

- Ein simples Schilfbündel kann leicht zum »Etagenhaus« für über fünfzig verschiedene Gliedertierarten werden.
- Zitronenfalter überstehen dank eines Frostschutzmittels im Blut bis -20 °C Kälte. Die meisten Schmetterlinge allerdings brauchen einen frostsicheren Überwinterungsplatz.
- Admirale ziehen zu Herbstbeginn bis nach Nordafrika. Vor der Reise müssen sie sich aber stärken können, zum Beispiel an Fallobst.

▮▮▮ TIPPS

Versehen Sie Insektennistblöcke aus Hartholz – Erle, Buche, Eiche oder Esche – mit Löchern von 1 bis 10 Millimetern Durchmesser, 20 bis 100 Millimetern Tiefe und in einem Abstand von 20 Millimetern, ohne sie ganz zu durchbohren. Weichholz quillt bei Feuchtigkeit und kann die Larven zerdrücken. Waagrecht aufgehängte Bündel aus rund 8 Zentimeter langen Stücken markhaltiger Pflanzenstängel wie Brombeere, Holunder, Sommerflieder oder auch Bambusrohr werden ebenso gerne bezogen, halten aber nur ein Jahr.

Bieten Sie gerade den weniger häufigen Vögeln Nistmöglichkeiten an, beispielsweise Halbhöhlen für Gartenrotschwanz, Grauschnäpper oder Bachstelze. Im Winter zieht manchmal ein Siebenschläfer ein. Halb eingegraben wird sogar ein alter Eimer oder Übertopf zum Nistplatz für Rotkehlchen. Reinigen Sie Brutkästen ohne Insektenspray.

Harken Sie Laub nicht restlos weg, sondern lassen Sie Reisighaufen liegen – hier können Igelnester entstehen. Räumen oder brennen Sie die Hügel daher im Frühjahr nicht ab, ohne sie auf Bewohner zu prüfen. Auch verblühte Blumen können im Winter noch als Nahrung dienen. Achten Sie bei allen Nisthilfen darauf, dass die Materialien nicht mit Holzschutzmittel imprägniert sind. Benutzen Sie stattdessen Leinöl.

Unvermörtelte Trockenmauern eröffnen Überlebensräume für Zaunkönig, Mauswiesel, Erd- und Wechselkröten sowie Zauneidechsen.

Detaillierte Anleitungen zu den hier genannten Anregungen erhalten Sie beim örtlichen Naturschutzverband, auf den Internetseiten der Umweltverbände oder bei den Naturschutzbehörden.

Und das kommt dabei raus

Bis aus normalem Rasen ein englischer wird, bedarf es 200 Jahre Intensivbearbeitung. Auch sparen Sie sich einige Arbeit, wenn Sie sich vom Sauberkeitsideal der Landschaftspolizei lösen und den Garten etwas verwildern lassen. Mit Glück und Geduld werden Sie dann mit spannenden Einblicken ins Leben unserer heimischen Tierwelt belohnt, die sicher auch Kinder faszinieren.

18 Giftfreier Garten – auf gefährliche Pestizide können Sie verzichten

Unkraut zwischen den Steinplatten, Blattläuse auf der Blütenpracht – warum lange fackeln, das erledigen Pestizide doch im Handumdrehen. Noch immer sieht das fast jeder zweite Hobbygärtner so, doch dem kurzfristigen Nutzen stehen zu viele langfristige Nachteile entgegen. Synthetische Unkraut- und Insektenvernichter beschränken sich trotz der Versprechen der Hersteller nicht auf ihre eigentlichen Ziele, sondern stören die Bodenfauna, sickern ins Grundwasser und sind für jeden siebten Eintrag in die Rote Liste bedrohter Arten verantwortlich. Zu ihren schwerwiegenden Nebenwirkungen zählen Krebs, genetische Defekte und Unfruchtbarkeit. Fressen Vögel vergiftete Insekten, können sie Schaden an Immun- und Nervensystem nehmen. Die EU listet bereits über 60 Chemikalien, die vermutlich unser Hormonsystem beeinflussen, darunter das beliebte Herbizid Diuron, mit dem sich Anwender schnell strafbar machen: Auf Wegen, Einfahrten, Terrassen oder anderen befestigten Flächen Gift zu spritzen ist in Deutschland nach § 6 des Pflanzenschutzgesetzes schlicht verboten.

Wussten Sie schon …

- Auf deutsche Gärten gehen pro Jahr über 500 Tonnen Pestizide nieder. Damit werden pro Quadratmeter Hausgarten mehr Spritzmittel eingesetzt als in der Landwirtschaft.
- Das große Bienensterben im Frühjahr 2008 wurde offenbar durch Insektizid-behandeltes Maissaatgut ausgelöst. 2013 steht fest: Schon geringe Mengen Neonicotinoide stören die Orientierung der Bienen, sie sterben im Freien.
- Der Umweltausschuss der EU hat im November 2008 die Pestizidrichtlinie beschlossen, nach der besonders giftige Pestizide auf europäischen Äckern zu verbieten und einheitliche Regeln zur Zulassung von Pflanzenschutzmitteln zu erlassen sind.
- Eine Kohlmeisenfamilie verschlingt im Jahr rund 30 Kilogramm an Kerbtieren, bis zu 36 Kilogramm Schädlinge schafft der ungeliebte Maulwurf ganz allein.
- Eine einzige Florfliegenlarve beseitigt innerhalb ihrer zweiwöchigen Entwicklung 400 bis 500 Blattläuse.
- Das Pestizid-Programm der Bundesregierung soll den Pestizideinsatz bis 2023 um 30 Prozent reduzieren und erreichen, dass bis 2021 weniger als ein Prozent aller Lebensmittel Überschreitungen von Rückstandsgrenzen aufweist.

■ Wissenschaftler der Universität Leipzig haben 2013 Rückstände des Pestizids Glyphosat im Körper von Landwirten und Verbrauchern nachgewiesen.

■ ■ ■ TIPPS

Wie in der Landwirtschaft können sich Schädlinge auch im Garten nur in Monokulturen explosionsartig vermehren. In einem bunt gemischten Garten heimischer Pflanzen, am besten mit Wasserstellen, verhindert das ökologische Gleichgewicht Massenauftreten von Blattlaus & Co.

Je besser die Lebensbedingungen für Nützlinge sind, umso weniger Chancen haben Schädlinge. Auf Blattläuse stürzen sich Flor- und Schwebfliegen, Schlupfwespen oder der genügsame Marienkäfer. Ihm reicht schon ein schmaler Buschstreifen oder Balkon zum Überleben. Igel und Eidechsen machen Jagd auf Schnecken, gegen die ansonsten auch koffeinhaltige Brühe hilft.

Ausstechen, Abflammen und kochendes Wasser haben sich als giftfreie Methoden gegen Unkraut bewährt und gefährden bei der Anwendung nicht Ihre Gesundheit. Um Löwenzahn und andere Pflanzen mit Pfahlwurzeln los zu werden, genügt normales Kochsalz. Kämpfen Sie nicht gegen Windmühlen, will heißen, die jeweiligen Standortbedingungen: In dunklen, feuchten Bereichen eines Gartens wird sich Rasen niemals gegen Moose durchsetzen, egal wie viel Moosvertilger Sie nachgießen.

Ihre Ernte schützen Sie mit Pflanzen, die durch ihren Duft Insekten entweder auf sich ziehen oder vertreiben. Erdflöhe verschonen zum Beispiel Kohlköpfe, die zwischen Salat und Spinat stehen. Und der Duft von Kräuterbeeten ist für uns zwar angenehm, viele Schädlinge finden ihn aber eklig.

Wenn Sie noch alte Spritzmittel im Schrank haben, bringen Sie diese zu einer Sammelstelle oder prüfen Sie zumindest, ob sie überhaupt noch zugelassen sind.

Und das kommt dabei raus

Entsprechend der Kleinstmengenverordnung dürfen Spritzmittel an Privatpersonen nur in geringem Umfang abgegeben werden, und kleinere Packungen sind, wie überall, überproportional teuer: Das angeblich ungefährliche Glyphosat kostet circa 30 Euro (oder rund 37 sFr) pro Liter. Investieren Sie diese Summe lieber in ein Fachbuch über naturnahes Gärtnern. Auch die versteckten Kosten der Spritzmittel stellen sich in barer Münze bei uns ein: Wasserwerke müssen nicht zuletzt aufgrund steigender Giftfrachten in ihren Zuläufen regelmäßig die Preise anheben. Am besten, Sie sparen sich die chemische Keule und lassen die Nützlinge die Arbeit für Sie erledigen – ganz umsonst. Bewährte Hausmittel können Sie leicht selber, billig und bedarfsgenau herstellen.

19 Boden gut gemacht – auf dem natürlichen Weg

Mit viel Aufwand baggern wir Boden an Orten ab, wo er sich nur sehr langsam bildet, und schaffen ihn in unsere Gärten, wo er nicht hingehört und auch nichts Gutes bewirkt. Dabei ist es so viel einfacher und nützlicher, ihn in passender Qualität selbst zu gewinnen: Torfraubbau und Kompostieren sind die gegensätzlichen Seiten derselben Medaille. Lassen wir das eine und fördern wir das andere, haben wir richtig viel Boden gut gemacht.

Torf – 10 000 Jahre Urlandschaft in die Rabatten

Die Moore waren den Menschen schon immer unheimlich, und als nasse, aber arme Böden gaben sie auch landwirtschaftlich

nichts her. So ging man schon früh daran, Feuchtgebiete trocken-
zulegen und Torf zu stechen. In der Folge verschwanden die
deutschen Hochmoore im Laufe des 20. Jahrhunderts fast völlig.
Die Reste der hoch empfindlichen Ökosysteme haben aber noch
immer keine Ruhe. Allein in Deutschland werden, so der BUND
e.V., jährlich zehn Millionen Kubikmeter für Pflanzendünger,
Aktivkohle oder – zum geringsten Teil – medizinischen Badetorf
abgebaut. Zweieinhalb Millionen Kubikmeter Torf bedecken
jährlich private Beete. Die zum Abbau freigegebenen Gebiete
werden dadurch schlimmstenfalls in zehn, spätestens in 30 Jahren ebenfalls vernichtet sein. Weil die hiesige Förderung nicht
genügt und die letzten Moore unter Schutz gestellt werden, wird
Torf aus dem Baltikum, Russland und Polen importiert, wo
kaum wirksame Naturschutzvorschriften existieren. Den letzten
großflächigen und ursprünglichen Moorlandschaften Europas
droht damit das Aus.

Torfabbau zerstört selten gewordene Lebensräume für zahlreiche vom Aussterben bedrohte Tier- und Pflanzenarten. Auf
der Roten Liste stehen unter anderen Birkhuhn, Bekassine und
Fischotter sowie knapp hundert einzigartige Pflanzen, darunter
Orchideen, die auf nährstoffarme Standorte angewiesen sind.
Überdies trägt der Raubbau zum Treibhauseffekt bei. Geschä-
digte Moore setzen riesige Mengen an Kohlendioxid und Lachgas frei – ein Prozess, der auch durch Renaturierungsmaßnah-
men wie Wiedervernässen nicht in den Griff zu bekommen ist.
Immerhin zeigt eine aktuelle Studie des Bundesamtes für Naturschutz (BfN), dass die Renaturierung von Mooren »nebenbei«
eine kostengünstige Alternative zu teuren Klimaschutzansätzen
darstellt, billiger als CO_2-Vermeidungsstrategien wie Biodiesel-
oder Bioerdgaserzeugung. Ein kleiner Lichtblick für die jahrtau-
sendealten Naturräume und mächtigen CO_2-Speicher.

Wussten Sie schon ...

- Um einen Meter zu wachsen, braucht ein Moor 1 000 Jahre.
- Von den einst 9 000 Quadratkilometern deutscher Moorgebiete gelten heute vielleicht noch 5 bis 7 Prozent als intakt.
- Obwohl Moore nur 3 Prozent der Erde bedecken, speichern sie doppelt so viel Kohlenstoff wie alle Wälder unserer Erde.
- Ein Hektar lebendes Hochmoor kann im Jahr etwa 2 Tonnen Kohlendioxid binden. Da sich pflanzliches Material in Mooren nicht zersetzt, gehören sie zu den wichtigsten Kohlenstoffspeichern.
- Allein die Schweiz führt jedes Jahr 200 000 Tonnen Torf ein, Österreich etwa die gleiche Menge.

▮ ▮ ▮ TIPPS

Der Sachverständigenrat für Umweltfragen fordert im Rahmen einer Bundesinitiative für Moorschutz einen »Torfausstiegsplan« und ein »Verwendungsverbot« für Torf in einer zweiten Phase, das heißt frühestens 2015. Das können Sie schneller: Verzichten Sie auf Torf im Garten! Er ist nährstoffarm und sauer, steigert also keineswegs die Bodenqualität, wie gemeinhin behauptet wird. Bodenlebewesen bietet er keinen geeigneten Lebensraum, und seine strukturverbessernde Wirkung hält nicht lange vor. Auch Blumenerde besteht oft noch zu einem großen Teil aus Torf. Achten Sie daher beim Kauf von Blumenerde, zum Beispiel im Baumarkt, auf die Zusammensetzung: Oft enthält sie hohe Mengen an Torf, ohne dass dies sofort zu erkennen wäre – selbst wenn sie als torffrei deklariert ist, wie die Zeitschrift *Öko-Test* ermittelt hat. Wählen Sie stattdessen eine Blumenerde, die mit heimischem Durchforstungsholz versetzt ist.

Torf lässt sich leicht durch bessere Materialien ersetzen: Kompost enthält wesentlich mehr Nährstoffe als Torf, besitzt einen höheren pH-Wert und bewirkt eine anhaltende Strukturverbesserung des Bodens. Ähnlich wirkt Rindenhumus, also fermentierter Rindenmulch. Er verbessert die Bodenstruktur, fördert die biologische Aktivität und wird zudem auf Pflanzenverträglichkeit sowie Schadstoffe untersucht.

Geht es nur darum, den Boden aufzulockern, tun es auch Chinaschilf, wie es im biologischen Gartenbau eingesetzt wird, oder Kokosfasern. Sie zeichnen sich durch gute Wasseraufnahme aus und sind trotz der langen Transportwege umweltverträglicher als der Torfabbau.

Mischen Sie rund 40 Prozent normale Gartenerde, 40 Prozent reifen Kompost und 20 Prozent Sand und Sie halten eine ökologisch einwandfreie, billige Alternative zu torfhaltigen Pflanzenerden in den Händen.

Und das kommt dabei raus

Torf aus Ihrem Garten zu verbannen kostet Sie gar nichts und nützt dem Boden sogar. Sie helfen mit, die Zerstörung der Moore zu stoppen, bevor diese raren Biotope mit ihrer hoch spezialisierten Tier- und Pflanzenwelt verschwinden. Sie kommen frühestens in ein paar tausend Jahren wieder …

Kompost – vom Abfall zum schwarzen Gold des Gärtners

Lange Zeit galt der Komposthaufen als anrüchiges Denkmal rückständiger »Krauter«. Erst als man erkannte, dass die klinisch reinen Kunstdünger langfristig den Boden auszehren, setzte ein Umdenken ein. Die kleine, keineswegs schlechte Kompostiermethode besteht aus simplem Aufschichten und Liegenlassen. So entsteht im Lauf etwa eines Jahres aus organischen Abfällen perfekte Erde. Mit etwas mehr Zuwendung und gutem Timing liefert der Komposthaufen binnen sechs Monaten hochwertigen nährstoffreichen Dünger inklusive Bonusleistungen: Kompost enthält etwa je 1 Prozent Stickstoff und Kali sowie 0,5 Prozent Phosphor, daneben Kalk und wichtige Spurenelemente. Seine natürlichen Antibiotika wehren Pflanzenkrankheiten wie die Salatfäule ab, er schützt sandige Böden vor Erosion und stabilisiert das Bodenmikroklima.

Wussten Sie schon ...

- Bereits die alten Chinesen pflegten vor Jahrtausenden die Kunst des Kompostierens.
- Gut 40 Prozent des Hausabfalls bestehen aus organischem Material, das sich bestens zum Kompostieren eignet.
- Je Einwohner lassen sich mittels Kompostierens jährlich rund 100 Kilogramm Abfall zu 50 Kilogramm Humus aufwerten.
- In einem Gramm gesunder Gartenerde tummeln sich etwa 20 Milliarden Lebewesen.

▮ ▮ ▮ TIPPS

Kompostieren jenseits der reinen Abfallbeseitigung ist zwar kein Hexenwerk, aber eine kleine Kunst. Etwas Lektüre kann nicht schaden, etliche Gemeinden verteilen spezielle Ratgeber kostenlos. Bevor Sie loslegen, sollten Sie sicherstellen, dass ein ungefähr 4 Quadratmeter großer Platz in schattiger, windgeschützter Lage für die Komposthalde frei ist und auch die Nachbarn nichts einzuwenden haben. Einige Bundesländer haben hierfür eigene Vorschriften erlassen. Für einen Vier- bis Fünfpersonenhaushalt mit 100 Quadratmetern Garten reicht eine Halde mit etwa 2 Kubikmetern Fassungsvermögen.

Lassen Sie sich keine teuren Kompostiergeräte andrehen. Laut Stiftung Warentest reicht für unproblematische Garten- und Küchenabfälle ein einfacher Holzlattenkomposter – selbst gebaut oder für 20 bis 40 Euro (etwa 25 bis 50 sFr) zu erstehen –

völlig aus. Ein Drahtgeflecht hält Ratten und andere Eindringlinge ab. Auf engstem Raum bietet die Komposttonne noch eine gute Alternative. Wichtig ist vor allem eine allseitig gute Belüftung, denn Bodenmikroorganismen, Regenwürmer und Gehilfen brauchen Sauerstoff, um die Abfälle ohne üblen Geruch zu verarbeiten.

Auf einer Grundlage aus Zweigen können Sie eigentlich alles pflanzliche Material aus Garten und Küche stapeln, solange Sie die verschiedenen Komponenten gut durchmischen und Küchenabfälle mit Erde oder einer dünnen Schicht Steinmehl abdecken.

Problemmaterial wie Wurzelunkräuter, erkrankte Pflanzen oder anderes hygienisch Bedenkliches gehört in die Mitte des Ansatzes, wo zu Beginn des Zerfallsprozesses – zumindest in größeren Halden ab 3 Kubikmetern – Temperaturen bis 65 °C für die Desinfektion sorgen. Ausnahme können hier zähe Dauersporen, beispielsweise die Kohlhernie, sein.

Um eingeschleppte Krankheitskeime sicher abzutöten, sollte das Kompostmaterial nicht weniger als vier bis sechs Monate liegen. Kompost muss gelegentlich umgesetzt werden, eine Arbeit, von der sich Asthmatiker aufgrund umherfliegender Keime fern halten sollten.

Geben Sie pro Jahr nicht mehr als 5 Liter Kompost auf einen Quadratmeter und graben Sie nicht (!) um. Das stellt ohnehin nur die ausdifferenzierte Bodenschichtung auf den Kopf und würde den lebendigen Humus ersticken – Harken oder Auflockern genügt.

Und das kommt dabei raus

Guter Kompost ersetzt Dünger und Pflanzenerde oder Torf, Ausgaben hierfür gehören der Vergangenheit an. Daneben können konsequente Kompostierer Abfallgebühren sparen. Wie viel, das hängt von den kommunalen Rahmenbedingungen ab, aber bis zu 30 Prozent sind drin – unter anderem durch Befreiung von der Biotonne. Erfragen Sie die genauen Sparmöglichkeiten bei Ihrer örtlichen Verwaltung. Sie können das Kompostieren auch der Gemeinde überlassen und bei den kommunalen Kompostwerken für wenig Geld, etwa 2 Euro (oder circa 2,5 sFr) für 50 Liter, das Endprodukt abholen. »Wildes Kompostieren« in Wald und Flur spart übrigens gar nichts, sondern zieht vielmehr – weil verboten – empfindliche Geldbußen nach sich.

20 Rasenmäher – Giftzwerge im Geräteschuppen

Ist von Luftverschmutzung und Klimabelastung die Rede, denken wir zuerst an die Industrie oder den Straßenverkehr – und vergessen gerne die Armee der motorisierten Helferlein im Garten. Ein besonders übler Geselle aus Sicht der Umwelt ist der benzingetriebene Rasenmäher. Sie meinen, so ein kleiner Kerl könne niemals so schädlich sein wie ein Auto? Irrtum! Die unnötigen Mengen an Kohlendioxid sind ja nur eine unerwünschte Nebenwirkung seines 2-Takt-Motors. Viel schwerer wiegen Schadstoffe wie Stickoxide (NOx), polyzyklische aromatische Kohlenwasserstoffe (PAK), Kohlenmonoxid (CO) – typische Mäher verbreiten pro Stunde mehr als ein halbes Kilogramm dieses Atemgiftes – und lungenschädigende Partikel.

An sonnigen Tagen tragen diese Substanzen erheblich zum Sommersmog bei und führen zu enormen Konzentrationen von bodennahem Ozon im schönen Garten. Als besonders gesundheitsschädlich sind schließlich Abgasbestandteile wie das stark krebserregende Benzol beziehungsweise Benzopyren zu nennen. Im Gefolge eines solchen Benziners herrscht richtig dicke Luft und die Heimgärtner schuften mitten in der Abgasfahne.

Der Rasenmäher steht übrigens stellvertretend für all die knatternden Gartenhelfer wie Rasentrimmer, automatische Heckenschere, Motorsense und -säge, Häcksler oder Saugbläser. Oberstes Gebot bei der Entwicklung ihrer Motoren war bislang hohe Leistung bei minimalen Kosten. Die EU hat inzwischen reagiert und 2002 eine Verordnung erlassen, welche die Emissionen »kleiner Benzinmotoren« begrenzt.

Wussten Sie schon ...

- Die vielen kleinen, jedoch hochemittierenden Motoren in der Gartenpflege verursachen neben den landwirtschaftlichen Maschinen die größten Schadstoffmengen abseits des Straßenverkehrs.
- Rasenmäher mit 2-Takt-Motoren setzen 90-mal so viel Kohlenmonoxid frei wie im Straßenverkehr zugelassen ist.
- Während einer Stunde Betrieb produziert ein Rasenmäher mit 2-Takt-Motor so viel Kohlenwasserstoffe wie 200 Autos mit Katalysator, ein 4-Takter nimmt es immer noch mit 26 Autos auf.
- Mit einer Stunde Rasenmähen erzeugen Sie so viele gesundheitsschädliche polyzyklische aromatische Kohlenwasserstoffe (PAK) wie mit einer 150 Kilometer weiten Autofahrt.
- Moderne Mäher können den Benzolausstoß gegenüber alten Kisten um den Faktor 400 (!) reduzieren.
- Nervensäge Laubbläser oder -sauger: Mit einem Schallpegel von 115 Dezibel (entspricht einem Presslufthammer!) sind sie äußerst gesundheitsgefährdend, schaden mit hohen Kohlenwasserstoffemissionen Umwelt und Menschen und zerstören durch das radikale Saubermachen den Lebensraum von Kleintieren – oder zerhäckseln sie gleich mit.

▌▌▌ TIPPS

Die leiseste und günstigste Lösung, das Grün niedrig zu halten, ist ein Handrasenmäher – das Fitnessgerät unter den Gartenutensilien. Die bequemere Variante ist der elektrische Rasenmäher. Ob am Kabel oder, etwas wendiger, mit Akku vermeiden sie Lärm und die Freisetzung von Schadstoffen vor Ort. Eine Akkuladung hält etwa eine Stunde und genügt für 300 Quadratmeter. Die Ökovariante unter den Strommähern stellen Modelle dar, die mit Solarenergie betrieben werden.

Wenn es unbedingt ein Benziner sein muss, tanken Sie nur aromatenfreies Gerätebenzin, beispielsweise Alkylat-Benzin. Warten Sie Ihren Helfer zu Beginn der Mähsaison in vier einfachen Schritten: Tauschen Sie Luftfilter, Zündkerze sowie Motoröl aus und geben Sie einen Benzinstabilisator bei. Geben Sie Altöl bei geeigneten Sammelstellen ab. Achten Sie auch auf die Vergasereinstellung. Damit können Sie den Benzinverbrauch bis zu 30 Prozent und den CO_2-Ausstoß sogar bis zu 50 Prozent senken. Manche Hersteller bieten auch eigene Wartungssets an. Wählen Sie beim Neukauf einen 4-Takter mit geregeltem Katalysator. Damit vermeiden Sie rund 95 Prozent an Kohlenmonoxid und Kohlenwasserstoffen und 65 Prozent der NOx. Verlangen Sie ein geräuscharmes Modell mit geringen Abgaswerten.

Und das kommt dabei raus

Bei Rasenmähern finden sich enorme Preisunterschiede, wie das Beispiel der Benziner zeigt: Von 150 Euro bis 1300 Euro (rund 183 bis 1586 sFr) ist alles drin, die folgenden Preise dienen somit nur der Orientierung. Ein Handrasenmäher kostet 65 bis 95 Euro (circa 80 bis 116 sFr), Akkumäher gibt es ab 200 Euro (circa 244 sFr) und für schadstoffreduzierte Benziner werden an die 1000 Euro fällig (rund 1220 sFr). Hierzu addieren sich die Unterhaltskosten, die bei Handmähern ebenfalls am geringsten ausfallen. Über die Lebenszeit der Geräte gerechnet – wieder führt die mechanische Variante – sparen Sie mit einem Handmäher also sehr viel Geld sowie hunderte Kilogramm Schadstoffe.

21 Haus im grünen Pelz – Fassadengrün sorgt für gutes Klima

Unsere Städte gleichen in weiten Teilen Steinwüsten, und das ist nicht nur unästhetisch. An heißen Tagen laden sie sich zu Hitzeinseln auf mit Temperaturen bis zu 8 °C über der ländlichen Umgebung und extremen Schwankungen im Kern von bis zu 20 °C zwischen Grünflächen und Bebauung. Durch ihre Wärmeabstrahlung verändern große Städte sogar das regionale Klima, es regnet zu viel oder zu wenig, kleinräumige Gewitter und Smog nehmen zu.

Hüllen sich nackte Gebäude aber in Grün, können sie diese negativen Begleiterscheinungen dichter Besiedlung deutlich mildern. Fassadenbegrünung kühlt im Sommer, wärmt im Winter und halbiert so lokale Temperaturschwankungen. Sie reinigt stickige Luft, reichert sie mit Sauerstoff an und kappt die Spitzen starker Regengüsse, so dass »Stadtfluten« gebremst werden können. Das Luftpolster zwischen Blättern und Wand schluckt zudem Schall, wobei die Blattoberflächen besonders die hohen Frequenzen des Straßenlärms dämpfen. Der Bewuchs schädigt intakt verputztes Mauerwerk auch nicht, wie oft befürchtet, sondern schützt die Fassade vor Verwitterung und UV-Strahlung. Ausnahmen bilden vorgehängte oder speziell wärmegedämmte Fassaden, in die Wandpflanzen einwurzeln können.

Auch Dächer von Wohnhäusern, Garagen, Carports oder Gartenhäusern eignen sich zur Begrünung. Von robust und genügsam bis pflegeaufwändig und anspruchsvoll ist alles dabei. Sie können Sedumarten wie Mauerpfeffer, Fetthenne oder Tripmadam anpflanzen, die 5 bis 15 Zentimeter hoch werden und pflegeleicht sind, aber auch einen Kräutergarten mit Thymian, Lavendel und Rosmarin anlegen.

Wussten Sie schon ...

- 40 Quadratmeter Fassadengrün bringen die gleiche ökologische Leistung wie ein Baum mit 5 Metern Kronendurchmesser.
- Für eine entscheidende Verbesserung des Stadtklimas genügte es schon, 5 Prozent aller Gebäudeoberflächen zu begrünen.
- Der Bewuchs filtert bis zu 70 Prozent des Staubs aus der Luft.
- Standortgeeignete Kletterpflanzen leben meist länger als jeder Außenputz.
- Ungeschützte Wände erreichen im Sommer oft 60 °C und im Winter -10 °C. Bewachsen werden sie kaum 30 °C warm und kühlen nicht unter -5 °C ab.

▌ ▌ ▌ TIPPS

Vor dem Anpflanzen von Fassadengrün ist das Mauerwerk auf Vordermann zu bringen. Sauber gefüllte Risse und moderne Kalkzementputze nach DIN 18550 halten jedem Bewuchs stand. Heben Sie dann ein Pflanzloch von mindestens 60 Zentimetern Tiefe und 50 mal 50 Zentimetern offener Fläche aus. Die Hauswand schirmen Sie mit einer Abweisplatte ab, auf eine Dränageschicht aus Kies geben Sie dann Pflanzboden aus Kompost, Sand und Dauerdünger. Für die Begrünung bietet sich eine bunte Pflanzenpalette an: selbstständige Kletterpflanzen, Gerüstranker, Hecken, Spalier oder hängende Berankungen. Wer Geduld hat, sich aber möglichst wenig Arbeit machen will, wählt die Selbstklimmer Wilder Wein, Kletterhortensie oder immergrünen Efeu: Laubkehren entfällt. Etwas aufwendiger wird es mit Gerüstrankern. Sie brauchen eine Kletterhilfe, dafür stehen wesentlich mehr Arten zur Auswahl. Außerdem können Sie ein Rankgerüst für Renovierungsarbeiten wegklappen und so die Pflanzen erhalten.

Beachten Sie auch die Ausrichtung der Wand: Für Süd-, Südwest- und Südostseiten empfehlen sich blattabwerfende Pflanzen, denn sie erlauben der Wintersonne, die Mauer zu heizen. Für West-, Ost- und Nordseiten eignen sich robuste, immergrüne Pflanzen, gegebenenfalls Schattengewächse. Efeu wächst bis zu 1 Meter im Jahr, Wilder Wein auf der Sonnenseite sogar 2 Meter. Und stehen die Pflanzen in großen Kübeln, können sie auch Ihren Balkon grün auskleiden.

Wenn Sie ein Dach begrünen, müssen Sie für eine wurzelfeste Abdichtung und bei flachen oder nur wenig geneigten Dächern außerdem für eine Dränageschicht sorgen. Geneigte Dächer sollten Sie mit einer Einfassung aus Holz oder Metall versehen, um ein Abrutschen zu verhindern. Im Frühjahr sollten Sie das erste Unkraut zupfen und sparsam düngen, im Oktober die Fläche durch erneutes Jäten winterfest machen.

Als Mieter brauchen Sie in jedem Fall eine (schriftliche) Erlaubnis des Hausbesitzers. Zählen Sie ihm die Vorteile einer Begrünung auf und gewinnen Sie ihn für diese Idee.

Und das kommt dabei raus

Grüne Fassaden sparen Ihnen mehrfach Geld: Im Winter verhindert das Pflanzenpolster, dass Luftströmungen Wärme von der Gebäudehülle abführen. Sinkt die Windgeschwindigkeit an der Hausoberfläche um 1 Meter pro Sekunde, verringert sich der

Wärmebedarf eines Gebäudes um etwa 3 Prozent. Und im Sommer brauchen Sie keine Klimaanlage mehr.

Eine gut eingewachsene Fassade müssen Sie zudem seltener renovieren, so sinken langfristig die Instandhaltungskosten. Da das Grün dem Boden auch fortlaufend Wasser entzieht, verringert sich zu guter Letzt die Gefahr, dass Ihr Keller feucht wird.

Übrigens: Wegen der positiven Auswirkungen auf das Stadtklima fördern viele Gemeinden die Fassadenbegrünung. Fragen Sie nach!

22 Zeit aufzubrechen – unter dem Asphalt schlummert der Boden

Während Sie diese Zeilen lesen, verschwinden einige hundert Quadratmeter freies Land unter einem Einfamilienhaus, dem Parkplatz eines Outletcenters oder der neuen Umgehungsstraße. Kein Wunder, wirbt doch jede Bausparkassenzeitschrift mit dem Traum vom Eigenheim im Grünen. Und das braucht eigene Erschließungsstraßen, Stellflächen und so weiter. Die versiegelten Flächen fehlen nicht nur als Naturraum und begraben einst lebendigen Boden unter sich, sie leiten zudem Regenwasser direkt in die Kanalisation. Damit verbindet sich ein doppeltes Übel. In der Tiefe fehlt der Regen, um genügend Grundwasser für die Trinkwasserversorgung nachzubilden. Stellenweise sinkt der Grundwasserspiegel drastisch ab. An der Oberfläche hingegen wird genau dieses Wasser schnell zu viel, so dass Gullys und Abwasserkanäle die Regenmengen nicht mehr bewältigen können. So erleben wir in immer wärmeren und feuchteren Jahreszeiten eine bemerkenswerte Häufung von »Jahrhunderthochwassern« in ganz Europa. Extremhochwasser waschen über weite Landesteile enorme Mengen an fruchtbaren Oberböden aus und laden sie andernorts als Schlammlawinen ab. Die Hochwasserschäden der letzten Jahre gehen in die Milliarden, und ein wesentlicher Teil davon ist im wahrsten Sinne hausgemacht. Bodenschutz ist daher vorbeugender Hochwasserschutz und Klimaschutz zugleich.

Wussten Sie schon …

- Rund 130 Hektar Boden werden jeden Tag in Deutschland zugebaut, hält das Statistische Bundesamt fest. Und dies trotz des Bestrebens der Bundesregierung, den Flächenverbrauch bis 2020 auf 30 Hektar pro Tag zu senken. In der hiesigen Grundrecheneinheit sind das 174 Fußballfelder. Allein in Nordrhein-Westfalen sind es 15 Hektar pro Tag, die gleiche Fläche wird auch in Österreich täglich versiegelt.
- Der Verlust an Bodenqualität entspricht in seiner Tragweite etwa dem globalen Klimawandel oder dem fortschreitenden Artenschwund.
- Böden können weit mehr Kohlendioxid speichern als die Pflanzen, die sie tragen.
- In Deutschland sind gut 4,8 Millionen Hektar als Siedlungsfläche verzeichnet, über die Hälfte davon totalversiegelt. In Ballungsräumen sind bis zu 80 Prozent der Fläche überbaut.
- Jährlich gehen weltweit rund 24 Milliarden Tonnen fruchtbarer Boden verloren.
- In der Schweiz verschwindet pro Sekunde knapp ein Quadratmeter Boden, im Jahr werden 20 bis 30 Quadratkilometer Bauland benötigt.

▋ ▋ ▋ TIPPS

Wenn Sie einen Neubau planen, wählen Sie für Freiflächen eine Befestigung, die Wasser möglichst ungehindert ins Erdreich sickern lässt. Machen Sie auch im Bestand Boden frei, wo Sie können: Zufahrtswege, Garageneinfahrten, Stellplätze oder Innenhöfe können wasserdurchlässig befestigt oder komplett in Grün umgewandelt werden. Stellen Sie zunächst jedoch sicher, dass der Untergrund (noch) sickerungsfähig ist.

Für Flächen, die befestigt werden sollen, finden Sie ein breites Angebot an Ökopflastern und Techniken wie Rasengittersteine, Rasenwaben, Fugenpflaster, Porensteine, Schotterrasen, Kies- und Splittdecken oder Splittfugenpflaster. Im Gartenbaucenter werden Sie beraten, welche Ausführung sich für welchen Zweck eignet.

Fragen Sie nach, ob Ihre Gemeinde oder Ihr Bundesland Sie beim Entsiegeln unterstützt. Die Förderhöhe schwankt von Stadt zu Stadt. Bremen fördert Entsiegelung mit bis zu 12,50 Euro pro Quadratmeter, die Kreisstadt St. Wendel sogar mit 20 Euro.

Für Flachbauten empfiehlt sich die Dachbegrünung als weiteres probates Mittel, Sturzfluten in die Kanalisation zu verhindern. Fachlich korrekt begrünte Dächer leiden weniger Temperatur- und Wasserstress und halten dadurch länger als herkömmlich gedeckte.

Denken Sie auch daran, dass Sie alle entsiegelten Flächen von der Kanal-Anschlusspflicht befreien lassen. Wer die Nerven hat, kann – wo nötig – sein Recht auf getrennte Gebührenerhebung für Hausabwasser und Regenabfluss einklagen.

Mischen Sie sich ein! Zeigen Sie Politik und Verwaltung Ihrer Gemeinde, dass es Ihnen nicht egal ist, wie viel Land für Bau- oder Gewerbegebiete ausgewiesen wird und wie die Planungen aussehen. Nehmen Sie an Anhörungen zu Bebauungsplänen teil.

Und das kommt dabei raus

Mit jedem Meter, den Sie freilassen oder freilegen, nehmen Sie einem Hochwasser die Spitze und verbessern das Stadtklima. Etwa jede zweite deutsche Kommune berechnet die Abwassergebühren für Schmutz- und Regenwasser getrennt. Entsiegelung oder wenigstens eine Teildurchlässigkeit des Untergrunds entlastet dann auch den Geldbeutel. Fragen Sie nach, wie Ihre Gemeinde es damit hält.

23 Zu salzig! Ohne gefährliches Streu sicher durch den Winter

Eigentlich besteht Streusalz zum größten Teil nur aus Kochsalz. Wird es aber großzügig verteilt, kaum dass die ersten Flocken fallen, können sich die Pflanzen am Wegrand schon mal warm anziehen. Sickert Salz in den Boden, löst es dort eine Reihe von schädlichen Veränderungen aus: Das Porenvolumen, der Sauerstoffgehalt und die Wasserleitfähigkeit nehmen ab, so dass Wurzeln schlechter eindringen und weniger Nährstoffe aufnehmen können. Kleinste Bodentiere gehen ein, manche Arten verschwinden ganz. So wird weniger Humus gebildet.

Wintergrüne Pflanzen, zum Beispiel Kirschlorbeer, fallen dem Salz besonders schnell zum Opfer. Größere Schäden zeigen sich dann im Frühjahr und Sommer, wenn eingesalzte Bäume und Hecken verfärben oder trotz reichlicher Regenfälle langsam vertrocknen. Sickert das Taumittel noch tiefer, kann es schließlich das Grundwasser versalzen. Messungen zeigten von Februar bis April manchenorts Salzbelastungen bis zum Fünffachen des Sommerwerts. Nicht zuletzt können sich Haus- und Wildtiere in der Lake die Pfoten entzünden. Kaum zu glauben, doch die Gemeinschaft der Streufreunde schippt jedes Jahr immer noch bis zu zwei Millionen Tonnen Salz auf unsere Straßen.

Splitt hat sich leider auch nicht als perfekte Alternative erwiesen. Große Mengen davon können die Kanalisation und Kläranlagen beschädigen, die Reste auf den Straßen müssen teuer gesammelt und entsorgt werden.

Wussten Sie schon ...

- Die Städte gehen mit gutem Beispiel voran: In den letzten Jahren ist der Einsatz von Streusalz um gut die Hälfte gesunken.
- In Österreich werden pro Jahr 150 000 bis 300 000 Tonnen Streusalz verbraucht.
- Salz oder andere Taumittel sind in vielen Gemeinden für Privatleute verboten.
- In Nebenstraßen, die nur geräumt, nicht aber gestreut werden, liegen die Unfallzahlen unter dem Durchschnitt: Man fährt umsichtiger.
- Straßenabläufe überschreiten mitunter sogar den Salzgrenzwert für Industrieabwässer um das Zehnfache.
- Selbst wenig salzgeschädigte Bäume zeigen sich erst nach sechs Jahren wieder völlig gesund.
- Nässe und Streusalz bilden eine gefährliche Schicht zwischen Bremsbelag und Bremsscheibe, die den Bremsweg mehr als verdoppeln kann.

▮ ▮ ▮ TIPPS

Bevor Sie auch nur ans Streuen denken, informieren Sie sich bei Ihrer Gemeinde: In zahlreichen deutschen Kommunen ist zumindest das Salzen öffentlicher Gehwege mittlerweile verboten und »wilden Streuern« droht ein Bußgeld. Die Naturschutzorganisation Robin Wood führt eine Liste der deutschen Städte, in denen Streusalz verboten oder stark reglementiert ist (www.robinwood.de/kein-Streusalz.333.0.html, Stand Dezember 2012).

Trotz vieler Forschungen gibt es bislang aber noch kein weniger umweltschädliches Taumittel als Salz, und ein völlig gewässerneutrales kann es gar nicht geben. Lassen Sie im Winter also das Salzfass möglichst zu und greifen Sie lieber zu Sand, Kies oder Sägespänen als Streumittel. Vorsicht: Splitt oder Granulat können giftige Substanzen wie Arsen, Blei oder Quecksilber enthalten. Im Handel finden Sie rund 60 Streumittel mit dem Umweltzeichen »Blauer Engel«. Sie sind nicht nur frei von Salz, sondern schmuggeln auch keine löslichen Schwermetallverbindungen oder Stoffe mit Düngewirkung ein. Diese Mittel geben im Frühjahr außerdem kein allzu großes Entsorgungsproblem: Einfach zusammenkehren und in die Tonne – nicht in die Kanalisation! – geben oder sogar wiederverwenden.

Sollten Sie stellenweise – an steilen, hart vereisten Wegstücken – Salz einsetzen müssen, halten Sie sich an die empfohlene Obergrenze von 10 Gramm pro Quadratmeter. Das entspricht einem knappen Esslöffel voll. Mit einem zur Korngröße passenden Küchensieb können Sie gezielter und sparsamer streuen als von Hand.

Helfen Sie auch Ihrer Gemeinde beim Salzsparen. Wenn auf einer Straße nur der »weiße Winterdienst« arbeitet, sie also geräumt, aber nicht völlig abgetaut wird, fahren Sie entsprechend vorsichtig und sehen Sie von Beschwerden beim Rathaus ab.

Und das kommt dabei raus
Wintersalz bringt erhebliche Folgekosten mit sich: Bäume müssen ersetzt, Wasser geklärt und die belasteten Schlämme entsorgt werden. Dazu kommen Ausgaben für Sanierungsmaßnah-

men an Straßen, Autobahnbrücken und so weiter – alles aus Steuermitteln. Nur mit Schippe und umweltverträglichem Streugut bewaffnet kommen Sie sicher durch den Winter, ohne die grüne Lunge der Stadt zu pökeln.

24 Tödliche Attraktionen – wenn das Haus zur Tierfalle wird

Jährlich verunglücken Millionen Vögel an Glasscheiben. Viele sterben sofort, andere verenden später an inneren Verletzungen. Von Amsel bis Zaunkönig trifft der Tod am Fenster etwa 80 Vogelarten. Dies liegt nicht daran, dass die Tiere schlecht sehen. Vielmehr reflektiert beschichtetes oder poliertes Glas Himmel und Landschaft so täuschend echt, dass die Vögel den Unterschied, wenn überhaupt, zu spät bemerken – zumal wenn es sich um Männchen in der Hitze des Luftkampfs ums Revier handelt. Einen Lerneffekt gibt es nicht, und auch die weit verbreiteten (Greifvogel-)Attrappen zum Aufkleben nützen nichts: Vögel sehen unbewegte Silhouetten nicht als Gefahr, sondern lediglich als Hindernis. Sie knallen einfach daneben an die Scheibe.

Als besonders schädlich für Insekten hat sich die allgegenwärtige Dauerbeleuchtung erwiesen. An zahllosen Strahlern und Lampen verbrennen sie oder flattern sich zu Tode. Nachtaktive fliegende Insekten orientieren sich am Licht des Mondes oder der Sterne. Kunstlicht wirft sie völlig aus der Bahn. Auf die Spitze treiben dieses Phänomen natürlich Insektenlampen, die genau zu dem Ziel »anlocken und vernichten« konstruiert sind. Die Gefahr für die Insektenwelt liegt vor allem darin, dass alle Insekten betroffen sind – nicht nur jene, die dem Menschen lästig sind.

Wussten Sie schon ...

- Der Vogeltod am Glas hat erschreckende Ausmaße angenommen: Schätzungen gehen für Europa von rund 95 Millionen Opfern jährlich aus, in Deutschland sind es mehrere Millionen Vögel pro Jahr.
- Nicht nur in der Schweiz gibt es an Autobahnen und Schnellstraßen gläserne Schallschutzwände. An einer solchen 250 Meter langen Wand im Tessin hat man innerhalb von vier Jahren 700 tote Vögel gefunden.
- Vögel, die nicht versehentlich gegen die Scheibe rasen, sondern sie immer wieder gezielt angreifen, wollen den »Eindringling« im Spiegel vertreiben. Hier kann man nur die Brutzeit abwarten.
- Alle 22 Fledermausarten sind in ihrem Bestand akut gefährdet. Ihnen und vielen Vögeln fehlen die »Lichtopfer« unter den Insekten als Nahrung.
- Die Tschechische Republik hat im Jahr 2002 ein Gesetz erlassen, das vorschreibt, unnötige Lichtverschmutzung zu vermeiden.

▮ ▮ ▮ TIPPS

Nutzen Sie eine Besonderheit im Sehvermögen der Vögel. Anders als wir, können sie UV-Licht und damit Störungen im UV-Spektrum sehr gut wahrnehmen. Um Ihre Fenster »vogelsicher« zu bekommen, tun Sie am besten ... gar nichts! Werden die Scheiben etwas dreckig, reflektieren sie den UV-Anteil des Sonnenlichts nicht mehr und sind dadurch für Vögel besser zu erkennen. Lassen Sie es also mit dem Fensterputzen ruhig angehen. Alternativ können Sie auch UV-Absorber außen auf den Scheiben anbringen: einfach eine transparente Sonnenschutzlotion mit hohem Lichtschutzfaktor oder Möbelspray mit UV-Schutz auf die Scheibe tupfen oder ein Muster aufs Fenster sprühen. In Kinderzimmern, natürlich auch in Kindergärten oder Schulen, helfen farbige, großflächige Dekorationen zum Beispiel mit Fensterfarben.

Verwenden Sie beim Bau vogelfreundliches Glas. Setzen Sie da, wo es geht, mattiertes oder geriffeltes Glas ein. Das neu entwickelte Vogelschutzglas ORNILUX hat für das menschliche Auge kaum wahrnehmbare Markierungen. Informationen zum Thema finden Sie in der Broschüre des NABU e.V. *Glasflächen und Vogelschutz* (www.nabu.de) oder im Leitfaden *Vogelfreundliches Bauen mit Glas und Licht* (www.vogelglas.info), der auf Arbeiten der Schweizerischen Vogelwarte Sempach beruht.

Platzieren Sie Futterhäuschen und Nistkästen nicht in der Nähe von Fenstern oder verglasten Veranden.

Auch den nachtaktiven Insekten können Sie helfen, wenn Sie die Nacht auf dem Balkon im Kerzenschein genießen. Löschen Sie alles Licht auf Ihrem Grundstück oder schalten Sie Ihre Außenbeleuchtung mit einer Uhr oder Bewegungsmeldern. Das gilt auch für die mittlerweile verbreiteten, weil spottbilligen Sorlarleuchten für draußen. Nur weil sie im Betrieb keine Energiekosten verursachen, sollten sie nicht gedankenlos eingesetzt werden. Grundsätzlich zieht gelbliches Licht weniger Insekten an als bläuliches, Lampen mit Haube weniger als Rundumstrahler.

Insektenlampen richten mehr Schaden an, als sie nützen: Bei einer exemplarischen Zählung von 3 800 getöteten Insekten standen 53 Stechmücken 626 nützlichen Florfliegen und 498 Falter gegenüber.

Und das kommt dabei raus

Baumärkte verkaufen schwarze Greifvogel-Silhouetten im Dreierpack für circa 8 Euro (knapp 10 sFr). Die können Sie sich getrost sparen. Die genannten Tipps kosten fast nichts. Und durch insektenfreundliche Nicht-Beleuchtung sparen Sie sogar noch

Strom. Zwar stehen in erster Linie die Gemeinden und der Handel in der Pflicht, die Lichtverschmutzung zu drosseln, doch auch Ihr Beitrag zählt.

25 Gemeinschaftsgärten – zusammen die Städte begrünen

Das Gezwitscher und Gekrächze subtropischer Vögel unterbricht das Rauschen des Großstadtverkehrs in Buenos Aires. Nicht nur dort ist die Natur auf dem Vormarsch zurück in die Städte: In Form von kleinen oder größeren Gartenoasen, die meist gemeinschaftlich bewirtschaftet werden und die eine Vielzahl von Funktionen erfüllen für die gewöhnlich als naturfern geltenden Großstadtmenschen. In Buenos Aires sind bis heute etwa 1 000 solcher Gemeinschaftsgärten entstanden, und auch in deutschen Großstädten zeichnet sich ein deutlicher Trend zu dieser Form des Gärtnerns ab. Entstanden ist die Idee der »Community Gardens« in den 1970er Jahren in New York.

Den Wunsch nach einem Stück Grün in der Stadt bedienten bislang traditionell Parks und Botanische Gärten. Die ersten Gemeinschaftsgärten entstanden aus dem sozialen Gedanken heraus, auch ärmeren Menschen Zugang zu selbst angebautem Gemüse oder Obst zu bieten oder sinnstiftendes gemeinschaftliches Tun zu fördern. Aspekte der Stadtgestaltung, der Einflussnahme auf das Kleinklima inmitten von Beton und Autoverkehr kamen hinzu. Mittlerweile gibt es sogar Konzepte, New York in eine sich selbst versorgende, energieproduzierende und CO_2-bindende grüne Oase mit vertikalen Gärten und Gemeinschaftsfarmen auf Hochhausdächern zu verwandeln.

Während man noch darauf wartet, ob den visionären Architekten, Ökologen und Stadtplanern dieser große Wurf gelingen kann, greift auch in Berlin und Wuppertal, in Wien und Klagenfurt, in Bern und Basel eine wachsende Zahl urbaner Gemeinschaftsgärtner zum Spaten. Was sie wollen, ist vielfältig, und was sie erreichen, geht noch darüber hinaus. Sie wollen Hand anlegen, und zwar direkt vor der Haustür. Sie wollen selbstangebaute Tomaten essen, wollen wissen, welche Heilkräuter die türkische Nachbarin anbaut, und wollen, dass ihre Kinder erleben, wo ihr Essen herkommt. Viele wollen auch einfach nur Genuss: auf eine Art, die nicht nur von blindem Konsumhunger diktiert wird. Genuss, zu dem sie selbst beitragen können und bei dem sie Erfolg im Wortsinne wachsen sehen.

Manche finden auf dem fremden Acker einer Stadtbrache zwischen Beton ein Stück Heimat wieder, wenn sie dort ihre eigenen Gurken ernten. Andere wollen Bienen retten und beherbergen Bienenvölker auf ihren Dächern und pflanzen Nektarspender in ihren Gärten. Wieder andere mieten ein Stück Acker, um Gemüse zu ernten, das nicht zur Unzeit in Treibhäusern gewachsen, monatelang in Kühlhäusern frischgehalten oder um den halben Globus transportiert wurde.

Was sie erreichen können, ist ein breiter und länger werdendes Band grüner Oasen in den Städten, die zunehmend den Großteil der Landesbevölkerung beherbergen. Eine Verbesserung des Luftaustauschs in der Stadt. Oasen der Ruhe im Lärm der Großstadt. Biogemüse, das mitten in der Stadt wächst und dadurch auf charmante Weise dazu einlädt, auf pestizidverseuchte Produkte einer menschen- und umweltschädlichen Agrarindustrie zu verzichten.

Ein ganz entscheidender Punkt ist aber auch die Erkenntnis, dass Gemeinsinn Spaß macht – den man sogar essen kann. »ReGrounding« nennt die Fachliteratur zum Thema »Urban Gardening« dieses Bedürfnis, das mitverantwortlich für den Trend zu gemeinschaftlichem Gärtnern in der Großstadt ist.

In Deutschland sind Gemeinschaftsgärten ein Paralleltrend zum Kleingartenwesen, das ebenfalls einen wachsenden Zulauf aufweist und auf eine durch Gemeinsinn und Armenförderung geprägte Geschichte blickt. Interkulturelle Gärten sind eine Sonderform, die besonders in Deutschland und der Schweiz versucht, aus der Not der Zuwanderung eine Tugend zu machen: Kulturaustausch durch Ernährung. Viele Zuwanderer stammen aus ländlichen Gegenden und bringen ein Wissen über Ackerbau mit, das vielen Bürgern der Industrieländer verlorengegangen ist.

Wussten Sie schon ...

- In Deutschland gibt es über 1,2 Millionen Kleingärten auf einer Fläche von mehr als 46 000 Hektar. Mehr als zwei Millionen Menschen – der überwiegende Anteil davon in Städten – nutzen ihre Parzelle zur Erholung und zum Anbau von Obst und Gemüse.

- Der Prinzessinnengarten in Berlin ist ein mobiler Garten, der umziehen kann, wenn das von der Kommune gewährte Nutzungsrecht für die jeweilige Stadtbrache ausläuft. Gesät und gepflanzt wird in Kisten und Säcken, angebaut wird Gemüse in Bio-Qualität.

- Durch »Urban Gardening« könnte in Städten wie London ein Selbstversorgungsgrad von 25 bis 30 Prozent erreicht werden, sagt Katrin Bohn, Architektin an der Technischen Universität Berlin.

- Im Rahmen der lokalen Agenda 21 entstehen in vielen Kommunen Gemeinschaftsgärten. Die Schwerpunkte liegen dabei auf Stadtteilarbeit, Sozialarbeit, Umweltarbeit oder interkultureller Arbeit – oder auf einer Mischung dieser Aspekte.

- Bereits heute wohnen weltweit mehr Menschen in städtischen Ballungsräumen als auf dem Land. Die klassische Landwirtschaft wird auch in ihrer hochindustrialisierten Form die Ernährung der Weltbevölkerung – 2050 sollen es neun Milliarden Menschen sein – nicht leisten können.
- »Vertical Farming« heißt die hochfliegende Antwort von Architekten, Agrarökonomen, Politikern und Umweltschützern zum drohenden Ernährungs- und Umweltkollaps. »Dragonfly« (Libelle) heißt ein 600 Meter hohes Hochhaus, das nach den visionären Plänen des belgischen Architekten Vincent Callebaut einmal in den Himmel von Manhattan ragen soll. Von den Erträgen der 132 Etagen sollen etwa 150 000 New Yorker leben. In und auf dem libellenförmigen Gebäude sollen Tomaten, Pilze oder Orangen wachsen, Kühe weiden, Hühner und Fische gezüchtet werden.

▌▌▌ TIPPS

Wer sich mit auch nur einer der Ideen des Urban Gardening oder des ökologischen Eigenanbaus anfreunden kann, findet dazu mittlerweile zahlreiche Informationen in Büchern und im Internet. Einen wissenschaftlich fundierten, aktuellen Überblick über die Formen und Möglichkeiten des gemeinschaftlichen Gärtnerns bietet das Buch *Urban Gardening* (www.urban-gardening.eu). Das Buch ist ein Plädoyer dafür, nicht länger abzuwarten, dass irgendjemand es schon richten wird, sondern selber die Schaufel in die Hand zu nehmen und loszugraben, um unsere Städte ein bisschen grüner, lebendiger und überraschender zu machen.

Tipps und Kontakte zum Aufbau und Erhalt von Gemeinschaftsgärten bietet beispielsweise die Seite www.urbanacker.net. Dort gibt es ausführliche Informationen, eine Linkseite und Austauschmöglichkeiten. Unter www.stiftung-interkultur.de

finden Sie die Informationsplattform eines Netzwerkes für interkulturelle Gärten in Deutschland, dem derzeit 145 Gärten in 16 Bundesländern angehören. Weitere 83 Projekte befinden sich in Planung (Stand: April 2013).

Wem als Städter mehr am individuellen Eigenanbau als am gemeinschaftlichen Tun gelegen ist, der kann auf Mietgärten zurückgreifen oder im eigenen Garten oder auf dem Balkon mithilfe entsprechend ausgewählten Saatgutes samt Anzuchtschalen und Anleitung den Einstieg ins »Urban Farming« suchen. Unter www.meine-ernte.de vermarktet ein innovatives Start-up-Unternehmen professionell bepflanzte Äcker als Mietgärten und Starter-Sets zum Selbstanbau – mit beachtlichem Erfolg.

Wer nur ab und zu mal etwas Heimisches vom Baum oder Strauch naschen möchte, der wird in der Erntesaison unter www.mundraub.org fündig. Besitzer von Obstbäumen oder Sträucher verraten auf einer bundesweiten Landkarte nach Obstsorten, was von Besuchern abgeerntet werden darf. Hier, wie auch beim Foodsharing oder bei den Gemeinschaftsgärten, trifft der Trend des Teilens und Verschenkens auf den des sorgsamen Umgangs mit unseren Lebensmitteln.

Falls Sie zu den Menschen gehören, die sich einfach nur buntere Städte wünschen und mehr das Stadtklima als die Ernährung im Sinn haben, gefällt Ihnen vielleicht die Idee des »Guerilla-Gardening«. Die Idee hat sich zunächst als Protestform von Großbritannien aus verbreitet. Wie Guerilleros vermeiden Guerilla-Gärtner die offene Konfrontation und bevorzugen abgelegene und unzugängliche Standorte oder nehmen heimliche »Überraschungspflanzungen« vor. Statt schwerer Munition werfen sie Samenbomben aus Erde, Ton und Samen, die zu Kugeln geformt und getrocknet werden. Diese kann man dann vom fahrenden Rad aus auf Verkehrsinseln werfen oder beim Spaziergang unauffällig fallen lassen. Achten Sie jedoch darauf, dass bunt allein nicht genug ist, und verwenden Sie nur geeignete Samen von heimischen Arten.

Und das kommt dabei raus

Das Engagement in Gemeinschaftsgärten bringt Ihnen und Ihren Kindern nicht nur selbst erzeugte Bio-Lebensmittel auf den Tisch, sondern trägt dazu bei, das Bewusstsein für gesunde Ernährung, den Wert von Lebensmitteln und die Naturreserven im städtischen Raum zu schärfen.

Egal, ob Sie sich an Gemeinschaftsgärten beteiligen, Ihren eigenen Garten, Balkon, Ihr Dach oder Ihre Terrasse zum Bio-Gemüse- oder Obstgarten machen, zum Nektartopf für Bienen oder zur Heimat von Vögeln und Kleintieren: Sie können auf vielfältige Weise dafür sorgen, dass über die Stadt verteilte Gärten die städtischen Naturräume zu einem grünen Band vernetzen. Diese grünen Oasen in der Stadt können dann Trittsteine zum Erhalt und zur Ausbreitung von mittlerweile selten gewordenen Arten wie Gartenrotschwanz, Zaunkönig oder Trauerschnäpper werden. Je mehr Trittsteine es gibt und je enger die Vernetzung ist, desto sicherer ist das Überleben der Arten – und desto besser kann das Mikroklima in den Städten werden.

Clever unterwegs
Mobilität privat

Um es gleich vorneweg zu sagen: Die folgenden Zeilen werden hart. Sehr hart. Unser heiß geliebtes Auto kommt einfach unglaublich schlecht weg, wenn wir uns die Fakten anschauen und sehen, was wir uns alles selber einbrocken mit dem Autofahren. Wegschauen gilt also nicht und wäre auch zwecklos! Der Klimawandel zwingt uns früher oder später nämlich unausweichlich, die Auswirkungen des weltweit stetig zunehmenden Verkehrs zu spüren. Klare Sache also, hier hilft nur die Flucht nach vorne!

Schnell, flexibel, bequem und trotz steigender Benzinpreise immer noch das billigste Fortbewegungsmittel: mein Auto. Es gibt einfach keine vernünftige Alternative. So erteilen wir uns gerne die Absolution, auch wenn jeder weiß, dass der beste Freund des Menschen nicht gerade der beste Freund der Umwelt ist und die Argumente fürs Autofahren bei nüchterner Betrachtung schnell schwächeln. Zum Glück zeigt sich in den vergangenen Jahren immerhin deutlich eine Tendenz zum Autonutzen statt -besitzen. Die nachwachsende Generation will spontan und mobil sein, aber nicht um jeden Preis einen Fuhrpark bewirtschaften. Werfen wir mal einen Blick auf die Fakten.

Klima

Noch immer ist der Verkehr Klimakiller Nummer 1. Deutschland hatte sich wie andere Länder auch im Zuge der Nachhaltigkeitsdebatte Anfang der 1990er Jahre zum Ziel gesetzt, den gesamten

Ausstoß an CO_2 bis 2020 im Vergleich zu 1990 um 40 Prozent zu senken. Auch der ehemalige Bundesumweltminister Gabriel hatte sich vor einigen Jahren noch zuversichtlich gezeigt, dass das deutsche Klimaschutzziel erreicht werde – und dass es sich auch lohne, denn schließlich stünden den Gesamtkosten von 31 Milliarden Euro Entlastungen durch niedrigere Rechnungen für Öl, Gas und Kohle in Höhe von 36 Milliarden Euro gegenüber, im Verkehrsbereich seien es Kosten von 6,5 Milliarden Euro gegenüber Minderausgaben für Sprit in Höhe von rund 9 Milliarden Euro. Inzwischen haben jedoch Kanzlerin Merkel auf nationaler und Energiekommissar Oettinger auf EU-Ebene ihr Bestes gegeben, damit die deutsche Autoindustrie keine schärferen Auflagen erfüllen muss. Immerhin ist hierzulande inzwischen ja jeder sechste Neuwagen ein SUV, Emissionsbeschränkungen können da nur stören.

Gerade die viel gescholtene Industrie hat auch schon einen großen Teil des Weges zum Klimaschutzziel geschafft. Doch im Verkehrsbereich sind die CO_2-Emissionen seit 1990 noch lange weiter gestiegen, bis zum Jahr 1999 von 150 auf 175 Millionen Tonnen. Seitdem sind sie langsam wieder gefallen und haben im EU-Vergleich heute die niedrigsten Werte. In Österreich sind die CO_2-Emissionen des Verkehrs zwischen 1990 und 2005 sogar um 94 Prozent gewachsen und haben die Industrie überholt, in der Schweiz sind sie im gleichen Zeitraum immer noch um 8 Prozent gestiegen. Kein Wunder, bei immer mehr Autofahrten. Mit jedem verfahrenen Liter Benzin steigen rund 2,3 Kilogramm CO_2 in die Luft, bei Diesel sind es sogar rund 2,6 Kilogramm. Hier müssen wir schnellstens handeln, wenn wir den Treibhauseffekt wenigstens bremsen wollen.

Auch das Waldsterben geht weiter, egal, ob sich die Medien noch dafür interessieren oder nicht. Und auch hierfür trägt der Verkehr mit seinem massiven Ausstoß an Stickoxiden und

Schwefeldioxid besondere Verantwortung. Rund 50 Prozent aller Stickoxide und dazu fast ein Drittel aller giftigen Kohlenwasserstoffe kommen aus dem Auspuff. Wiederum waren Kraftwerke und Industrie bei der Schadstoffreduzierung viel erfolgreicher, was das Waldsterben immerhin eingedämmt hat. Die Lösung wird letztlich wohl wieder in staatlicher Regulierung liegen.

Wohlbefinden

Unserer Gesundheit tun wir mit unserer Automobilität ebenso wenig einen Gefallen. Sommersmog und hohe Ozonkonzentrationen entstehen, wenn die Sonne den Abgascocktail der Fahrzeuge erhitzt, und gehören mittlerweile zum Sommer einfach dazu. Das Risiko, durch Autoabgase an Krebs zu erkranken, ist heute in Ballungsgebieten fünfmal so hoch wie auf dem Lande. Allein 60 Prozent der durch Luftschadstoffe hervorgerufenen Krebserkrankungen gehen auf das Konto von Rußpartikeln aus Dieselmotoren. Seit April 2007 wird in Deutschland der Einbau von Rußpartikelfiltern in Autos zwar gefördert, viele der Filter sind jedoch relativ wirkungslos. Zahlreiche Städte wie Berlin, Köln oder Hannover haben 2008 zudem Umweltzonen eingerichtet, um die Feinstaubbelastung vor Ort zu reduzieren. Allein in NRW sind es zwölf Städte sowie 13 Kommunen der Umweltzone Ruhrgebiet. Autofahrer, die in diesen Zonen keine Plakette am Auto vorweisen können, müssen das mit 40 Euro und einem Punkt in Flensburg bezahlen.

Nicht zu vergessen der Lärm. Die meisten beklagen sich nur darüber, doch rund 16 Prozent der Bevölkerung in Deutschland, das sind etwa 13 Millionen Menschen, sind sogar gesundheitsgefährdenden Belastungen von über 65 dB(A) ausgeliefert, bei denen erhöhte Risiken für Herz-Kreislauf-Erkrankungen nachgewiesen sind (Ähnliches gilt für die

Schweiz und für Österreich). Experten schätzen, dass pro Jahr 2 000 Menschen an einem verkehrslärmbedingten Herzinfarkt sterben.

Freiraum

Noch sind wir nicht am Ende unserer schwarzen Liste angekommen. Da wäre noch der Verkehr als Flächenvernichter: In jeder zweiten Gemeinde Westdeutschlands beansprucht er mehr Fläche als die übrige Siedlungsstruktur. Mehr Platz für Autos als für Menschen? In der Tat: Für Parkplätze wurden bereits 5 Prozent der Gesamtfläche Deutschlands versiegelt, das ist mehr als die Fläche aller Wohngebäude. In den Städten belegen Autos, hauptsächlich stehende, bis zu 60 Prozent der Gesamtfläche. Der Anteil unzerschnittener, verkehrsarmer Landschaftsräume, die vor allem für Artenvielfalt und Naturschutz eine wichtige Rolle spielen, geht weiter zurück. Betrug dieser 1974 in den alten Bundesländern noch über 22 Prozent, so lag er dort Mitte der 1990er Jahre nur noch bei gut 14 Prozent. In Österreich wird pro Jahr Freiraum in der Größenordnung von rund 4 000 Fußballfeldern für Straßen verbaut. Die österreichischen Straßen und Parkplätze belegen inzwischen etwa die Fläche des Bundeslandes Vorarlberg.

Alternative ÖPNV

Unter der Energieperspektive sieht die Bahn gut aus, denn die modernen Hochgeschwindigkeitszüge des Personenfernverkehrs fahren sehr sparsam: Ihr Energiebedarf bei durchschnittlicher Auslastung entspricht 2 Litern Benzin auf 100 Kilometer.

Zudem fangen die Loks die Energie auf, die beim Abbremsen vor den Bahnhöfen frei wird, und speisen sie als elektrischen Strom zurück in die Oberleitung. Außerdem fährt die Bahn mit einem guten Anteil grüner Energien: Der Bahn-Strommix speist sich zu 24 Prozent aus erneuerbaren Energien. Die Schweizer Loks fahren sogar fast vollständig mit Strom aus Wasserkraft. Nach einer europaweiten Studie sind hier auch die Züge am pünklichsten.

Die Deutsche Bahn AG hatte das CO_2-Reduktionsziel – bis 2005 25 Prozent Einsparung gegenüber dem Stand von 1990 – übrigens schon im Jahr 2000 erfüllt. Als Nächstes peilt sie eine weitere Minderung der spezifischen CO_2-Emissionen aus der Personenbeförderung um 20 Prozent bis zum Jahr 2020 an. Ohne die Bahn würden jährlich zusätzlich über 16 Millionen Tonnen mehr CO_2 in die Luft gelangen. Laut Greenpeace könnte sie aber noch etwas mehr tun und bis 2030 vollständig mit grünem Strom fahren.

Und die Kosten?

»Mag schon sein«, sagen Sie vielleicht, »aber Bus und Bahn sind mir eben zu teuer.« Viele Haushalte wollen und können nicht komplett auf ihr Auto verzichten. Und so spielen in ihrer Rechnung, ob eine Strecke mit dem Auto oder mit öffentlichen Verkehrsmitteln zurückgelegt wird, lediglich die variablen Kosten für Kraftstoff, Öl und Parkplätze eine Rolle. Der Großteil der Pkw-Kosten fällt aber auch an, wenn der Wagen nicht bewegt wird – und das sind im Schnitt 23 Stunden pro Tag. Rechnen Sie mal die Gesamtkosten eines Autos inklusive Anschaffung, Wertverlust, Steuern, Versicherung, Reparaturen, Wartung und Pflege zusammen. Dann erscheinen öffentliche Verkehrsmittel in der Regel in einem sehr viel günstigeren Licht. Das deutsche Umweltbundesamt hat folgendermaßen gerechnet: Ein durchschnittlicher Pkw verursacht monatliche Gesamtkosten zwischen 306 und 459 Euro (rund 373 und 560 sFr). Auf den einzelnen Kilometer gerechnet ergeben sich daraus je nach Größe und Ausstattung Kosten in Höhe von 26 Cent – das schaffen nur wenige Kleinwagen – bis 46 Cent. Während die Bahn pro Kilometer im Fernverkehr (2. Klasse) 14 Cent kostet, kommt ein Mittelklassewagen pro Kilometer auf rund 33 Cent. Selbst laut ADAC-Motorwelt gibt es fast kein Auto mehr, dessen Gesamtkosten monatlich unter 252 Euro liegen (oder circa 307 sFr). In einem Autofahrerleben kommen nach Erhebungen der Deutsche Automobil Treuhand GmbH und des deutschen Kraftfahrt-Bundesamts in 54 Jahren insgesamt 332 000 Euro zusammen für die Wagen selbst und alles, was dazugehört.

Das unabhängige Institut für Energie und Umweltforschung (IFEU), Heidelberg, hat in einer Mobilitätsbilanz 1 600 Beispielfahrten des Nah- und Fernverkehrs (Berufsverkehr, Freizeitverkehr, Einkaufsverkehr, Fernpendelverkehr, Urlaubsverkehr, Geschäftsreisen) untersucht und verglichen – nach den Faktoren Kosten, Zeit sowie Umweltbelastungen von Pkw und öffentlichem Verkehr (und teilweise des Flugzeugs). Ein Vergleich der Gesamtkosten von Bahn und Pkw zeigt, dass die Bahn in allen betrachteten Beispielen billiger kommt. Selbst bei der Urlaubsfahrt mit der Familie, wenn das Auto mit drei Personen gut ausgelastet ist, kostet die Bahn einschließlich Taxi als Zubringer noch weniger. Die Ergebnisse dieser Untersuchung sind auch in eine Datenbank der Deutschen Bahn AG eingeflossen. Auf den Reiseauskunftsseiten der Bahn im Internet können Sie einen Mobilitätsvergleich anstellen zwischen öffentlichem Verkehr und Auto sowie Taxi, zu Fuß gehen (bis 8 Kilometer) und Radfahren (bis 30 Kilometer). Hier lassen sich zu jeder Reise, sei es von Bahnhof zu Bahnhof oder adressgenau, die Kosten und durchschnittlichen Fahrzeiten mit einer Bahnverbindung oder dem Auto ausgeben. Für diesen Vergleich können Sie zwischen fünf verschiedenen Autotypen wählen oder Ihre individuelle Kilometerkosten-Pauschale eingeben.

Man kann die Kosten der Mobilität aber auch noch ganz anders betrachten. Allein für Deutschland schätzt das Umweltbundesamt den Ausgleich für Umweltschäden, die auf den Autoverkehr zurückgehen, auf rund 29 Milliarden Euro pro Jahr, darunter die Schäden durch Luftverschmutzung (15 Milliarden Euro), Lärm (9,7 Milliarden Euro) sowie Boden- und Wasserverschmutzung (2,7 Milliarden Euro).

Eine Studie der Technischen Universität Dresden rechnet 2013 sogar vor, dass Autofahrer in Deutschland jährlich mit 88 Milliarden Euro subventioniert werden. Würden die Folgekosten des Autoverkehrs auf die Verursacher umgelegt, heißt es dort, wäre Autofahren 15 Cent pro Kilometer teurer.

Die Schweiz rechnet der verkehrsbedingten Luftverschmutzung jährlich Gesundheitskosten von 3 590 Millionen sFr, Waldschäden von 1 400 Millionen sFr und Gebäudeschäden von 785 Millionen sFr zu.

Über den Wolken

Das Flugzeug hat, noch vor dem Auto, pro Kilometer und Person den höchsten Energieverbrauch und erzeugt damit den höchsten Schadstoffausstoß. Und in der Summe dürften die 10 Milliarden Passagierkilometer der Inlandsflüge und die 180 Milliarden Kilometer der grenzüberschreitenden Flüge in Deutschland 2013 die Umwelt genauso stark belasten wie der komplette Pkw-Verkehr, hat das Wuppertal Institut für Klima, Umwelt, Energie errechnet. Die extreme Umweltbelastung durch den Flugverkehr wird besonders deutlich, vergleicht man Energieverbrauch und Schadstoffausstoß für eine gleich lang dauernde Reise. Die Entscheidungen für ein Reiseziel und die Wahl des jeweiligen Verkehrsmittels hängen ja eindeutig von der Reisedauer ab. Mit Auto oder Bahn brauchen Sie für eine Strecke von 800 Kilometern rund 10 Stunden. Mit dem Flugzeug schaffen Sie in der gleichen Zeit inklusive Anreise und Transfer zum Hotel circa 3 700 Kilometer. Der Energieverbrauch liegt dann bei einer zehnstündigen Reisezeit pro Person sechsmal so hoch wie bei dem mit drei Personen besetzten Pkw und über zehnmal so hoch wie bei der Bahnreise.

Handlungsmöglichkeiten

Am Energieverbrauch eines Flugzeugs können Sie nicht viel drehen. Sie können nur einsteigen ... oder es lassen. In Ihrem Auto sind Sie aber Kapitän und können den Spritverbrauch, die Umweltbelastung und den Lärm des Wagens ein gutes Stück weit beeinflussen. Die nächsten Kapitel geben Ihnen einige Anregungen dazu. Ausreden, der Weg zur Arbeit erfordere nun einmal diese Anzahl von Fahrten oder jenen Fahrstil, gelten nicht. Über 50 Prozent aller Fahrten finden in der Freizeit statt. Noch etwas Statistik gefällig? Etwa zwei Drittel aller Autofahrten sind kürzer als 10 Kilometer, rund die Hälfte bringt es maximal auf 5 Kilometer und fast jedes dritte Mal wird das Auto für weniger als 3 Kilometer angeworfen. Sage niemand, davon wäre nicht einiges mit dem Rad zu schaffen – billig und gesund.

Im Kapitel 34 streifen wir noch kurz einen besonderen Fall der Mobilität, den Tourismus. Die Alpen als meistbereiste Region der Welt stehen hier stellvertretend für alle vom Tourismus überlasteten Urlaubsziele. In Österreich wird bereits deutlich, dass mehr Verkehr dem Tourismus eher schadet als nützt: Seit Fertigstellung der Autobahn sind die Übernachtungen im Wipptal unter das Niveau von 1960 gesunken. Das wenig verkehrsbelastete Stubaital konnte seine Übernachtungszahlen in demselben Zeitraum vervierfachen.

Initiativen wie Viabono haben sich zum Ziel gesetzt, die Folgen des Tourismus etwas zu mildern, denn Naturgenuss und Urlaubsfreuden müssen entkoppelt werden von Naturverbrauch und Umweltzerstörung.[4] Auf den entsprechenden Internetseiten finden Sie Anregungen für naturnahen und umweltverträglichen Urlaub: von Campingplätzen über Restaurants und Hotels bis hin zu Kurorten und Naturparks oder Biosphärenreservaten. Diese Angebote erfüllen strenge Kriterien bezüglich stressfreier Anreise, attraktiver und intakter Umwelt und Natur, regionaler Küche, Naturmaterialien in Architektur und Zimmerausstattung oder des Umgangs mit Energie und Wasser. Besuchen Sie Viabono doch mal unter www.viabono.de.

26 Benzin, ein ganz besonderer Saft – sparen Sie beim Fahren

Eines der größten Umweltprobleme des Autoverkehrs sind die enormen Mengen an Abgasen, die Klima, Luft und Boden belasten. Rund 20 Prozent des in Deutschland freigesetzten Kohlendioxids stammen aus dem Verkehr, der Großteil von Autos. Es entsteht unweigerlich beim Verbrennen von Kraftstoff in Motoren und kann nicht durch Filter zurückgehalten werden. Sparsamere Motoren allein werden keine nennenswerte Verringerung bewirken, da das erwartete Wachstum des Straßenverkehrs die Verbrauchsminderungen mehr als aufwiegt. Diese Begleiterscheinungen des Kraftstoffs Benzin lassen sich nicht *technisch* lösen. Umso wertvoller ist Ihr Engagement für einen benzinsparenden Fahrstil – Sie können ohne großen Aufwand den Kraftstoffverbrauch um bis zu 25 Prozent senken und den Geldbeutel schonen. Infos finden Sie unter www.sparsprit.info.

---

4   Immer mehr Orte in der Schweiz versuchen, grünen Tourismus anzubieten. Zermatt zum Beispiel ist komplett autofrei.

Wussten Sie schon ...

- Der Autoverkehr verursacht in Deutschland allein durch Luftverschmutzung jedes Jahr Schäden in Höhe von 15 Milliarden Euro. Boden- und Wasserverschmutzung werden mit weiteren 2,7 Milliarden Euro beziffert. Diese Kosten tragen auch die »Autolosen«.

- Aus einem Liter Benzin entstehen bei der Verbrennung 2,3 Kilogramm CO_2, bei Diesel sind es sogar 2,6 Kilogramm. Das CO_2 aus 10 Litern Benzin würden schon einen Ballon mit 3 Metern Durchmesser füllen.

- Ein Mittelklassewagen verbraucht bei 50 Stundenkilometern im zweiten Gang gut 13 Liter auf 100 Kilometer, im fünften nur 5,8 Liter.

- Zwei Drittel aller Autofahrten in Deutschland sind kürzer als 10 Kilometer, etwa die Hälfte kürzer als 5 Kilometer und ein knappes Drittel der Fahrten liegt sogar unter 3 Kilometern. Doch gerade auf Kurzstrecken ist der Spritverbrauch besonders hoch. Die Zahlen für die Schweiz sind nahezu identisch.

- Rund zwei Drittel der Deutschen sind für ein Tempolimit auf den Autobahnen.

- In Österreich hat der Straßenverkehr zwischen 1990 und 2005 den mit Abstand stärksten absoluten und relativen Zuwachs erreicht: 94 Prozent!

- Eine Umfrage von 2007 hat ergeben, dass der Klimawandel mittlerweile auch bei Autofahrern ankommt: 42 Prozent der Befragten lassen aus Sorge um die Umwelt ihren Wagen häufiger in der Garage stehen, 56 Prozent vermeiden unnötige Fahrten.

- Im Februar 2013 präsentierte VW nach einer immer wieder unterbrochenen elfjährigen Planungszeit sein Ein-Liter-Auto, das zunächst nur in Kleinserie gefertigt wird. Kritiker sprechen von Augenwischerei durch rechnerische Tricks und fordern weniger Spritverbrauch bei Massenautos.

■ Da der Normverbrauch von Autos auf Basis einer veralteten, nicht praxisgerechten Richtlinie gemessen wird, liegt der tatsächliche Spritverbrauch etwa 20 Prozent über dem angegebenen Wert. Ein angebliches 5-Liter-Auto verbraucht so in Wirklichkeit rund 6 Liter.

■ ■ ■ TIPPS

Fahren Sie niedertourig. Halten Sie den Motor in einem Drehzahlbereich von maximal 2000 Umdrehungen pro Minute, indem Sie frühzeitig in den nächsthöheren Gang schalten: gleich nach den ersten Metern in den zweiten Gang, bei 25 bis 30 Stundenkilometern in den dritten Gang, bei 35 bis 45 Stundenkilometern in den vierten und bei 50 bis 55 Stundenkilometern in den fünften Gang. Dies rentiert sich für Kleinwagen ebenso wie für Limousinen.

Fahren Sie vorausschauend. Streben Sie einen gleichmäßigen Fahrfluss an, gleiten Sie beispielsweise auf eine rote Ampel im Leerlauf zu.

Verbannen Sie Ballast und Dachaufbauten. Für je 100 Kilogramm »Übergewicht« verbrauchen Sie 0,5 Liter Benzin zusätzlich auf 100 Kilometer. Fest installierte Skiständer machen alle Bemühungen um geringen Luftwiderstand zunichte und steigern den Verbrauch um bis zu 15 Prozent.

Vermeiden Sie möglichst Kurzstrecken. Gleich nach dem Start zieht der Motor umgerechnet 30 bis 40 Liter pro 100 Kilometer, nach dem ersten Kilometer sind es immer noch 20 Liter. Erst nach 4 Kilometern erreicht ein Motor seinen Durchschnittsverbrauch.

Bei Fahrpausen, zum Beispiel an Bahnübergängen, lohnt es sich ab 30 Sekunden Wartezeit, den Motor abzuschalten.

Machen Sie der Maschine das Leben leicht – mit vollsynthetischen Leichtlaufölen. Und: Nicht zu lange warten mit der Wartung! Verklebte Luftfilter, rußige Zündkerzen oder ein Loch im Auspuff treiben den Verbrauch nach oben. Übrigens: Sogenannte Spritsparmittel können Sie getrost vergessen. Der ADAC hat diese Zaubermittelchen mehrfach getestet und stets ihre Wirkungslosigkeit bestätigen können.

Und das kommt dabei raus

Wie viel Sie sparen, hängt natürlich vom Grundverbrauch Ihres Wagens und den jährlich zurückgelegten Kilometern ab. Angenommen Sie fahren, wie der Durchschnitt, rund 15 000 Kilometer im Jahr und Ihr Wagen verbraucht – bei herkömmlichem Fahrverhalten – 8 Liter Diesel auf 100 Kilometern. Dann kostet Sie das bei einem Dieselpreis von 1,45 Euro pro Liter 1 800 Euro (oder knapp 2 200 sFr). Intelligentes Gasgeben bringt bis zu 30 Prozent Einsparung, also bis zu 540 Euro im Jahr (oder circa 659 sFr).

27 Biosprit im Tank – statt Brot auf dem Teller

Die Hoffnung, das Klima durch Biosprit zu retten, ist bei vielen inzwischen wieder gedämpft – nur die Politik will den Irrweg noch nicht eingestehen. Kletternde Ölpreise sowie sinkende Erdöl- und Erdgasreserven haben dem Traum vom grünen Treibstoff gewaltigen Auftrieb verliehen, etwa bei den europäischen Umweltministern, die eine Beimischung von 10 Prozent Agrartreibstoff forderten. Auch der ehemalige deutsche Umweltminister Sigmar Gabriel hatte geplant, den Bioethanol-Anteil im Benzin von 5 auf 10 Prozent zu erhöhen (»E 10«), zog die Pläne jedoch wegen breiter Ablehnung zurück. Rund 3,3 Millionen Importfahrzeuge, vor allem ältere Autos, waren für die höhere Beimischung nicht geeignet, die Besitzer hätten nicht mehr Normal- oder Super-Benzin tanken können, sondern hätten auf teures Super plus umsteigen müssen.

Umweltschützer und Agrarwissenschaftler schlagen längst Alarm: In manchen Fällen muss in der Produktion von Biosprit fast so viel Energie eingesetzt werden, wie am Ende gewonnen wird. Was bleibt noch von der erhofften CO_2-Ersparnis, wenn für den Anbau von Zuckerrohr für Bioethanol der ugandische Regenwald verschwindet? Wie weit ist es mit dem Umweltschutz her, wenn die letzten indonesischen Orang-Utans sterben, weil immer mehr indonesisches Palmöl in unsere Dieseltanks fließt? Indonesien will, gekoppelt an die Politik Europas, die Palmölproduktion bis 2020 auf fast 40 Millionen Tonnen verdoppeln. In Mexiko gab es Massendemonstrationen, weil der Mais statt auf dem Tisch im Benzintank landet – nicht im eigenen, versteht sich. Und Brasilien kennt die katastrophalen Auswirkungen der Produktion von Bioethanol auf die Ernährungslage der Millionen Armen des Landes schon lange. Dort wurden zwischen 1985 und 1996 rund 5,3 Millionen Menschen von ihrem Land vertrieben, weil Großunternehmen für das lukrative Geschäft mit den Biobrennstoffen gigantische Anbauflächen vereinnahmen wollten. Landkonzentration und Monokulturen werden so vorangetrieben, Urwaldflächen unwiederbringlich zerstört. Auf mittlerweile 8 000 Quadratkilometern wird in Brasilien Zuckerrohr angebaut. Über 300 000 Menschen schuften in den Plantagen gegen miserable Bezahlung, schlechtes Essen und lausige Unterkünfte. Die katholische Kirche in Brasilien bezeichnet es als »Sklavenarbeit«.

Ungeklärt ist auch, woher das Wasser für die Produktion kommen soll. Klar ist hingegen, dass in erster Linie die arme Bevölkerung der Produktionsländer unter dem Wassermangel zu leiden hätte. Der derzeitige jährliche Wasserbedarf für die Produktion von Bioethanol beträgt 11 000 Kubikkilometer. Wenn große »Energieschlucker« wie die USA und die EU-Länder an ihren Ausbauplänen für mehr Ethanol und andere Biotreibstoffe festhalten, wird sich der Wasserverbrauch bis 2045 verdoppeln. Pikanterweise stehen aus den Seen und Flüssen dieses Planeten pro Jahr nur 14 000 Kubikkilometer Wasser zur Verfügung.

Wussten Sie schon ...

- Für die Produktion von einem Liter Ethanol braucht man bis zu 4 500 Liter Wasser.
- Selbst wenn die USA ihre gesamte Mais- und Sojaernte zu Agrarsprit verarbeiteten, könnten sie damit lediglich 12 Prozent des nationalen Benzin- und 6 Prozent des Dieselverbrauchs decken.
- Man müsste ganz Australien zum Anpflanzen nutzen, wollte man Öl ganz durch Biotreibstoff ersetzen.
- Für die Herstellung von 95 Litern Ethanol werden 200 Kilo Mais benötigt – genug, um einen Menschen ein Jahr lang zu ernähren.
- In Mexiko verdoppelten sich 2006 die Preise für das Grundnahrungsmittel Tortilla durch die starke Ethanol-Nachfrage aus den Vereinigten Staaten.
- Agrartreibstoffe rechnen sich schon aus volkswirtschaftlichen Gesichtspunkten nicht, wenn man bedenkt, dass allein die US-Steuerzahler den Agrosprit-Boom mit jährlich rund 5,5 bis 7,3 Milliarden US-Dollar subventionieren.
- Auch die als besonders ökologisch propagierte zweite Generation von Agrartreibstoffen aus den Pflanzenresten der landwirtschaftlichen Produktion ist problematisch. Sie führt zu stärkerer Bodenerosion und Verarmung der Böden, da die organischen Reststoffe zur Regeneration fehlen.

- Eine Forschergruppe um den Chemie-Nobelpreisträger Paul Crutzen hat eine Studie vorgelegt, wonach Biosprit klimaschädlicher ist als fossile Energie. Dem schloss sich 2012 Hartmut Michel an, ebenfalls Chemie-Nobelpreisträger, und die Nationalakademie Leopoldina kam zu einem genauso vernichtenden Urteil.
- Die europäischen Autohersteller haben das Ziel ihrer Selbstverpflichtung, die CO_2-Emissionen neuer Pkw bis 2008 im Durchschnitt auf 140 g/km zu beschränken, weitestgehend verfehlt – allen voran die deutschen Autobauer.

▮ ▮ ▮ TIPPS

Wo liegen die Alternativen? Sicherlich lässt sich die Umweltbilanz der Argarspritproduktion noch optimieren, auch in Bezug auf die dramatische Ernährungssituation. Doch eins ist klar: So weiterfahren wie bisher geht nicht. In keinem Fall. Auch wenn es kaum vorstellbar scheint, langfristig wird der Verbrennungsmotor als Herz der individuellen Fortbewegung verschwinden. Doch bis es wirtschaftliche Alternativen durch nachhaltig produzierten Strom gibt und Autofahrten sich nicht vermeiden lassen, gilt es, jeglichen Treibstoffverbrauch zu senken.

Die Höhe von Verbrauch und CO_2-Ausstoß der verschiedenen Modelle verrät ein Leitfaden der Deutschen Automobil Treuhand, zu beziehen unter www.dat.de/leitfaden/LeitfadenCO2.pdf. Spitzenreiter in Sachen Sparsamkeit und Umweltfreundlichkeit auf der Auto-Umweltliste des Verkehrsclub Deutschland (VCD) sind der ergasbetriebene VW Eco up! und die Hybrid-Fahrzeuge Lexus CT 200h und Toyota Prius – dank eines kombinierten Benzin-Elektromotors.

Leichtigkeit ist das Geheimnis eines sparsamen Autos, so auch der Gedanke hinter den folgenden zwei Modellen. Indes, der Loremo LS ging nie an den Start und vom Volkswagen XL1 werden 2013 etwa 50 Stück gebaut. Generell sollten Sie beim Autokauf allein schon wegen der Preise an den Zapfsäulen Gewicht und Spritverbrauch berücksichtigen.

Für Erdgasautos sprechen niedrigere Kraftstoffkosten, ein gesenkter Steuersatz und eine günstigere Umweltbilanz. Rund 100 000 Erdgasautos waren im Jahr 2012 auf deutschen Straßen unterwegs. Das sind zwar fast doppelt so viele wie fünf Jahre zuvor, allerdings: In Italien sind es 800 000. Die Zahl der Tankstellen stieg in Deutschland bislang auf über 900.

Und das kommt dabei raus

Biosprit ist keine wirkliche ökologische Alternative zu normalem Sprit. Laut Greenpeace ergibt ein Hektar Ackerland mit Getreide 1 150 Liter Diesel, mit denen ein Pkw etwa 14 250 Kilometer fahren kann, oder Nahrungsmittel für 28 Menschen. Bio-Treibstoff zu fahren bedeutet also, der Nahrungsmittelproduktion Boden zu entziehen.

Wenn Sie Biokraftstoffe tanken, zahlen Sie (Stand 2013) dank Subventionen für Autogas rund 75 Cent pro Kilo, für »E 85«, eine Mischung aus Bio-Ethanol und Benzin, knapp 1 Euro pro Liter und für Biodiesel etwa 1,37 Euro pro Liter.

28 Gib Gummi – Flüsterreifen nehmen dem Motor Arbeit ab

Als die Ingenieure es geschafft hatten, leise Automotoren zu entwickeln, trat eine andere große Lärmquelle des Autos überdeutlich hervor – die Reifen. Aber die Reifenentwickler haben nachgezogen und Profile geschaffen, die deutlich geräuschärmer die Straßen massieren. Erfreulicher Nebeneffekt: Die leisen Gummis rollen leichter und helfen dadurch, den Benzinverbrauch zu senken. Diese Flüsterreifen werden daher auch Leichtlauf- oder Energy-Reifen genannt. Ein guter Flüsterreifen kann den Fahrlärm um 4 Dezibel halbieren und den Rollwiderstand bis zu 30 Prozent verringern. Letzteres bedeutet, dass mit der richtigen Bereifung 5, unter günstigen Bedingungen sogar 8 Prozent Benzinersparnis möglich sind. Zu erkennen sind Flüsterreifen im zugehörigen Datenblatt am *Rollwiderstandsbeiwert* cR, dem Gegenstück zum besser bekannten cW-Wert, der den Luftwiderstand angibt und allen Autos die Eiform diktiert. Mit einem »Blauen Engel« dürfen Hersteller Sommerreifen bis 1,10 cR (%) und Winterreifen bis 1,20 cR (%) schmücken. Die Reifen dürfen den Geräuschgrenzwert von 72 Dezibel nicht überschreiten, die EU plant eine Herabsetzung des Grenzwerts. Glücklicherweise stehen nach viel Entwicklungsarbeit inzwischen auch leise und sparsame Winterreifen zur Auswahl. In jedem Fall halten Flüsterreifen alle gewohnten Sicherheitsstandards ein. Sie sind keine Randerscheinung, sondern die besseren Produkte!

Wussten Sie schon ...

- Schon ab etwa 35 bis 40 Stundenkilometern (im vierten Gang) übertönen die Geräusche der Reifen und des Straßenbelags den Motor eines Pkw.
- Bei Tempo 20 macht der Rollwiderstand 100 Prozent des Gesamtwiderstandes eines Autos aus, bei 50 Stundenkilometern sind es 75 Prozent und bei 120 Stundenkilometern immerhin noch über 30 Prozent.
- Rund ein Drittel der marktüblichen Reifen erfüllt die Voraussetzungen eines Flüsterreifens und könnte einen Blauen Engel bekommen.

- Würden alle Neufahrzeuge mit Leichtlaufreifen ausgestattet, ginge der verkehrsbedingte CO_2-Ausstoß deutschlandweit um circa 10 Millionen Tonnen zurück.

- Ein bekannter, sparsamer Kleinwagen kommt nur dank der vorgeschriebenen Leichtlaufreifen auf einen Verbrauch von 2,99 Liter pro 100 Kilometer. Mit herkömmlichen Reifen stiegen Verbrauch sowie CO_2-Emission und brächten den Wagen um seine Steuervergünstigung.

- Durch den Abrieb von Autoreifen bleiben nicht nur Gummi und Ruß auf den Straßen zurück, es gelangen auch jedes Jahr 2 000 Tonnen Zink und über 900 Tonnen Kupfer in die Umwelt. Beide Metalle werden zur Reifenherstellung benötigt.

- Ein Auto mit herkömmlichen Reifen macht so viel Lärm wie zwei Autos mit Flüsterreifen.

- Nach Umfragen geht Verkehrslärm 60 Prozent der Deutschen auf die Nerven.

■ ■ ■ TIPPS

Seit dem 1. November 2012 zeigt ein neues Label, das ähnlich den Energieeffizienzangaben bei weißer Ware aufgebaut ist, Kraftstoffverbrauch, Lärmentwicklung und Bodenhaftung von Pkw-Reifen an. Es wird Ihnen bei der Suche nach den bestmöglichen Reifen für Ihr Fahrzeug helfen. Innerhalb der Kategorie Flüsterreifen gibt es noch deutliche Unterschiede, die bis zu einem Viertel Liter Benzinverbrauch auf 100 Kilometern ausmachen. Lassen Sie sich beim Neukauf den cR-Wert zeigen. Sehr gute Werte für Winterreifen betragen 1,07 cR (%), Sommerreifen können sogar 0,98 cR (%) erreichen.

Natürlich gilt wie bei herkömmlichen Reifen auch bei Flüsterreifen: immer gut aufpumpen, als Faustregel bis zum maximalen Druck, der für den beladenen Wagen empfohlen ist. Und: Die

Nachfrage nach den neuen Reifen steigt, oft sind sie über Wochen ausverkauft. Bestellen Sie frühzeitig!

Und das kommt dabei raus

Da der Beitrag der Reifen zum gesamten Fahrwiderstand mit der Geschwindigkeit abnimmt, sparen Sie mit Flüsterreifen bei niedrigem Tempo mehr Sprit als bei höherem: bis 8 Prozent im Stadtverkehr, etwa 5 Prozent auf der Landstraße und noch etwa 3 Prozent auf der Autobahn. Bei einer Fahrleistung von rund 15 000 Kilometern im Jahr und einem Verbrauch von 8 Litern pro 100 Kilometer können Sie allein mit Flüsterreifen Ihre jährlichen Benzinkosten um 70 bis 100 Euro drücken (oder circa 85 bis 122 sFr). Leichtlaufreifen liegen im normalen Preisbereich, meist sind sie nicht teurer als herkömmliche Reifen. Je nach Maß bekommen Sie die günstigsten ab 40 bis 55 Euro (oder circa 49 bis 67 sFr). Die besten Reifen sind teurer, der Umkehrschluss gilt jedoch nicht immer: Tests zeigten, dass der Preis hier nicht zuverlässig auf die Qualität schließen lässt.

29 Ganz schön uncool – Klimaanlagen heizen die Atmosphäre auf

Wenn die Sonne ins Auto sticht, geht der Griff schnell zur Klimaanlage. Sie sorgt in einem Drittel aller zugelassenen Pkw für Linderung, bei den Erstzulassungen deutscher Marken ist sie mit rund 90 Prozent sozusagen Standard. Die angenehme Kühle gibt es aber nicht umsonst. Um die Hitze nach draußen zu pumpen – nichts anderes nämlich tut eine Klimaanlage –, braucht sie Energie, und die kommt letztlich immer aus dem Benzintank. Auch andere Extras mit Energiebedarf schlucken natürlich zusätzlich Sprit, etwa elektrische Fensterheber, motorgesteuerte Sitzeinsteller oder Sitzheizung. Doch eine Klimaanlage greift nicht nur besonders tief in den Tank – bis zu 20 Prozent kann sie den Verbrauch steigen lassen –, sie auch hat noch einen klimaschädigenden Nebeneffekt: Selbst aus den besten Aggregaten entweicht Kältemittel. Und diese Substanz namens R 134a wirkt dann als Treibhausgas 1 300-mal so stark wie CO_2. Zu den Leckverlusten kommen Ausdünstungen bei der Entsorgung oder Verschrottung. Pkw-Klimaanlagen fördern also direkt durch die Kältemittelverluste und indirekt durch höheren Kraftstoffverbrauch den Treibhauseffekt – und zunehmende Klimaextreme sind uns gewiss.

Wussten Sie schon ...

- Klimaanlagen fordern durchschnittlich 0,8 Liter Benzin auf 100 Kilometer beziehungsweise bis 0,7 Liter pro Stunde.

- Aus jeder Pkw-Klimaanlage entweichen im Durchschnitt etwa 8 Prozent des Kältemittels pro Jahr in die Atmosphäre – meist über konstruktions- und altersbedingte Lecks. So kommt für das Klima eine Belastung zusammen, die dem Gegenwert von 1,3 Millionen Tonnen Kohlendioxid entspricht.

- Dies bedeutet: Die Klimaschädigung durch Kühlanlagen frisst einen Großteil der Klimaentlastung durch den allgemein gesunkenen Benzinverbrauch wieder auf.

- Das Kältemittel R 134a wurde eingeführt, weil der Vorläufer R 12 als Ozonkiller verboten werden musste.

- Klimaanlagen können die Gesundheit beeinträchtigen, warnt der Auto Club Europa (ACE). Die großen Temperaturunterschiede beim Verlassen oder Betreten des Wagens können zu Erkältungen führen.

- Selbst bei Kältemittelaustritten bis zu 40 Prozent gelten Klimaanlagen noch als funktionstüchtig.

▮ ▮ ▮ TIPPS

Überlegen Sie, ob es unbedingt ein Auto mit Klimaanlage sein muss, denn auch ohne kann man beim Fahren kühlen Kopf behalten. Hell lackierte Autos heizen sich weniger auf als dunkle Fahrzeuge. Hitze werden Sie sehr effektiv über ein Schiebedach los oder durch gutes Durchlüften des Wagens vor dem Fahren. Achten Sie beim Kauf auch auf die Fenster des Wagens. Eine stark geneigte Frontscheibe macht den Wagen zwar windschnittig, lässt aber auch viel mehr Sonne in die Kabine – die dringend nötige Klimatisierung wiegt den guten cW-Wert wieder auf.

Wenn Sie vor einem Neukauf stehen, fragen Sie ausdrücklich nach dem Extraverbrauch einer Klimaanlage oder anderer Sonderausstattungen. Hersteller müssen nur den Verbrauch der Basisversion angeben!

Ist Ihr Wagen bereits mit Klimaanlage ausgerüstet, stellen Sie die Temperatur nicht kälter als nötig. Die optimale Regelung erreichen Sie mit einer Klimaautomatik (Climatronik). Lassen Sie vor allem die Klimatechnik Ihres Wagens regelmäßig warten. Das verhindert zwar nicht, dass Kühlmittel ausströmt, jedoch dass der Energiebedarf schleichend zunimmt.

Und das kommt dabei raus

Theoretisch würde Sie eine Klimaanlage, die das ganze Jahr läuft, bei einer Fahrleistung von 15 000 Kilometern rund 180 Euro kosten. Ohne Klimaanlage entfallen natürlich alle Kosten. Klimaanlagenbenutzer sollten stets bedenken: Je seltener Sie die Anlage benutzen und je niedriger Sie sie einstellen, umso weniger Benzin müssen Sie zusätzlich tanken. Noch ein Blick in die Zukunft: Im Rahmen der politischen Debatte um den Treibhauseffekt ist zu erwarten, dass die Klimaschädigung durch Kühlaggregate bei der Besteuerung nicht mehr lange unberücksichtigt bleibt …

30 Eins für alle – Auto fahren statt Auto besitzen

Bei allem Lamento über die stetig wachsenden Benzinpreise: Das eigentlich teure am Autofahren ist doch das Autobesitzen. Nur 28 Prozent der Pkw-Kosten entstehen beim Tanken, der große Rest kommt durch Wertverlust, Reparaturen, Versicherung und Steuern zusammen. Das sind hohe Fixkosten dafür, dass der Wagen die meiste Zeit doch nur steht. Eine mögliche Antwort auf dieses Missverhältnis heißt Carsharing: Hier zahlen Sie nach einem Zeit- und einem Kilometertarif fürs Auto nur, wenn Sie auch fahren. Das Öko-Institut Freiburg hat errechnet, dass deutschlandweit rund zwei Millionen Menschen als Kunden in Frage kommen, über 220 000 machen bereits mit. In Österreich nutzen rund 20 000 Menschen Carsharing. Sie können auf eine breite Palette vom Smart bis zum Transporter zugreifen. Und zwar oft auf dem neuesten Stand, denn aufgrund ihrer hohen Auslastung werden Carsharing-Mobile schneller ersetzt. 2012 standen bereits in über 300 Orten – mittlerweile sind fast alle Städte mit über 100 000 Einwohnern abgedeckt – 5 600 Autos bereit, Tendenz steigend, und in dutzenden Städten arbeiten Carsharing-Anbieter und ÖPNV-Betreiber zusammen, oft mit gegenseitigen Vergünstigungen. Die Deutsche Bahn hat sich 2001 ins Carsharing eingeklinkt, zwei Jahre darauf als erster Global Player auch der Ölriese Shell. Heute gilt ZipCar als weltweit größter Anbieter.

Die Autokonzerne springen ebenfalls auf und präsentieren sich als Vorreiter des »Autoverzichts«. Das *Handelsblatt* spricht bereits von einem Carsharing-Krieg zwischen Daimler und BMW, die sich in deutschen Großstädten mit einem für Smartphone-Besitzer unkomplizierten Konzept die Spontanfahrer abjagen.

Eine weitere gute Therapie gegen Flaute im Geldbeutel und den Verkehrsinfarkt auf den Straßen sind Fahrgemeinschaften. Rund 40 Prozent aller Pendler sind inzwischen länger als eine halbe Stunde unterwegs. Allein in Nordrhein-Westfalen pendeln täglich über etwa vier Millionen Menschen zur Arbeit – gegenüber 1987 ein Zuwachs von mehr als 40 Prozent –, von denen sich viele gemeinsam auf den Weg machen könnten. Mithilfe internetbasierter Vermittlungsbörsen (siehe unten) geht das leichter denn je. Bei den Neuanmeldungen gibt es Steigerungsraten von 40 Prozent, die Mitfahrzentrale meldet bis zu 14 000 Registrierungen pro Monat.

Noch einen Schritt weiter geht man mit der Vermietung des eigenen Pkw. Statt vor der Tür zu stehen, bringt er Geld in die Familienkasse und hält zugleich die Spargroschen des Nachbarn zusammen, der auf ein eigenes Auto verzichten kann. Bundesumweltminister Altmaier verlieh 2012 an das Internetportal www.nachbarschaftsauto.de eine von 14 Ecodesign-Auszeichnungen.

Wussten Sie schon …

- Die durchschnittliche Auslastung eines Autos beträgt weniger als eine Stunde pro Tag. Damit wird ein Pkw nur rund 5 Prozent seiner Lebenszeit wirklich gefahren. Die Anzahl der Insassen pro Wagen beträgt im Schnitt 1,39 Personen, bei Berufspendlern gar nur 1,04.
- Ein CarSharing-Mobil ersetzt sechs bis zehn Autos. Laut Münchner Verkehrs- und Tarifverbund werden für ein CarSharing-Auto im Schnitt fünf Privatautos abgeschafft und der geplante Neukauf von fünf weiteren aufgegeben.
- Die deutsche CarSharing-Flotte spart über 215 Millionen Autokilometer und 55 000 Tonnen CO_2.

- Ein Schweizer, der Carsharing nutzt, setzt 290 Kilogramm CO_2 weniger frei.
- Rund ein Fünftel aller Wege in Deutschland wird bereits in Fahrgemeinschaften zurückgelegt, dem Verkehrsträger mit dem stärksten Zuwachs der letzten zwanzig Jahre.
- Fahrgemeinschaften sind pünktlicher und bauen deutlich weniger Unfälle als Einzelpersonen.

▮ ▮ ▮ TIPPS

Laut Berechnungen der Anbieter lohnt sich Carsharing bei einem jährlichen Fahrbedarf bis zu 10 000 Kilometern, sofern man nicht täglich auf das Auto angewiesen ist. Ab 12 000 Kilometern kommt der Autobesitz wahrscheinlich günstiger. Wenn Sie ein Auto am Ziel (Arbeitsplatz) stundenlang ungenutzt stehen lassen, ist eine Fahrgemeinschaft die bessere Idee.

Gerade für Unternehmen, Vereine oder Ähnliches kommt Carsharing billiger als ein eigener Fuhrpark. Im Bundesverband Carsharing (bcs) sind die meisten Anbieter vertreten, sie helfen Ihnen beim Kostenvergleich entsprechend Ihrer individuellen Situation weiter (www.carsharing.de).

Für das private Autoteilen hat der Verkehrsclub Deutschland (VCD) einen Nachbarschaftsauto-Mustervertrag entwickelt. Näheres dazu erfahren Sie unter www.vcd.org oder bei den örtlichen oder regionalen VCD-Geschäftsstellen (in Österreich VCÖ, in der Schweiz VCS).

Fahrgemeinschaften sollten Sie mit mehr als zwei Teilnehmern organisieren, so lassen sich Ausfälle besser ausgleichen. Die Vollkosten für alle Teilnehmer errechnen sich aus Jahresnebenkosten pro Kilometer (jährliche Fixkosten durch Fahrleistung) plus Benzinkosten pro Kilometer mal gemeinsam gefahrenen Kilometern durch Personen je Pkw.

Und das kommt dabei raus

Carsharing-Nutzer, die häufig mit dem Auto unterwegs sind, zahlen inklusive ÖPNV-Monatskarte rund 200 Euro (knapp 250 sFr) pro Monat – die Hälfte der Mobilitätskosten, die ein eigenes kleineres Auto mit sich bringen würde. Durch Carsharing ließen sich also bis zu 2 400 Euro (oder circa 2 930 sFr) im Jahr sparen. Dies gilt auch für einen Zweitwagen, der durch Carsharing überflüssig wird.

Für die Kostenberechnung in einer Fahrgemeinschaft bilden circa 25 Cent pro Kilometer einen guten Richtwert. Teilen sich drei Pendler eine 60 Kilometer weite Fahrt, schlägt diese für jeden mit 4 bis 5 Euro zu Buche (circa 5 bis 6 sFr) – billiger geht's eigentlich nicht.

31 Das Rad neu (er)finden – gut für Klima und Kreislauf

Wann haben Sie zum letzten Mal auf Ihrem Fahrrad gesessen? Gerade in Städten mit hohem Kurzstreckenanteil ließe sich rund ein Drittel der Pkw-Fahrten auf das Rad verlagern. Das sind keine Hirngespinste, wie Amsterdam, Delft oder Münster zeigen, wo ein Drittel aller Wege per Rad zurückgelegt werden. Die Chancen des Radverkehrs hängen allerdings stark vom Engagement der Gemeinden ab: Etliche konnten durch gezielte Förderung bereits über ein Fünftel des Verkehrs aufs Fahrrad bringen, in anderen hat sich gar nichts getan. Die deutsche Regierung hat daher den »Nationalen Radverkehrsplan« gestartet, um den Radlern den Weg zu ebnen – unter anderem durch eine bessere Verknüpfung mit ÖPNV und Bahnen.

Wenn Sie aufs Velo steigen, tun Sie vor allem sich selbst viel Gutes. Mehrere Fahrten pro Woche verlängern Ihre Lebenserwartung, denn das Schlagvolumen des Herzens erhöht sich und der Blutdruck sinkt. So mindern Sie das Herzinfarktrisiko um die Hälfte. Die Gefäße bleiben flexibler und verkalken nicht so leicht. Fahrten von einer Stunde und mehr werfen die Fettverbrennung an, die Blutfettwerte sinken, und mit richtigem Ausdauertraining können Sie Ihre Sauerstoffaufnahmefähigkeit um 20 Prozent verbessern. Die zyklischen Bewegungen beim Fahren optimieren die Ernährung des Knorpels, eine hervorragende Arthroseprävention. Schließlich stärkt Radeln noch den Rücken, besonders im Lendenwirbelbereich und der kleinen Rückenmuskulatur – Stellen, die nur wenige Gymnastikübungen erreichen.

Wussten Sie schon ...

- In Ballungsräumen ist die Hälfte aller Pkw-Fahrten kürzer als 5 Kilometer, kürzer als 10 Kilometer sind sogar 80 Prozent aller Fahrten!
- Untersuchungen beweisen: Im innerstädtischen Bereich sind Sie auf Strecken bis etwa 5 Kilometern mit dem Rad schneller als mit jedem anderen Verkehrsmittel.
- Selbst auf Hauptverkehrsstraßen leiden Radler wegen der besseren Luftzirkulation unter wesentlich geringerer Abgasbelastung als Pkw-Insassen bei geschlossenen Fenstern.
- Beim Radeln verbrauchen Sie 4 bis 5 Kalorien in der Minute. Die körperliche Bewegung setzt Endorphine frei und die Stimmung steigt.
- Die Österreicher sind im Schnitt 127 Kilometer pro Jahr mit dem Fahrrad unterwegs, die Schweizer 270 Kilometer, die Deutschen gut 290 und die Niederländer sogar 841 Kilometer.

■ Der Fahrradtourismus boomt, er macht einen jährlichen Umsatz von rund 5 Milliarden Euro. Er bietet vor allem ländlichen Räumen Chancen, vorrangig kleinen und mittleren Unternehmen.

▮ ▮ ▮ TIPPS

Ermüdungsfreies Fahren ist eine Frage der »richtigen Einstellung«: Die Rahmenhöhe muss zur Körpergröße passen. Stramm aufgepumpte Reifen rollen leichter als schlaffe.

Fahren Sie mit weniger Kraft und dafür hoher Tretfrequenz. Die meisten Stürze ereignen sich, wenn man geistig ermüdet oder unkonzentriert ist. Ausdauernd fahren Sie bei 80 bis 100 Umdrehungen pro Minute. Wenn Sie sich beim Treten noch gut unterhalten können, ist auch die Sauerstoffversorgung des Herzens gewährleistet. Sobald es in den Beinen zieht: herunterschalten!

Optimal ist eine Belastungsdauer von einer halben bis zu einer Stunde – am besten täglich. Prüfen Sie Ihren Weg zur Arbeit mal auf Fahrradtauglichkeit, gegebenenfalls über radlerfreundliche Nebenstraßen oder Grünanlagen. In einer halben Stunde schaffen Sie bequem eine Strecke von 10 Kilometern.

Vorsicht beim Fahrradkauf von Billigprodukten aus Lebensmitteldiscountern und Baumarktketten! Räder für 99 Euro oder noch weniger sind in den meisten Fällen schwer, Kette und Schaltwerk arbeiten oft nicht richtig zusammen und Tests deckten in einigen Fällen gravierende Sicherheitsmängel auf. Ein vernünftiges Rad ohne überflüssige Extras bekommen Sie für etwa 400 Euro.

Manchmal braucht man auch einen langen Atem, wenn man Druck für bessere Radbedingungen machen will. Wenden Sie sich an den Allgemeinen Deutschen Fahrrad Club (ADFC), er wird sie dabei unterstützen.

Und das kommt dabei raus

Überlegen Sie, wie oft Sie eine kurze Strecke mit dem Rad statt dem Auto fahren könnten. Täglich? Jede Kurzstrecke kostet Sie im Auto etwa 70 Cent (oder circa 0,85 sFr), mit den öffentlichen Verkehrsmitteln ist es noch deutlich teurer. Bei nur zweimal »Umsteigen« pro Woche kommen in einem Jahr schon 100 Euro zusammen (oder circa 122 sFr). Jedes Mal, wenn Sie Ihr Auto stehen lassen, sparen Sie außerdem: Schwefeldioxid, das zu Atemproblemen und Bronchitis führt; Stickoxidbelastungen, die die Lungenfunktion beeinträchtigen; Ozonbelastungen, die Kopfschmerzen und Asthma verursachen; Kohlenwasserstoffe, die krebserregend wirken; sowie Kohlenmonoxid, das Wahrnehmung, Denkvermögen und Reflexe beeinträchtigt.

32 Über den Wolken – wirken Klimagifte am stärksten

Ein Wochenende im Schrebergarten? Langweilig! Oder Wandern? Bloß nicht! Ein Shopping-Trip nach London? Ja, das lässt sich hören! Und so wächst – mit jährlich 5 Prozent – der Flugverkehr schneller als alle anderen Verkehrsbereiche, nicht zuletzt wegen der zahlreichen Anbieter von Billigflügen. Bei dieser Geschwindigkeit wird er sich jede Dekade mehr als verdoppeln. Nach neuesten Berechnungen ist er schon heute für 9 Prozent des Treibhauseffekts verantwortlich und war damit bereits im Jahr 2000 so klimaschädlich, wie es etwas ältere Schätzungen erst für 2020 erwartet hatten. In wenigen Jahren wird er den weltweiten Autoverkehr als Klimakiller Nummer 1 ablösen. Dies liegt am besonderen Wirkungsort der Flugzeuge: In 9 000 bis

12 000 Kilometern Höhe injizieren sie ihre Abgase in den emp-findlichsten Bereich des Klimageschehens. Vor allem die hohen Schleierwolken, Zirruswolken genannt, die sich aus Eis an den Partikeln des verbrannten Kerosins bilden, behindern stark die Wärmeabstrahlung der Erde und verschärfen die Klimawirkung des Fliegens. Überdies zerstören die Stickoxide der Jets das schützende, stratosphärische Ozon. In der Summe erwärmt ein Flugzeug je Liter Treibstoff die Erdatmosphäre fast viermal so stark wie ein Auto.

Ausgerechnet das Verkehrsmittel mit der höchsten Umwelt- und Lärmbelastung wird am stärksten subventioniert: über di-rekte Beihilfen der Länder sowie die Befreiung von der Kerosin-steuer generell und der Mehrwertsteuer auf internationale Flüge. Manchen Flughäfen bleiben Korperschafts- und Grund-steuern jahrelang erspart. Die Anbindung an das Schienen- und Straßennetz darf trotzdem die öffentliche Hand übernehmen. Es besteht Hoffnung, dass sich hier etwas ändert: Seit 2011 er-hebt Deutschland eine Luftverkehrsabgabe, die den Bundes-haushalt schon im ersten Jahr um 1 Milliarde Euro entlastete. Auch eine Besteuerung von Flugbenzin wird nicht mehr nur von Umweltexperten gefordert. Schon 2005 hat die EU sie ihren Mit-gliedstaaten eröffnet, eingeführt haben sie bislang die Nieder-lande und Norwegen. Deutschland würde sie jährlich rund 7 Milliarden Euro bringen.

Wussten Sie schon ...

- Ein einzelner Passagier erwärmt mit einem Flug von Frank-furt nach Los Angeles und zurück das Klima so stark wie durch fünf Jahre Autofahren.
- Im Jahr 2000 machte der Flugverkehr in der Schweiz bereits 13 Prozent der gesamten CO_2-Emissionen aus, 2020 werden es voraussichtlich schon 33 Prozent sein.

- Die Hälfte aller geflogenen Kilometer dient dem Tourismus, er verursacht zwei Drittel des Flugzuwachses. Kurzurlaube nehmen dabei überproportional zu.
- Weltweit schluckt der Flugverkehr pro Jahr etwa 230 Milliarden Liter Treibstoff und damit 6 Prozent des Weltölmarkts – auch wenn die Flugzeuge heute 30 Prozent weniger Kerosin benötigen als noch 1991.
- In 20 Jahren erwartet die Luftfahrtbranche doppelt so viele Verkehrsflugzeuge wie heute.
- Nur 6,5 Prozent der Weltbevölkerung nehmen am Flugverkehr Teil, ein Drittel der deutschen Bundesbürger ist noch nie geflogen.
- Auf 1000 Kilometern stößt ein Flugzeug 820 Gramm Stickstoff aus, die Bahn nur 62 Gramm.

▮ ▮ ▮ TIPPS

Bringen Sie die Größe und Gelassenheit auf, den Lockangeboten billiger Kurzstreckenflüge zu widerstehen? Nein? Da sind Sie nicht allein. Viel wäre aber schon gewonnen, wenn Sie nach Möglichkeit erst ab 700 Kilometern Strecke ins Flugzeug steigen. Auf Strecken bis 400 Kilometer verbraucht das Flugzeug pro Person rund fünf- bis sechsmal so viel Energie wie die Bahn, bis 600 Kilometer ist es noch das Dreifache. Das günstigste Verhältnis zwischen Flugleistung und Umweltbelastung haben Flüge von etwa 5000 bis 10000 Kilometern, darunter und darüber wird es schlechter.

Mehrere Organisationen wie Atmosfair oder MyClimate bieten an, gegen eine Spende die Klimawirkung Ihres Fluges zu neutralisieren. Auf Grundlage der Kosten, eine Tonne Kohlendioxid »auszugleichen«, schlagen sie Ihnen eine Spendensumme vor, die Ihrem Flug entspricht. Das Geld kommt Aufforstungen oder energiesparenden Technologien zugute. Reisenden empfiehlt sich die Website www.atmosfair.de (alternativ www.myc-limate.org), die auch vom deutschen Bundesumweltministe-rium unterstützt wird. Hier gibt der Ausgleichsrechner für eine Reise nach Teneriffa einen freiwilligen Beitrag von ungefähr 40 Euro an (rund 50 sFr), für einen Flug Wien–New York wären es 105 Euro (rund 128 sFr). Damit kaufen Sie aber keinen Frei-brief, sondern finanzieren Schadensbegrenzung!

Und das kommt dabei raus
Die Hoffnung, mit dem Flugzeug viel Zeit zu sparen, kann sich gerade auf Kurzstrecken als Illusion herausstellen. Gegen die zu-gehörigen Dumpingpreise allerdings wird die Bahn nicht an-kommen, solange sie Mineralöl- und Ökosteuer zahlen muss und Flugbetreiber Förderungen erhalten. Über diesen unfairen Wettbewerb beschwert sich die EU-Kommission indes schon seit längerem, und unter dem Druck leerer Staatskassen könnten die Zeiten massiver Preisvorteile beim Flugticket ihrem Ende entge-gengehen. Bis dahin dürfen Sie Mehrausgaben für andere Ver-kehrsmittel als eine Investition in besseres Klima ansehen.

33 Auf den Bergen wohnt die Freiheit – nur noch selten

Die Alpen gehören zu den anfälligsten und zugleich höchst be-anspruchten Ökosystemen der Erde. Besonders setzt ihnen der alljährliche Skizirkus zu. Auch wenn das Wintergeschäft stag-niert, die Ausbauaktivitäten gehen weiter, zum Beispiel um bis-lang unberührte Täler zu erschließen. Dabei leiden die Hänge enorm unter dem Planieren der Pisten. Es verdichtet den Boden, zerstört die Humusschicht und letztlich die Vegetationsdecke. Erosion und Schlammlawinen sind die Folge.

Weil nur Skigebiete, die mindestens 100 Tage im Jahr geöffnet haben, wirtschaftlich überleben können, hat im Zuge der globalen Erwärmung ein Wettrüsten der Schneekanonen eingesetzt. Um sie zu versorgen, werden oft Bäche umgelenkt, und wo Kunstschnee aus relativ reichhaltigem Leitungswasser erzeugt wird, verändert er die Vegetation der ursprünglich mageren Standorte. Mit den typischen Pflanzen verschwinden spezialisierte Schmetterlinge oder Blattkäfer, und auch Vögel wie den Bergpieper oder die Alpenbraunelle wird man nahe alpiner Skigebiete vergeblich suchen.

Trendsportarten wie Snowboarden oder Mountainbiking verschärfen die Situation, wenn sie abseits freigegebener Wege die Rückzugsgebiete der Wildtiere stören. Lebensraumverlust gefährdet die letzten Bestände von Birk-, Auer-, Schnee- und Haselhuhn mehr als alles andere.

Wussten Sie schon ...

- Ein Gutteil des weltweiten Tourismus konzentriert sich auf die Alpen. Das heißt: jährlich rund 500 Millionen Übernachtungen, 20 Millionen Skifahrer auf 18 000 Pisten.
- Mehr als eine Million Quellen entspringen in den Alpen: Sie sind das »Wasserschloss Europas«.
- Steigt die globale Temperatur bis 2030 wie prognostiziert um durchschnittlich 2,5 °C, wird unterhalb von 1 500 Metern kein Schnee mehr liegen.
- Schneekanonen brauchen 13 000 Kilowattstunden Strom und 2 000 Kubikmeter Wasser, um einen Hektar zu beschneien. Das entspricht dem Strombedarf eines Vierpersonenhaushalts binnen vier Jahren und dem Pro-Kopf-Wasserverbrauch für fast sieben Jahre! In Österreich flankieren sie schon rund 35 Prozent aller Pisten.

- In den Bayerischen Alpen weisen zwei Drittel des Schutzwalds deutliche Waldschäden auf. Hauptverursacher sind die Abgase des Straßenverkehrs.
- In Ischgl kommen auf jeden der rund 1600 Einwohner 863 Gästeübernachtungen.
- Lenk im Simmental hat einen eigenen Speichersee geplant – nur für die Beschneiungsanlagen.

▮▮▮ TIPPS

Reisen Sie möglichst mit öffentlichen Verkehrsmitteln an, der Bund Naturschutz informiert gezielt über Bergwanderungen mit Bus und Bahn.

Felsen sind karge Standorte, an denen sich eine Vegetation erhalten hat, deren Ursprung in die letzte Eiszeit zurückreicht. Bitte sammeln Sie keine Pflanzen ab. Bevor Sie auf Klettertouren gehen, informieren Sie sich bei den zuständigen Naturschutzverbänden, ob Ihre Route durch Brutgebiete oder andere Rückzugsräume gefährdeter Tierarten führt. Wanderfalken, Uhus, Käuze oder Fledermäuse sind auf ungestörte Felsspalten angewiesen.

Verzichten Sie auf das Variantenfahren abseits der Pisten oder durch den Bergwald. Besonders im Winter verlieren Tiere durch häufige Flucht lebenswichtige Energie. Außerdem steigt die Lawinengefahr.

Unterstützen Sie nicht den Einsatz von Schneekanonen, beschränken Sie sich auf schneereiche Regionen.

An alle Wanderer, Kletterer, Skifahrer und Mountainbiker: Beachten Sie unbedingt gesperrte Areale oder Kletterfelsen. Diese wollen nicht unnötig einschränken, sondern eine seltene Flora oder Ruhegebiete für Wildtiere markieren.

Bitte nehmen Sie Abfall wieder mit ins Tal. Vielleicht sogar etwas von dem, den andere zurückgelassen haben?

Sehen Sie sich mal die Bilder des Fotografen Lois Hechenblaikner an und gewinnen Sie einen Eindruck, was der Skitourismus für die Alpen bedeutet (www.hechenblaikner.at). Wollen Sie das wirklich?

Und das kommt dabei raus

Die tourismusgeprägten Bergorte befinden sich auf einem Wettlauf in die Sackgasse. Sie müssen ihre schwindende Ressource Natur immer teurer verkaufen und dabei weiter dezimieren. In Serfaus-Fiss-Ladis wurden in der Saison 2011/2012 rund 420 000 Kubikmeter Kunstschnee ausgebracht. Der Kubikmeter kostete dabei zwischen 5 und 15 Euro, die Beschneiung also zwischen 2 und 6 Millionen Euro – diese Kosten zahlen Sie mit. Wenn Sie Ihre »Bergnutzung« etwas einschränken und umweltverträglich gestalten, können Sie Ihrem Hobby auch in zehn Jahren noch nachgehen, ohne auf eine Wüstenei zu stoßen.

Gut essen und trinken
Tafelrunde

Wer kam eigentlich auf die Idee, eine Tomate, die nicht mit Pestiziden und anderen Chemikalien behandelt wurde, »Bio-Tomate« zu nennen? Warum haben wir uns daran gewöhnt, dass es »Bio-Lebensmittel« gibt? Wahrscheinlich würde kein Mensch einen »Chemie-Blumenkohl« oder einen »Pestizid-Kopfsalat« kaufen. Aber genau das passiert tagtäglich. Sie heißen eben nur nicht so. Mehr Bio als nur »Tomate« geht eigentlich nicht! Wir haben es also mit einem riesigen Etikettenschwindel zu tun, der in erheblichem Maße unsere Kaufentscheidungen auf Märkten, in Lebensmittelabteilungen und Supermärkten beeinflusst. Wer die Wahl hat zwischen Zwiebeln oder Bio-Zwiebeln, mag vielleicht für das »Bio« nicht tiefer in die Tasche greifen. Aber wie sähe es aus, wenn Sie sich zwischen Zwiebeln und »Chemie-Zwiebeln« entscheiden müssten?

Preise sagen ... nicht viel

In unserem Kulturkreis herrscht die Meinung vor, Lebensmittel müssten billig sein. Niedrige Lebensmittelpreise werden teilweise sogar als Kriterium für Fortschritt und hohen Lebensstandard angesehen – ein Argument, das vielen Franzosen nicht in den Sinn käme. Und so überrascht es nicht, dass die deutschen Verbraucher am wenigsten Geld für Lebensmittel in der gesamten Europäischen Union ausgeben. Dies mag an der viel zitierten »Schnäppchenjäger-Mentalität« der Deutschen liegen, wurzelt aber wohl eher darin, dass Preise mittlerweile völlig losgelöst vom Produkt wahrgenommen werden. Es gilt nur noch: niedrige Preise sind gut, hohe sind schlecht. Doch wie entstehen sie? Zahllose Variablen verdichten sich am Ende zum Preis und er ist ein »so flatterhaft Ding«, dass er zunächst wenig über die eigentliche Qualität von Produkten aussagt. Wird das, angeblich, immer gleiche Produkt aber immer billiger, ist Skepsis angezeigt. Im Lebensmittelsektor waren die Preise in den letzten Jahren vor allem geprägt von einem hart geführten Unterbietungswettkampf der Hersteller und Händler. Nur, an welchen Schrauben gedreht wird, um Lebensmittel billiger zu machen, das verraten die Preise nicht.

Lebensmittel werden immer teurer! Stimmt das?

»Richtig gutes Essen kann man sich halt nicht leisten.« Sehen Sie das auch so, vielleicht insgeheim? Die langen Zahlenkolonnen statistischer Bundesämter und anderer Einrichtungen sprechen da eine klare Sprache: Seit Jahrzehnten liegt der Anstieg der Nahrungsmittelpreise unter dem der allgemeinen Lebenshaltungskosten. Abgesehen von vorübergehenden Schwankungen und der allgemeinen Inflation haben sich Lebensmittel, über die letzten 40 Jahre betrachtet, nicht verteuert. Im Gegenteil, für fast alle Lebensmittel muss man heute weniger arbeiten als damals. Hat ein Haushalt 1962 durchschnittlich 37 Prozent seines Gesamtbudgets für Lebensmittel ausgegeben, sind es heute etwa 14 Prozent. Sogar der absolute Preis mancher Lebensmittel wie Butter, Kaffee oder Zucker ist kaum gestiegen, und der Preis für Brathähnchen ist in den letzten 40 Jahren sogar gesunken.

Der ausgesprochen geringe Preisanstieg für Lebensmittel, der so niedrig ist wie in keinem anderen gesellschaftlichen Bereich, war nur durch die Intensivierung der Landwirtschaft und die Konzentration in Lebensmittelverarbeitung und -handel möglich. Im Lebensmittelhandel findet ein teilweise ruinöser Wettbewerb statt. Lag vor 20 Jahren der Marktanteil der fünf Branchenführer Edeka, Metro, Rewe, Schwarz und Aldi zusammen noch bei etwa einem Viertel, liegt er mittlerweile bei fast 70 Prozent. Diese Konzentration führt zu weiter fallenden Verbraucherpreisen.

Während sich die Verbraucher über billige Lebensmittel freuen, sind vor allem die Landwirte die Leidtragenden dieser Entwicklung, ihre Einkommen sind stark gesunken. Da der Erzeugerpreis für zum Beispiel 1 Kilogramm Weizen heute niedriger liegt als vor 50 Jahren, beträgt der Erlös für die Bauern nur noch 5 Prozent vom Brotpreis – 1950 lag er noch bei knapp 66 Prozent. Von einem Brötchen geht also rund 1 Cent an den Bauern. Und so kommt es, dass Landwirte den Löwenanteil ihrer Einkünfte aus den Subventionen der EU beziehen, die in den Agrarsektor die Hälfte ihres gesamten Etats pumpt. Und der speist sich wiederum aus Steuermitteln.

Das alles wirft die Frage auf, welche Lebensmittelqualität für so wenig Geld zu erwarten ist, wie vor diesem Hintergrund Erzeugungs- und Tierhaltungsbedingungen aussehen. Kritiker dieser Entwicklung spotten, Lebensmittel dürften gar nicht angemessen teuer sein, schließlich müssten die Konsumenten auch noch andere Wirtschaftszweige »bedienen«: Sich für einen Handyvertrag zu verschulden geht völlig in Ordnung. Kostet hochwertiges Fleisch so viel wie Katzenfutter, wird es als Zumutung empfunden.

Versteckte Kosten, die jeder zahlt

Also gut, Lebensmittel sind nicht wirklich teuer, aber besser so als andersrum. Würden wir wie 1970 ein Drittel oder wie in den 1950er Jahren gar die Hälfte unseres Einkommens fürs Essen ausgeben müssen, wäre alles noch schlimmer. Wirklich? Glauben Sie nicht, dass es den Preissturz im Gemüseregal oder die

Leberwurst zum Daueraktionspreis »geschenkt« gibt. Sehen wir uns als ein Beispiel nur den Transport an: Lebensmittel, die nicht mehr auf dem Dorfmarkt angeboten, sondern auf dem Spotmarket gehandelt werden, sind viel unterwegs. Unser Anspruch, alles zu jeder Jahreszeit im Angebot der Supermärkte vorzufinden, tut sein Übriges zum eskalierenden Transportvolumen, vornehmlich auf der Straße. 2010 haben beeindruckende zehn Millionen Lkw die Alpen überquert, davon rund sechs Millionen allein über die österreichischen Pässe. Hiervon sind rund 90 Prozent Transit-Lkw. 85 Millionen Tonnen Güter werden so jährlich über Österreichs Straßen transportiert, knapp eine Million Lkw rollen leer über die Alpenstraßen.

Diese rollenden Warenlager beschädigen mit jeder Fahrt Straßen und Gebäude. Ein 40-Tonner walkt die Fahrbahn genauso stark durch wie 160 000 Pkw. Damit sind schwere Lkw direkt für den größten Teil der Straßen- und Brückenschäden verantwortlich. Und wer zahlt's? Die EU-Kommission hat festgestellt, dass das Gebührenaufkommen aus dem Straßengüterverkehr nicht einmal 10 Prozent der Kosten für die Straßennutzung deckt. Daneben trägt die Gesellschaft auch die anderen externen Kosten des Güterverkehrs, die in Form von Unfällen, Umwelt- und Klimaschäden entstehen. Selbst vorsichtige Berechnungen veranschlagen die offenen Kosten mit zweistelligen Milliardenbeträgen. Dafür kann man viel Leberwurst zu ordentlichen Preisen kaufen.

Politik und Industrie wenden ein, teurer Transport bedrohe Arbeitsplätze. Tatsächlich wurden aber viele Arbeitsplätze in Niedriglohnländer verlagert, weil sich der billige Transport kaum im Endpreis der Ware niederschlägt. Höhere Transportpreise dagegen fördern regionale Wirtschaftskreisläufe. Heimische Produzenten, zum Beispiel in der Landwirtschaft, würden davon besonders profitieren. Ein vielfältiges Angebot regionaler

Produkte sowie eine ehrliche Zuweisung der Transportkosten – und schon rechneten sich unnötige Lebensmitteltransporte quer durch Europa nicht mehr.

Mehr genießen!

Fällt das Wort »Bio-Lebensmittel«, zucken die meisten zusammen: Jetzt wird's aber wirklich teuer, oder? Mal sehen. Verschiedene Untersuchungen haben gezeigt, dass Kunden für sogenannte Bio-Lebensmittel einen Mehrpreis von bis zu 30 Prozent akzeptieren würden. Viele ökologische Erzeugnisse liegen mit rund 50 Prozent Aufschlag deutlich darüber, durch den Bio-Boom der letzten Jahre sind Bioprodukte mittlerweile aber auch günstiger zu haben. Zudem haben viele Discounter Ware mit dem Etikett »Bio« ins Sortiment genommen, die nach der EG-Öko-Verordnung produziert wurde und somit Mindeststandards für Erzeugung und Verarbeitung erfüllen muss. Die Qualität der Erzeugnisse von Verbänden wie »Demeter«, »Alnatura« oder »Bioland« erreichen diese Waren jedoch meist nicht, da hier strengere Vorschriften gelten. Auch birgt die große Nachfrage nach Ökolebensmitteln und die erforderliche Produktionssteigerung die Gefahr, dass die Qualität des Angebots sinkt.

Sie können die Mehrkosten durch den Kauf von Bioprodukten durch eine veränderte Zusammenstellung Ihres Lebensmitteleinkaufs allerdings kompensieren: Eine Studie der Universität Stuttgart-Hohenheim ergab, dass »Bio-Haushalte« durchschnittlich 40 Prozent höhere Ausgaben für Bio-Lebensmittel haben, als für die entsprechenden konventionellen Produkte nötig wären. Doch da Bio-Haushalte in der Regel eine andere Lebensmittelauswahl treffen als »konventionelle Haushalte« (vor allem weniger Fleisch, Süßigkeiten, alkoholische Getränke oder Genussmittel), lagen die Gesamtausgaben der Bio-Haushalte für Ernährung sogar unter denen der »konventionellen Haushalte«.

Auch das Öko-Institut in Freiburg stellte hierzu Berechnungen an: Wenn zehn Grundnahrungsmittel – Milch, Butter, Eier, Kartoffeln, Weizenmehl, Reis, Teigwaren, Brot, Kaffee, Bananen – statt in konventioneller in ökologischer Qualität gekauft werden, erhöhen sich die Ausgaben eines durchschnittlichen Vierpersonenhaushalts um 50 Euro pro Monat (oder rund 61 sFr). Werden gleichzeitig die Produktgruppen Fleisch, Fleischwaren, Zucker, Süßwaren und Marmelade um ein Drittel reduziert, bleiben die Ausgaben dagegen annähernd stabil. Ein gewisses Einsparpotenzial ist demnach vorhanden. Tatsächlich verfügen zahlreiche Käufer von Bio-Produkten gar nicht mal über viel Geld, zum Beispiel Familien mit Kleinkindern oder Studierende.

Aber warum sollte man überhaupt darüber nachdenken, für Bio-Produkte gegebenenfalls etwas mehr auszugeben? Vielleicht, weil man schon seit zehn Jahren weiß, dass man mit ihnen auch gesundheitlich besser fährt. Eine Untersuchung der Universität Washington an zwei- bis fünfjährigen Kindern aus dem Jahr 2003 ergab, dass eine Ernährung auf Basis ökologisch produzierter Lebensmittel die Belastung mit Organophosphat-Pestiziden drastisch senken kann. Im Urin von Kindern mit mindestens 75 Prozent »Bio-Diät« konnten die Wissenschaftler nur ein Sechstel der Pestizidrückstände nachweisen, die sie bei Kindern mit mindestens 75 Prozent herkömmlicher Ernährung gefunden hatten. Die Pestizidbelastung der Kinder, die hauptsächlich konventionell erzeugte Lebensmittel verzehrt hatten, lag teils sogar über den Werten, die die amerikanische Umweltbehörde (EPA) für unbedenklich erklärt. Der Vorsprung der »Bio-Diät« zählt umso mehr, da Kinder besonders viel Obst und Gemüse essen und im Vergleich zum Körpergewicht mehr Nahrung umsetzen als Erwachsene. Unnötig zu sagen, dass der Verzicht auf Pestizide auch für die Natur in den jeweiligen Anbaugebieten eine Wohltat ist. Der Ökolandbau kann noch mehr: Er kommt mit zwei Drittel weniger Primärenergie aus, verursacht um die Hälfte weniger Klimagase und stoppt Bodenerosion.

Es scheint also doch Wege zu geben, sich gut zu ernähren, ohne zu »verarmen« oder zusätzlich externe Kosten zu produzieren, die einem dann »durch die Hintertüre« wieder reingereicht werden. Aber für mehr Qualität muss man nicht in erster Linie mehr bezahlen, man muss sie verlangen. Und wo stehen wir da heute? Im Schnitt isst jede und jeder Deutsche alle vier Tage eine Tiefkühlpizza. Der Veränderung im Kopf folgt die Veränderung in der Küche … so oder so.

34 Warum in die Ferne schweifen – Lebensmittel aus der Region

Spargel zu Weihnachten und Erdbeeren an Ostern sind mittlerweile Standard, wozu gibt es schließlich Schiff und Flugzeug. Doch auch Waren, die nicht aus der Saison fallen, haben oft zahllose Kilometer auf dem Buckel. Der freie Welthandel besteht zu über 50 Prozent aus gleichzeitigem Import und Export gleichartiger Güter. Die Transporte haben ihren Preis: Selbst beim relativ umweltfreundlichen Transport per Schiff verursachen Produkte aus Übersee 11-mal mehr Kohlendioxid und 28-mal mehr Schwefeldioxid als heimische Ware. Der Transport mit dem Flugzeug lässt den Mehrverbrauch an Energie sogar auf das 90-Fache ansteigen. Importe aus dem »nahen« Europa belasten die Umwelt immer noch zwei- bis dreimal mehr als Lebensmittel aus der Region. Mit der Entfernung wachsen Lärmbelästigung und Luftverschmutzung. Nicht zuletzt schlägt in einer Energiebilanz die Beheizung von Glashäusern ordentlich zu Buche. Damit Obst und Gemüse die langen Transporte überstehen, werden sie unreif geerntet – und das schmeckt man auch.

Der offene Markt und der Konzentrationsprozess im Handel setzen die Erzeugerpreise unter Druck. Ein Grund, warum jährlich 2 bis 3 Prozent der landwirtschaftlichen Betriebe schließen müssen. Gerade die kleinen, eher naturnahen Höfe unter 50 Hektar finden auch mit sehr langen Arbeitstagen kaum noch ein Auskommen. Mit den Bauern verschwinden Handwerker und Dienstleister, der ländliche Raum verödet.

Wussten Sie schon ...

- Von Mai bis Juli kostet es weniger als einen halben Liter Erdöl, 1 Kilogramm Spargel auf den Tisch zu bringen, im Januar dagegen 5 Liter.
- Im Sommer kommt weit über die Hälfte der angebotenen Äpfel aus Südamerika, Neuseeland oder Südafrika. Anfang der 1950er Jahre lag der Selbstversorgungsgrad noch bei 82 Prozent.
- 1 Kilogramm Weintrauben braucht für die 10 000 Kilometer lange Flugreise aus Südafrika 4,3 Liter Kerosin und verursacht damit 11 Kilogramm Kohlendioxid.
- Tomaten aus dem Gewächshaus verbrauchen 50-mal mehr Energie als Freilandtomaten.
- Bis 2015 wird eine Steigerung des Güterstraßenverkehrs gegenüber 1997 um 50 bis 79 Prozent prognostiziert.
- Die externen Kosten von Lebensmitteltransporten – Luftschadstoffe, Klimagase, Reparaturen an Gebäudefassaden und Straßen, Gesundheitsbelastungen, Lärm – werden pro Kopf und Jahr auf gut 300 Euro beziffert.
- 2008 sind die Großhandelspreise für Getreide um 52 Prozent, für Milch, Milcherzeugnisse sowie Eier um 23,5 Prozent und

für Kaffee, Tee, Kakao und Gewürze um 13,2 Prozent im Vergleich zum Vorjahr gestiegen.

■ Würden nur Lebensmittel eingeführt, die in unseren Breiten nicht wachsen, ließe sich der Kohlendioxidausstoß um 22 Prozent verringern.

▮ ▮ ▮ TIPPS

Besonders beim Lebensmitteleinkauf können Sie regionale Wirtschaftskreisläufe (dazu zählen auch Arbeitsplätze) stärken. Kaufen Sie hauptsächlich solche Produkte aus Übersee, die hierzulande einfach nicht angebaut werden.

In Deutschland, der Schweiz und Österreich existieren viele Regionalinitiativen. Ihre Produkte finden Sie auf Bauern- und Wochenmärkten oder in den Hofläden der angeschlossenen Landwirte. Hofläden bieten ein Vollangebot vergleichbar dem der Naturkost- oder Bioläden.

Fragen Sie auch in Ihrem Stammgeschäft nach regionalen Lebensmitteln. Ebenso können Sie als Gast im Restaurant oder in der Kantine Ihr Interesse an regionalen und saisonalen Spezialitäten bekunden.

Als Hobbygärtner können Sie das Thema »aus der Region, aus der Saison« natürlich besonders elegant abhaken. Einige Kochbücher haben sich auf saisonale Lebensmittel spezialisiert. Hier finden Sie passende Rezepte für Vorspeisen, Suppen, Hauptgerichte und Desserts für jede Jahreszeit. Wann wächst was? Obst- und Gemüsekalender verraten es.

Und das kommt dabei raus

Mit Einkäufen aus der Region und der Saison können Sie oft sparen, da weite Transporte und Zwischenhändler entfallen. Zusätzlich sichern Sie Arbeitsplätze und Lehrstellen in Landwirtschaft und Handwerk. Klein- und Mittelstandsbetriebe

wiederum investieren ihr verdientes Geld größtenteils vor
Ort. Kurze Wege bedeuten für Obst und Gemüse mehr Qualität und Frische. Außerdem wissen Sie, woher Ihr Essen
kommt.

35 Ökolandbau – vom belächelten Trend zum Boom

Mit schweren Maschinen, mineralischem Kunstdünger und
chemischem Pflanzenschutz leitete die Landwirtschaft ihre
letzte große Revolution ein. Es gelang ihr, ein Vielfaches dessen aus den Böden zu holen, was über Jahrhunderte als Limit
galt. Angesichts der fantastischen Ertragssteigerungen schien
Hunger aufgrund von Missernten besiegt. In der Euphorie
übersah man indes, dass die Intensivlandwirtschaft die Böden
oftmals überstrapazierte und immer mehr Tier- und Pflanzenarten verdrängte. Traktoren und Erntemaschinen zerstören
den komplexen Aufbau eines lebendigen Bodens, zu viel Phos-
phate sowie Nitrate aus den Düngern belasten die Gewässer
und die jährlich ausgebrachten Tonnen Pestizide gelten als Motor des Artenschwunds. Neben diesen Phänomenen zeitigte die
neue Landwirtschaft auch einen typischen Effekt jeder Pro-
duktivitätssteigerung: In Deutschland sind seit 1970 von den
2,7 Millionen Arbeitsplätzen in der Landwirtschaft fast zwei
Drittel verschwunden. Österreich und die Schweiz haben immerhin jeweils ein Drittel verloren.

Der ökologische Landbau geht einen anderen Weg, der traditionelle Techniken mit modernen wissenschaftlichen Erkennt-
nissen verbindet. Biobauern verzichten auf Kunstdünger, syn-

thetische Pflanzenschutzmittel oder gentechnisch veränderte Sorten. Sie verpflichten sich, ihre Tiere artgerecht zu halten und mit ökologisch produziertem Futter aufzuziehen, das natürlich auch keine Antibiotika oder andere Leistungsförderer enthalten darf. Daneben haben sie eine abwechslungsreiche Fruchtfolge einzuhalten und dürfen Grünland nicht überweiden. Es gelten genaue Vorschriften, wie viele Rinder und Kälber je Hektar grasen dürfen. Das Ziel für Deutschland lautete: Bis 2010 sollte der Ökolandbau auf 20 Prozent der landwirtschaftlichen Flächen Einzug halten, tatsächlich sind 2013 noch nicht einmal 10 Prozent erreicht. Das hat Österreich längst erreicht und strebt mittlerweile schon die 50-Prozentmarke an!

Die Nachfrage nach Bioprodukten steigt. Allein 2006 ist der Markt um 15 Prozent gewachsen – in alle Richtungen. Neben den klassischen Bioläden gibt es immer mehr Bio-Supermärkte, aber auch der konventionelle Lebensmitteleinzelhandel und die Discounter erzielen immer größere Umsätze mit Bio-Lebensmitteln.

Wussten Sie schon …

- Reste von Pflanzenschutzmitteln finden sich überall: Auf Lebensmitteln, im Trinkwasser, in der Muttermilch, sogar in Fischen und Säugetieren der Arktis.
- 2006 mussten in der philippinischen Provinz Davao del Norte 79 Schulkinder nach einer Pestizidvergiftung stationär behandelt werden. Die Schule liegt in unmittelbarer Nachbarschaft zu einer Bananenplantage, wo das Pestizid eingesetzt wurde.
- Greenpeace hat 2008 vor allem an frischen Kräutern, Himbeeren, Feldsalat, Birnen, Rucola und Johannisbeeren zahlreiche gesundheitsgefährdende Gifte gefunden – 9 Prozent der aufgespürten Pestizide waren illegal.

- Bezogen auf die Menge ihrer Erzeugnisse produzieren Öko-betriebe nur halb so viele Klimagase – Kohlendioxid, Methan und Lachgas – wie die herkömmliche Landwirtschaft.
- Im Umfeld von ökologisch bewirtschafteten Flächen lassen sich bis zu 44 Prozent mehr Vögel nachweisen.
- Mehr als nur Möhren: Schon rund 40 000 verschiedene Artikel tragen das EU-weit gültige, sechseckige Biosiegel. 2009 soll ein einheitliches EU-Biosiegel eingeführt werden.
- Mit jedem Liter Biomilch sichern Sie die ökologische Bewirtschaftung von 2,5 Quadratmetern Weideland, mit jedem Kilogramm Biobrot die von 3 Quadratmetern Getreidefläche.

■ ■ ■ TIPPS

Lebensmittel aus ökologischer Produktion erkennen Sie am grünen Sechseck des Biosiegels. Neben allen Grundnahrungsmitteln finden Sie das komplette Sortiment an Waren, das Sie aus herkömmlicher Erzeugung kennen: Bier, Wein oder Konfitüre, Snacks und Süßigkeiten und so weiter. Wenn die Zeit knapp ist, können Sie außerdem aus vielen Convenienceprodukten und Fertiggerichten Ihre Favoriten mit Biosiegel wählen.

Wer sich nicht lange mit Einkaufen aufhalten möchte, kann sich seinen individuellen Warenkorb, auch im Abonnement, an die Haustüre liefern lassen.

Nur sehr wenige Verbraucher kaufen ausschließlich Biowaren. Darauf kommt es auch gar nicht in erster Linie an. Schon wenn Sie nur etwa 10 bis 20 Prozent Ihrer Einkäufe beim Bio-Bauern, dem Fachgeschäft oder in einem der zahlreichen Supermärkte mit Bioprodukten tätigen, verhelfen Sie dem umweltschonenden Konzept des Ökolandbaus zu einem stabilen Absatz, der mittelfristig auch etwas geringere Preise ermöglicht. Das belegt das Angebot beim Discounter.

Und das kommt dabei raus

Viele freuen sich über die Rekord-Niedrigpreise von Lebensmitteln. Kaum jemand kennt dagegen die Kosten, die der Intensivlandbau der Gemeinschaft aufbürdet. Ende der 1990er Jahre bezifferte das Institut für Gartenbauökonomie der Universität Hannover allein die externen Kosten des Pestizideinsatzes mit 126 Millionen Euro – aus Steuergeldern. Bio-Lebensmittel sind teurer, keine Frage. Der Ökolandbau erzielt ja mit mehr Arbeitseinsatz niedrigere Erträge, dafür aber auch auf einem hohen Qualitätsniveau. In Zeiten zahlreicher Lebensmittelskandale ein gutes Argument. Indem Sie, wenigstens teilweise, auf Bio-Lebensmittel umsteigen, ernähren Sie sich mit Genuss garantiert gesund und bewahren überdies unsere vielfältigen Kulturlandschaften und deren Artenreichtum, zum Beispiel für Ihre Kinder.

36 Fleischeslust – was das »Stück Lebenskraft« wirklich kostet

Im Jahr 1988 hatten die Deutschen einen Rekord aufgestellt: im Fleischessen. Jeder von uns hat damals rund 70 Kilogramm verzehrt. Heute sind es wie auch in Österreich nur noch gut 60 Kilogramm im Jahr beziehungsweise 165 Gramm am Tag, die Schweizer kommen mit rund 8 Kilogramm jährlich weniger aus. Im Schnitt ist das allerdings immer noch viermal so viel wie Mitte des 19. Jahrhunderts, doppelt so viel wie vor hundert Jahren – und sehr viel mehr, als sich die Mehrheit der Menschen weltweit leisten kann. Ermöglicht hat dies erst die Rodung großflächiger Gebiete in Nord- und Südamerika, wo Land und Arbeitskräfte billig zu haben waren. Artenreiche Wälder mussten monotonen Weiden oder Futteräckern weichen, fruchtbare Böden verwandelten sich in Ödland.

Dabei zeigt die Fleischproduktion ein überaus ungünstiges Verhältnis von Aufwand und Nutzen. Das liegt daran, dass nur etwa 10 Prozent der Energie, die in einer beliebigen Nahrung steckt, bei dem Lebewesen als Körpergewicht hängen bleiben, das sie verzehrt. Der Rest geht letztlich als Wärme verloren. Das gilt für alle Tierarten annähernd gleich, ist also ein »Naturgesetz«. In der Viehwirtschaft bedeutet dies, dass für 1 Kilogramm Fleisch fast 10 Kilogramm Viehfutter produziert werden müssen. Schon dieser Energieaufwand geht auf Kosten der natürlichen Ressourcen, doch das Vieh selbst leistet noch einen Extrabeitrag. Rinder scheiden Methan aus, ein Gas, das unser Klima erheblich stärker belastet als Kohlendioxid. Schließlich ist zu bedenken, dass der Export von Viehfutter eng mit dem Hunger in den Herkunftsländern zusammenhängt: Ein Drittel der gesamten Getreideernte Mexikos wird an Rinder verfüttert, zwei Drittel der Futtermittelimporte der EU stammen aus Entwicklungsländern. Es gibt also viele gute Gründe, sich beim Fleischgenuss umzustellen. Das Argument, das sei viel zu teuer, gilt nicht. Noch 1950 musste ein Industriearbeiter durchschnittlich 3,5 Stunden für 1 Kilogramm Schweinefleisch arbeiten, heute genügt dazu der Lohn von 45 Minuten. Auf der Kehrseite dieser Medaille vom billigen Fleischkonsum findet sich neben Flächen- und Umweltvernichtung, Massentierhaltung und Tiertransporten mittlerweile auch das Sozialdumping in deutschen Fleischverarbeitungsbetrieben: Bereits gut 10 Prozent der Mitarbeiter werden von Firmen gestellt, die mittels Werkverträgen jede Tarif- und Personalverantwortung ignorieren.

Wussten Sie schon …

- Über eine Milliarde Rinder bevölkert heute die Erde und grast rund ein Viertel der eisfreien Landfläche unseres Planeten ab.
- Auf rund einem Drittel des weltweit bebaubaren Landes wird Viehfutter angebaut.
- Einem besorgniserregenden Szenario zufolge wird sich die weltweite Fleischproduktion 2050 mit dann voraussichtlich 465 Millionen Tonnen mehr als verdoppelt haben.
- Allein die Rinderhaltung – Waldrodung für Weiden und Futtermittel einbezogen – trägt fast so viel zum Treibhauseffekt bei wie der gesamte Autoverkehr.
- Die Produktion von Rindfleisch ist mit doppelt so hohen CO_2-Emissionen verbunden wie die von Schweinefleisch.
- Die globale Viehzucht ist für 9 Prozent der Kohlendioxid-, 37 Prozent der Methan- und 65 Prozent der Lachgasemissionen verantwortlich.
- Ein Mastbetrieb mit 10 000 Tieren produziert an einem Tag die gleiche Menge an organischem Abfall wie eine Stadt mit 110 000 Einwohnern.
- Manche der wüst gewordenen Landstriche in Europa, beispielsweise in Spanien, gehen auf Waldrodungen für die Viehwirtschaft im 16. und 17. Jahrhundert zurück.

■ ■ ■ **TIPPS**

Weniger ist mehr: Wie wäre es, wenn nur dreimal pro Woche Fleisch auf den Tisch käme – dann aber richtig gute Qualität? Nehmen Sie lieber ein Steak als aufwändig weiterverarbeitete Produkte wie Wurstwaren. So erkennen Sie die Qualität besser und sparen viel Energie, die in die Verarbeitung geht. Finden Sie einen Metzger mit regionalen Lieferanten. Fragen Sie, woher das Fleisch stammt und wie die Tiere dort gehalten werden.

Ein Besuch beim Biobauern in Ihrer Nähe gibt Aufschluss über Angebot und Preise. Mit dem Kauf von Bioprodukten unterstützen Sie auch den Natur- und Artenschutz, wie aktuelle Untersuchungen zeigen.

Mögen Sie Wild? Dann greifen Sie zu! Zurzeit muss für die Waldpflege ohnehin häufig Rotwild geschossen werden.

Und das kommt dabei raus

Hohe Subventionen machen Fleisch aus herkömmlicher Produktion sehr billig. Die EU subventioniert jede Kuh mit 2 Euro täglich. Daher können Sie durch den Verzehr anderer Lebensmittel anstelle von Fleisch nicht viel einsparen. Für Fleisch aus ökologischer Landwirtschaft müssen Sie rund drei Viertel mehr ausgeben. Doch bessere Qualität fürs gleiche Geld ist machbar: Geben Sie Ihr derzeitiges »Fleischbudget« beim Biometzger aus. Damit reduzieren Sie gleichzeitig den Fleischverzehr auf ein gesundes Maß.

Der Lehrstuhl für Allgemeinen Pflanzenbau der Martin-Luther-Universität in Halle fand folgende Formel: Würden die Männer in Deutschland essen wie die Frauen – um die Hälfte reduzierter Fleischkonsum, mehr Gemüse, Obst und Getreide –, würde im In- und Ausland eine Fläche von rund 15 000 Quadratkilometern frei. Das ist ungefähr die Fläche Schleswig-Holsteins. Außerdem würden dann circa 15 Millionen Tonnen Treibhausgase und 60 000 Tonnen Ammoniak weniger emittiert werden.

Auch wenn Sie nicht viel Geld sparen können, ersparen Sie Klima, Boden und Wasser große Belastungen und Schlachttieren qualvolle Transporte.

37 Leere Netze –
Fische brauchen eine Auszeit

Ernährungsmediziner raten zu zwei Fischmahlzeiten die Woche, doch woher nehmen? Die Bestände von Kabeljau in der Nordsee, Seehecht westlich Großbritanniens, Aal in Nord- und Ostsee und Dorsch in der östlichen Ostssee sind oder waren zeitweise völlig zusammengebrochen. Tatsächlich gelten bis zu drei Viertel der 200 wirtschaftlich bedeutenden Fischarten als überfischt. Damit sie sich halbwegs erholen können, müssten etwa 40 Prozent aller Fischereien ihre Arbeit einstellen. Doch gegen deren Interessen finden langfristige Strategien und niedrigere Fangquoten bislang keine Mehrheit. So werden weiter Arten wie der Rotbarsch befischt, von denen niemand weiß, welche Mindestgröße der Population das Überleben sichern würde.

»Kollateralschäden« bestimmter Fangmethoden wie umgepflügte Meeresböden und abrasierte Korallenriffs sind an der Tagesordnung, ebenso Unmengen an Beifang: Gefangene Meerestiere, die nicht zu verkaufen sind, die falsche Größe haben oder deren Fangquote bereits ausgeschöpft ist, werden tot oder tödlich verletzt ins Meer zurückgeworfen. Hering, Sardine und Makrele können immerhin so zielgenau gefischt werden, dass nur 3 bis 10 Prozent Beifang anfallen. Bei Garnelen und Plattfischen sind es 40 bis 80 Prozent.

In ihrer gegenwärtigen Form retten auch Aquakulturen die Fische(rei) nicht. Sie verschlingen zu viel Fischmehl – allein 30 Millionen Tonnen aus Sardellen und Sandaalen jährlich – und belasten die Gewässer. In Shrimps aus Südostasien finden sich immer wieder die bei uns verbotenen Antibiotika Chloramphenicol und Nitrofuran. Für tropische Shrimpsfarmen werden außerdem vielfach Mangrovenwälder abgeholzt. Während 1970 noch 6 Prozent der Speisefische aus Aquakulturen stammten, waren es 2006 bereits über 30 Prozent.

Der Fischfang wird auch unter dem Temperaturanstieg in Süßwassergewässern leiden. Der Weltklimarat prognostiziert einen Artenschwund, der den Fischfang als Ernährungsquelle aus Inlandsgewässern drastisch einschränken wird. Auch die Küstenfischerei wird davon betroffen sein.

Wussten Sie schon ...

- Die Deutschen verspeisen rund 14 Kilogramm Fisch pro Kopf und Jahr, ein Drittel davon ist Seelachs aus der Beringsee. Wir essen deutlich mehr, als unsere eigenen Küsten- und Binnengewässer liefern können: Die deutsche Fischindustrie hängt zu 80 Prozent von Importen ab.
- Der Bestand der großen Fischarten ist in den letzten 50 Jahren weltweit um 90 Prozent eingebrochen.
- Gab die Nordsee 1972 noch 350 000 Tonnen Kabeljau her, waren es 2006 nur noch 50 000 Tonnen. Gründe sind die Überfischung und die Erwärmung der Nordsee. Die Bestände haben sich erst durch Eingreifen der EU etwas erholt.
- Auf jedes Kilogramm marktfähige Seezunge kommen 3 bis 6 Kilogramm Beifang.
- Jedes Jahr gehen 20 Millionen Tonnen Fisch, Meeressäuger und andere Tiere als Beifang zu Grunde.
- Bei über 50 Prozent der weltweiten Fischbestände ist keine Steigerung der Fänge mehr möglich.
- Für Millionen Menschen in Afrika und Asien ist der Rückgang der Fischbestände lebensbedrohlich, da für sie Fisch oft die einzige tierische Proteinquelle ist.
- Die allgegenwärtige Sushimania hat den Blauflossenthunfisch nahezu ausgerottet. In Japan erzielte im Januar 2013 ein

solcher Fisch bei einer Auktion den Rekorderlös von rund 1,3 Millionen Euro.

- Experten schätzen, dass jedes Jahr allein in der EU 500 000 Tonnen illegal gefangener Fisch verkauft werden.

■ ■ ■ TIPPS

Seit Januar 2002 müssen Fischereierzeugnisse in der EU neben der Handelsbezeichnung auch Auskunft über die Produktionsmethode und das Fanggebiet geben. Sowohl Greenpeace als auch der WWF in Zusammenarbeit mit den Verbrauchzentralen haben zu Ihrer Orientierung Einkaufsführer erstellt. Als völlig problemlos erachtet Greenpeace nur Forellen, Karpfen und Lachs aus ökologischer Zucht sowie herkömmlichen Karpfen, Makrele und Hering. Der WWF sieht noch Alaska-Wildlachs, Alaska-Seelachs und Seehecht aus Südafrika mit MSC-Siegel als akzeptabel an. Der Kabeljau hat sich in der Ostsee wohl auch so weit erholt, dass man ihn derzeit wieder mit gutem Gewissen kaufen kann. Es folgt eine lange Liste von Arten, die weitere Befischung kaum oder gar nicht mehr ertragen, darunter alle Plattfische (Scholle, Butt und so weiter).

Definitiv nicht auf den Teller gehören laut WWF Rotbarsch aus dem Nordatlantik, Dorade aus dem Mittelmeer, Aal, roter Thunfisch oder Großaugenthunfisch. Achten Sie beim Einkauf auf Art und Herkunft des Fisches.

Das Siegel des Marine Stewardship Council (MSC) – weißer Fischumriss auf blauem Oval – stellt ökologische Mindeststandards auf See sicher, ein Großteil der Lebensmittelhändler sind hier mittlerweile angeschlossen. Das Naturland-Siegel weist ökologische Zucht aus, so bei Wildlachs, Forellen, Karpfen, Shrimps und Muscheln. Kaufen Sie, wenn möglich, Produkte mit einem der beiden Siegel.

Kennzeichnungen wie »delphinfreundlich« sind ungeschützt, Firmen können sie beliebig einsetzen. Wer beim Fang wirklich

Meeressäuger schont, verrät die Positivliste der Gesellschaft zur Rettung der Delphine e. V. (GRD) und ihr Siegel »SAFE«. Allerdings ist der häufig mit Delphinschutz in Zusammenhang gebrachte Thunfisch mittlerweile selbst schutzbedürftig geworden: Zehn Arten stehen auf der Roten Liste. Wenig bekannt ist, dass sich hinter Schillerlocke und Seeaal der vom Aussterben bedrohte Dornhai verbirgt.

Meiden Sie Hochverarbeitetes wie Fischstäbchen und verdächtig billige Edelprodukte wie Shrimps oder Lachs. Damit schützen Sie effektiv die Gesundheit fremder Gewässer.

Besonders die Omega-3-Fettsäuren machen Fisch so gesund. Jedoch hat nur fetter Fisch viel davon, und im Fett lagern sich viele Schadstoffe ab. Pflanzenöle und Margarine, reich an Alpha-Linolensäure, wirken ähnlich.

Und das kommt dabei raus

Bislang schafft es die Politik nicht, das Ruder der Fischfangflotten herumzureißen. Indem Sie gezielt Produkte mit den genannten Gütezeichen für nachhaltige Fischerei wählen, helfen Sie mit, frei schwimmenden Fisch, eines der letzten echten Naturprodukte, auch für künftige Generationen zu bewahren.

38 Fair play heißt fair pay – Umweltschutz durch gerechten Lohn

Mit Kolumbus' Entdeckungsfahrten kam der europäische Adel auf den Kakaogeschmack, und liegen gelassene Kaffeesäcke der Türken entfachten nach der Belagerung Wiens die nächste Leidenschaft der Bessergestellten. Heute stehen exotische Leckereien ganz selbstverständlich auf dem Speisezettel. Vergessen wurden bei diesem Aufschwung die Produzenten. Nahezu rechtlos schuften die Arbeiterinnen und Arbeiter für Zwischenhändler und Monopolisten mit so geringem Verdienst, dass oft auch ihre Kinder bei der Plantagenarbeit mithelfen müssen. Umweltstandards? Ebenfalls Fehlanzeige. Typische Monokulturen wie Kaffee oder Tee werden unter hohem Pestizideinsatz bewirtschaftet und hinterlassen, wo früher Urwald stand, ausgelaugte Böden, die der Erosion anheimfallen.

Da viele Anbaugegenden geradezu landwirtschaftlich gleichgeschaltet sind – Ghanas Einnahmen stammen bald zu einem Drittel aus dem Kakaoexport –, werden sie erpressbar, zu immer schlechteren Bedingungen zu liefern. Der Kaffeepreis schwankt stark und lag 2003 noch bei rund 0,60 Dollar pro Pfund, hatte 2011 mit rund 3 Dollar ein 34-Jahres-Hoch und liegt im Frühjahr 2013 etwa bei 1,50 Dollar je metrischem Pfund. An dem gestiegenen Preis verdienen aber in erster Linie Börsenspekulanten und Händler.

Eine sichere Grundlage haben daher nur Produzenten, die mit einem angemessenen Lohn rechnen dürfen, wie ihn Fair-Trade garantiert – beim Kaffee sind das zurzeit 1,58 Dollar je metrischem Pfund. Steigt der Weltmarktpreis darüber, erhalten die Kleinbauerngruppen den Weltmarktpreis plus eine FairTrade-Prämie von 20 US-Cent sowie gegebenenfalls einen zusätzlichen Bio-Aufschlag von mindestens 30 US-Cent für ein Pfund Röstkaffee. FairTrade fördert kleinbäuerliche Familien, die traditionell nachhaltiger wirtschaften, schließt Kinderarbeit aus und vereinbart langfristige Lieferbeziehungen. Die rund 800 000 angeschlossenen Bauern sind nicht mehr gezwungen, ihre Natur zu übernutzen, und können schließlich Prinzipien des Ökolandbaus übernehmen, wofür es den genannten Bio-Aufschlag gibt. 75 Prozent der FairTrade-Produkte werden bereits kontrolliert ökologisch angebaut. Im deutschsprachigen Raum vertreibt TransFair die FairTrade-Produkte.

Wussten Sie schon ...

- Kaffee ist nach Erdöl der weltweit zweitwichtigste Exportrohstoff und für über 100 Millionen Menschen die einzige Erwerbsquelle. Deutsche wie Schweizer trinken jedes Jahr 146 Liter Kaffee pro Kopf, die Österreicher gar 160 Liter – das wird in Europa nur noch von den Skandinaviern getoppt.
- Für 1 Kilogramm konventionell hergestellten Kaffees werden 20 000 Liter Wasser benötigt.
- Auf Bananen aus herkömmlichem Anbau – und die Arbeiter – gehen jede Saison 45 Kilogramm Pestizide je Hektar nieder. Im Handelspreis schlägt der Giftregen mit über einem Drittel zu Buche.
- Die wichtigsten Zutaten für Schokolade kommen aus dem Süden des Globus, leisten kann sie sich aber fast ausschließlich der reiche Norden. Viele Kakaobauern wissen gar nicht, wie Schokolade schmeckt ...
- Rund 90 Prozent unseres Orangensafts kommen aus Brasilien. Als Trinkweltmeister mit 21 Litern pro Kopf und Jahr haben die Deutschen besonderen Einfluss auf die Produktion.
- Deutschland hat den größten Honighunger, doch einheimische Bienen können nur 20 Prozent davon stillen. Den Rest liefert größtenteils die »dritte Welt«.

▮ ▮ ▮ TIPPS

Halten Sie Ausschau nach dem TransFair-Logo, Sie finden es in über 35 000 Supermärkten, Bio- und Weltläden. In Zeiten der endlosen Billig-Kampagnen kommt es auf jeden Einkauf an.

»Fair« schmeckt nicht? Das traditionelle Langzeitröstverfahren macht den fairen Kaffee sogar bekömmlicher als die meisten üblichen Sorten. Mittlerweile gibt es über 300 verschiedene Kaffeeartikel und weit über 50 Teesorten. Da könnte doch auch etwas für Sie dabei sein.

Auch häufiger zu Obstprodukten aus der näheren Umgebung zu greifen ist eine gute Idee. Sie brauchen nur ein Zehntel der Energie weit gereister Importe. Und Vorsicht: Apfelsaftkonzentrat, vor allem für Mischgetränke, wird großenteils aus China importiert, das fast so viele Äpfel produziert wie der Rest der Welt zusammen.

Und das kommt dabei raus

Wenn die Bauern in den Herkunftsländern unserer Leckereien deutlich höher entlohnt werden, zumal für ökologischen Anbau, können die Endprodukte hier natürlich keine Tiefpreisrekorde aufstellen. Da FairTrade-Vertriebsstrukturen Zwischenhändler konsequent ausschalten, kommen die Produkte aber auch kaum teurer als die »unfairen«. Für einen Aufpreis von nicht einmal 2 Cent je Tasse fairen Kaffees verhelfen Sie den Menschen, die ihn anbauen, zu Bildung sowie medizinischer Versorgung und schützen den Regenwald.

Lifestyle
»Ich kauf' mir was...«

Uns geht's gut. Nimmt man unser Konsumverhalten als Messlatte, geht es uns seit Jahrzehnten sogar immer besser. Die UNO rechnet vor, dass sich Ende der 1990er Jahre der private Konsum gegenüber 1975 verdoppelt, gegenüber den goldenen 1950ern gar versechsfacht hat. Doch Sie ahnen es schon, nicht jeder findet sich in diesen Zahlen wieder. Und wirklich, während das reichste Fünftel der Weltbevölkerung über 86 Prozent aller Konsumgüter verfügen kann, bleiben für das ärmste Fünftel 1,1 Prozent davon übrig. Im letzten Teil der *50 einfachen Dinge* geht es dementsprechend darum, welche Bedeutung unser Konsum für Umweltschutz und Gerechtigkeit gleichermaßen hat.

Leben auf großem Fuß
Als gängiges Bild für den gesamten Ressourcenverbrauch der Menschheit hat sich der »ökologische Fußabdruck« etabliert. Er beschreibt den Anteil der Erdoberfläche, den wir benötigen, um unseren Bedarf an Rohstoffen, Energie und Nahrung zu decken. Um diesen Fußabdruck zu vermessen, legt man die biologische Produktivität der Erdoberfläche zugrunde – und stößt auch schon auf die erste schmerzliche Erkenntnis: Nur knapp ein Viertel des Globus ist »produktiv«, der Rest liefert nichts, was uns zum Leben nützt. Rund 11,5 Milliarden Hektar müssen demnach genügen, die Bedürfnisse der Menschheit dauerhaft zu befriedigen. Problem Nummer zwei: Die Leistungsfähigkeit dieses Viertel Erdballs lässt stetig nach. Seit 1970 haben sich die Be-

stände wichtiger Tierarten, deren Wohlbefinden den Zustand ihres jeweiligen Ökosystems repräsentiert, zu Land um 15 und im Meer um 35 Prozent verringert. Am schlimmsten traf es die süßwassergebundenen Lebewesen: Ihre Populationen sind in 30 Jahren um mehr als die Hälfte geschrumpft.

Das Ergebnis weiterer komplexer Berechnungsverfahren offenbart aber das eigentliche Dilemma: Unser ökologischer Fußabdruck – die benötigte Fläche, alle derzeit beanspruchten Güter und Dienstleistungen hervorzubringen – beträgt 13,7 Milliarden Hektar. Unser Verbrauch übersteigt also um rund 20 Prozent die Produktivität der nachwachsenden Ressourcen. Wir zehren von der Substanz! Für den Einzelnen bedeuten die riesigen Zahlen Folgendes: Soll die Welt im Gleichgewicht bleiben, müsste jeder Mensch sich mit dem begnügen, was er aus knapp 1,8 Hektar erwirtschaften kann. Wie diese Fläche sich geographisch zusammensetzt, spielt dabei keine Rolle. Nun ist der durchschnittliche ökologische Fußabdruck der Menschheit seit 1961 jedes Jahr um 1,6 Prozent gewachsen und beträgt heute 2,7 Hektar pro Kopf. Aber dies ist eben nur ein Mittelwert, und wie die oben beschriebene Verteilung des Konsums vermuten lässt, sind auch die »Schuhgrößen« sehr ungleich. Während die armen Länder mit den knapp 2 Hektar auskommen, viele sie gar nicht ausnutzen, brauchen die Reichen im Schnitt das Sechsfache. Die meiste Fläche verschlingt der Lebensstil, den man in den Arabischen Emiraten pflegt, mit über 10 Hektar pro Person, dicht gefolgt von den USA. Die Deutschen, Schweizer und Österreicher liegen mit 4,6 bis 5,3 Hektar im Mittelfeld der Verschwendernationen.

Diese Zahlen besagen zudem, dass den Industrieländern ihre eigenen Flächen nicht genügen, um ihren Wohlstand selbstständig zu produzieren. Also müssen sie auch Flächen der Entwicklungsländer in Beschlag nehmen. Allein Deutschland braucht zusätzliche 6 bis 7 Millionen Hektar. Erst diese ungleiche Belegung des Umweltraums ermöglicht uns unseren Lebens- und Konsumstil.

Nachhaltigkeit, oder wie heißt das?

Schreibt man die oben geschilderten Verhältnisse in die Zukunft fort, werden wir 2030 zwei Planeten brauchen, werden 2050 rund neun Milliarden Menschen längst die gesamten produktiven Flächen der Erde unter ihrem ökologischen Fußabdruck begraben haben. Auf ihrer Konferenz in Rio de Janeiro haben sich 1992 die Nationen verpflichtet, dieses drohende Übel abzuwenden, indem sie sich dem Konzept der Nachhaltigkeit verpflichteten. Mit diesem sperrigen Begriff wissen laut einer Umfrage des deutschen Umweltbundesamtes nur rund ein Viertel der Bevölkerung etwas anzufangen, die Idee dahinter ist aber sehr einfach: »Lebe so, dass die nächste Generation ihre Bedürfnisse ebenso befriedigen kann, wie du es jetzt tust!« Dieser Appell richtet sich an Regierungen wie Behörden, an Völker wie an jeden Einzelnen.

Als wesentliche Voraussetzung einer nachhaltigen Entwicklung erkannte man in Rio überdies den sozialen Ausgleich zwischen den reichen und armen Nationen. Mehr noch: Ohne wirkungsvolle Bekämpfung der Armut wird es keinen globalen Umweltschutz geben. Je weniger Chancen die Menschen in den Entwicklungsländern bekommen, an einem fairen Handel teilzunehmen, je billiger sie uns mit ihren Rohstoffen versorgen müssen, umso höher wird der Druck auf sie, ihre natürlichen Ressourcen jenseits der Belastbarkeit auszubeuten. Der ehemalige deutsche Umweltminister Klaus Töpfer fasst dies so zusammen: »In ihrer Wirkung auf Natur und Umwelt ist Armut die giftigste Substanz der Welt.«

Für unser Einkaufsverhalten bedeutet dies zweierlei: Zum einen, dass wir mit jedem Kauf – bewusst oder beiläufig – auch darüber entscheiden, wie die Umwelt am Herkunftsort des Produkts aussieht, wie das Leben der Menschen dort verläuft. Zum anderen erlaubt uns ein »weit gereistes« Produkt, von den Auswirkungen unserer Kaufentscheidung zunächst keine Notiz nehmen zu müssen. Abholzung, Wassermangel, Bürgerkrieg – von all dem bekommen wir vor unserer Haustüre nichts mit, weil wir die aus unserem Konsum entstehenden Probleme andere ausbaden lassen. Das wirtschaftliche Kräfteverhältnis zwischen Nord und Süd ermöglicht uns relativ billigen und sicheren Konsum. Zugleich verhindert es, dass sich die sogenannten Entwicklungsländer umweltverträglich entwickeln können. Sie müssen das Spiel immer weiter nach unseren Regeln spielen, ohne je gewinnen zu können. Aber auch wir, die »Reichen«, haben uns in eine Zwickmühle manövriert. Unser derzeitiges Wirtschaftssystem funktioniert nur durch Wachstum, angetrieben vom Umweltverbrauch. Und dieses Wachstum braucht neue Märkte. Um neue Märkte zu erschließen, müssen wir unseren Lebensstil exportieren. Unser Lebensstil funktioniert aber nur, wenn andere Länder ihn gerade *nicht* übernehmen, sondern uns weiter als Lieferanten billiger Rohstoffe zur Verfügung stehen.

Nachhaltiger Konsum kann beide Forderungen erfüllen: den Umweltverbrauch zu reduzieren und durch fairen Handel Ländern des Südens eine Chance auf nachhaltige Entwicklung einzuräumen. Nachhaltiger Konsum verlangt bewussteres Konsumieren und, ja, er bedeutet auch, weniger zu konsumieren. Es genügt nämlich nicht, lediglich ein Produkt durch ein anderes zu ersetzen. Wie oben gezeigt, ist das Konsumniveau der Industrieländer insgesamt zu hoch, bloße Effizienzsteigerungen werden dieses Problem nicht lösen: Wird mit der gleichen Menge Umwelt mehr produziert, ist die Verbesserung nur eine relative. Die Natur lässt sich indes nicht mit einem höheren Bruttoinlandsprodukt vertrösten, ökologische Nachhaltigkeit verlangt eine absolute Verbesserung. Solange Wachstum heutiger Prägung die relativen Verbesserungen kompensiert, treten wir bestenfalls auf der Stelle. Leider zeigt die Geschichte der Industriegesellschaften, dass Effizienzgewinne bislang stets als Sprungbrett zur weiteren Expansion dienten. Wolfgang Sachs vom Wuppertal Institut für Klima, Umwelt, Energie nennt dies die »Achillesferse der Globalisierung«.

Jenseits von »Stillstand oder Untergang«

Der alte Leitsatz in Befehlsform »Wachse oder weiche!« steckt uns tief in den Knochen. Erstaunlich eigentlich, ist doch das Konzept des dauernden Wachstums der Wirtschaft in der Geschichte der Ökonomie recht jung. Seine Kraft bezieht es zu großen Teilen aus den Verheißungen des Konsums, die weit über das schlichte Bedarfsdecken hinausgehen: Unterhaltung, Anerkennung, Trost, Gemeinschaft, Sinn. Und umgekehrt aus der Angst, ohne Konsum all dies zu verlieren. Fatal ist die Mischung aus der Magie, die der verzehrende Lebensstil der Reichen für die Ärmeren ausübt, und der Bereitschaft der Reichen, mit aller Macht daran festzuhalten. Die Präsidenten der USA – Sie erinnern sich an den Fußabdruck? – haben in den letzten Jahren mehrfach bekräftigt, dass der »American Way of Life« nicht zur Debatte stehe. Aus dieser Haltung heraus lässt sich den Entwicklungsländern schlecht Enthaltsamkeit predigen, zumal dort Vielen das Nötigste fehlt.

Doch was ist eigentlich dran an der Behauptung, aus diesem Karussell gebe es gar kein Aussteigen? Eine Studie des Rheinisch-Westfälischen Instituts für Wirtschaftsforschung konnte für zwei wesentliche Elemente nachhaltigen Konsums – ökologische Produkte und gemeinsame Produktnutzung (siehe Kapitel 50, *Nutzen statt besitzen*) – nachweisen, dass sie für eine florierende Volkswirtschaft und mehr Beschäftigung sorgen, dabei weniger Abfall produzieren und Einkommen sichern. Zu vergleichbar günstigen Ergebnissen kommt ein Modell, das den Effekt langlebiger Konsumgüter untersucht: Der Umweltverbrauch sinkt, der Lebensstandard steigt.

Freilich, noch legen die politisch und wirtschaftlich Verantwortlichen umweltverträglichem Verhalten oft Steine in den Weg. Aber lassen Sie sich davon nicht aufhalten, und warten Sie nicht auf die Politik. Mag der nachhaltige Weg mitunter nicht der des Pfennigfuchsers sein, mittelfristig verhindert er, dass uns eine Rechnung präsentiert wird, die wir nicht mehr begleichen können. Sie sind auf diesem Weg auch nicht allein: Mehr als ein Drittel der Deutschen aus allen Bevölkerungsgruppen zählen zu den sogenannten Postmaterialisten, die sich aus ökologischen oder ethischen Gründen für einen nachhaltigen Konsum entschieden haben. Worauf es ankommt, bringt Joachim Spangenberg, Vizepräsident des Sustainable Europe Research Institute in Wien, auf den Punkt: »Nachhaltig konsumieren heißt, sich zu erinnern, dass das Bessere der Feind des Guten sein sollte, nicht das Billigere … Nachhaltige Lebensstile sind die Kunst des richtigen Verhaltens in falschen Strukturen. Deshalb braucht es beides – Politik von oben und Handeln von unten.« Anregungen dazu sollen Ihnen die letzten Kapitel dieses Buches geben.

39 Textil – der Stoff, aus dem die Albträume sind

Rund 18 Kilogramm Kleidung pro Kopf verbrauchen wir jedes Jahr, mit anderen Textilien kommen wir auf 28 Kilogramm – das ist Weltspitze. Die Textilindustrie zählt jedoch zu den umweltbelastendsten Branchen überhaupt, und die Preise geben keinen

Anlass, sich darüber Gedanken zu machen. Dies liegt unter anderem am niedrigen Weltmarktpreis für Baumwolle: rund 1 Euro (oder rund 1,50 sFr) pro Kilogramm.

Baumwolle wird vor allem in China, Indien, den USA, Pakistan und Usbekistan angebaut, meist in trockenen Regionen. Das ist fatal, denn mit 25 000 Litern je Kilogramm spinnfähige Faser braucht diese Pflanze enorm viel Wasser. Infolge der ständigen Bewässerung versalzen die Böden der Anbaugebiete. Weil Baumwollmonokulturen nicht nur durstig, sondern auch empfindlich sind, werden sie über 20-mal im Jahr mit Pestiziden eingedeckt.

Die noch folgenden bis zu 20 Arbeitsgänge auf dem Weg zum fertigen Kleidungsstück bergen ebenfalls Gefahren für Umwelt und Gesundheit: Bleichen, Färben, antimikrobielle Behandlung mit Bioziden, und so weiter. Etwa 90 Prozent der zur »Veredelung« verwendeten Chemikalien spült das Abwasser weg, der Rest bleibt in der Faser und trägt dann klangvolle Namen wie: knitterfrei, wash and wear, rapid iron, Supercotton, antistatisch, Scotchgard …

Fast alle Textilien werden international produziert, bei uns sitzt oft nur noch die Verwaltung. Um Investoren zu gewinnen, haben viele Länder »freie Produktionszonen« eingerichtet. Sie ermöglichen es, die ohnehin schwachen Arbeits-, Gesundheits- und Umweltvorschriften zu umgehen. Mittelbare Folgen sind, nach Angaben der WHO, jedes Jahr 28 000 Tote und 150 000 Vergiftungen durch Pestizide allein im Baumwollanbau, chemische Rückstände in der Viehzucht oder Arbeitszeiten von bis zu 77 Stunden wöchentlich in der Fertigung.

Wussten Sie schon …

■ Weltweite Arbeitsteilung macht es möglich: Ein Kleidungsstück in unseren Regalen hat während der Fertigung bis zu 19 000 Kilometer zurückgelegt.

- Der Transport vieler Textilien verschlingt doppelt so viel Energie wie ihre Herstellung inklusive aufwendiger Veredelung.
- Der Aralsee, einst das viertgrößte Binnenmeer der Erde, »versickert« in den anliegenden Baumwollplantagen. Deren Bewässerung hat bis 2004 bis zu 90 (!) Prozent seines Volumens aufgezehrt. Der Wasserspiegel ist seit 1960 um über 19 Meter gesunken, der See in zwei Teile zerfallen. In den letzten Jahren hat ein neugebauter Damm die Situation am Kleinen Aralsee entspannt, für den größeren Rest fehlt eine vergleichbare Perspektive.
- Chemierückstände in einem Baumwollshirt können ein Drittel des Gewichts ausmachen.
- Der Abbau von Bimsstein für den »stone-wash-look« verwüstet ganze Landstriche.
- Für die Herstellung eines Baumwoll-T-Shirts werden 4100 Liter Wasser verbraucht.
- »Bio«, »Natur« oder »Öko« sind keine geschützten Begriffe und garantieren keine höhere Qualität.
- Unternehmen werden immer häufiger an ihrem sozialen und umweltfreundlichen Image gemessen. Weltweit boykottiert ein Drittel der Verbraucher Firmen, die nicht politisch korrekt handeln.
- In Kleve wurde 2007 eine Hanf-Jeans als ökologische Alternative zur Baumwoll-Jeans im Rahmen der Bundesinitiative »Land der Ideen« ausgezeichnet.
- Unicef schätzt, dass 90 Millionen Kinder in der Baumwollindustrie arbeiten – mitunter erst sechs Jahre alt, schuften sie bis zu zwölf Stunden täglich, sieben Tage die Woche.
- Bei Großbränden in Textilfabriken in Pakistan und Bangladesh starben 2012 hunderte Näherinnen. Allein der Einsturz der Textilfabrik Rana Plaza in Bangladesh im April 2013 forderte über 1000 Menschenleben. Zahlte man den Näherin-

nen in Bangladesh 50 Euro mehr im Monat, stiegen die Kosten für die Kleidungsstücke um ganze 12 Cent – oder die Verdienstspanne der nachgelagerten Unternehmen fiele um eben diesen Betrag.

▮ ▮ ▮ TIPPS

Unter den geschilderten Produktionsbedingungen muss der oberste Grundsatz lauten: Reduzieren Sie den Durchsatz in Ihrem Kleiderschrank. Achten Sie neben hoher Qualität auf das Material. Leinen oder Flachs belasten die Umwelt weniger als Wolle und Baumwolle. Viskose entsteigt entgegen mancher Werbeslogans erst nach langwierigen Behandlungen mit Natronlauge und Schwefelkohlenstoff einem Säurebad. Von Polyesterfasern ist generell abzuraten, die umweltverträglichste Kunstfaser ist Polyamid.

Vertrauen Sie Ihrer Nase und kaufen Sie keine Textilien, die »chemisch« riechen – häufig ist das Formaldehyd. Bevorzugen Sie Kleidung, die nicht chemisch gereinigt werden muss.

Zeigen Sie dem Handel, dass Sie auf umwelt- und sozialverträglich hergestellte Kleidung Wert legen, und kontrollierten Sie das Etikett. Bedenken Sie dabei aber: Im Rahmen der Detox-Kampagne hat Greenpeace bei allen Textillabeln Schwachstellen gefunden, derzeit gibt es keinen Standard, der umfassend alle gefährlichen Substanzen regelt.

Die Gütesiegel GOTS (»Global Organic Textile Standard«, vormals »Naturtextil Better«) und »Naturtextil Best« legen die strengsten Kriterien an und bewerten die Auswirkungen entlang des *gesamten* Produktionsprozesses. Mit dem GOTS-Siegel sind bislang gut 1 000 Betriebe ausgezeichnet. Verbraucher erhalten eine Volldeklaration.

Am weitesten verbreitet, und selbst bei Billig-Discountern zu finden ist der »Öko-Tex Standard 100«. Er versichert, dass die

Textilien keine gesundheitsgefährdenden Schadstoffkonzentrationen enthalten, über deren Herstellungsbedingungen sagt er nichts aus. Der Großteil unserer Kleidung erreicht noch nicht einmal diesen niedrigen Standard! »Öko-Tex Standard 1000« bezieht Produktionskriterien wie Abwasserbelastung, Emissionen, Abfall und Energieverbrauch mit ein. Der »Öko-Tex Standard 100plus« kombiniert die Anforderungen der Zertifikate 100 und 1000, allerdings können sich damit bislang erst wenige Hersteller weltweit schmücken. Das Europäische Umweltzeichen in Form einer Blume verspricht unterdurchschnittliche Umweltauswirkungen, die Kriterien greifen aber nicht sehr weit.

Auf Baumwolltextilien spezialisiert ist das Schweizer Label bioRe, das die Weiterverarbeitung der Bio-Baumwolle aus den eigenen Anbauprojekten in Indien und Tansania regelt. bioRe-Produkte gibt es im Greenpeace Magazin Shop, bei Mammut, Elkline, Globetrotter oder unter dem FairAlliance-Label der REWE-Group.

Eine gute Ergänzung für Kleidung aus Synthetikfasern stellt der Blaue Engel dar … theoretisch. Denn bisher hat sich noch kein Lizenznehmer im Textilbereich für dieses Siegel gefunden.

Baumwolle aus kontrolliert biologischem Anbau (kbA) finden Sie am ehesten bei spezialisierten Versandhäusern. Dort ist auch am ehesten sichergestellt, dass sie nicht genmanipuliert ist.

Und das kommt dabei raus

Wenn Sie sich unabhängig von Vorgaben der Modebranche für hochwertige, langlebige Kleidung entscheiden, die Sie – beispielsweise zu Hause – auch noch tragen, wenn sie nicht mehr »galafähig« ist, sparen Sie langfristig eine Menge Geld und weichen einem veritablen Chemiecocktail aus. Mit jedem waschmaschinentauglichen Kleidungsstück sparen Sie sich die zusätzlichen Kosten für die chemische Reinigung. Doch wichtiger vielleicht ist, was Sie den Arbeiterinnen und Arbeitern und der Umwelt in den Herstellungsländern ersparen (noch stehen in manchen Gegenden Indiens die Arbeiter mit nackter Haut bis zu den Knien in Färbemitteln): Für kbA-Baumwolle sind Kunstdünger, Pestizide und Entlaubungsmittel tabu. Dadurch erhalten Bauern auch ein höheres Nettoeinkommen. Manche Anbieter haben es mit ihren Öko-Linien geschafft, den Wasserbedarf beim Färben um mehr als 50 Prozent zu senken und ohne Chlorbleiche sowie Farbstoffe auf Schwerbenzinbasis auszukommen. Die Verarbeitung muss an ein Abwasserreinigungssystem angeschlossen sein und Kinderarbeit ist verboten.

Nachdem die Produktionsbedingungen in der Textilindustrie in die Schlagzeilen geraten sind, sind Nachhaltigkeit und bewusster Konsum ein unabweisbarer Marketingfaktor geworden. So bietet die Modekette H&M nun weltweit die Möglichkeit, gebrauchte Kleidung, egal in welchem Zustand, zurückzunehmen und umweltgerecht weiterzuverarbeiten. Gegen einen Rabatt von 15 Prozent *für den nächsten Einkauf beim Schweden …*

40 »Schrei vor Glück oder schick's zurück« – oder doch einmal vorher nachdenken?

Per Mausklick oder Smartphone Schuhe bestellen, wenige Tage später vor dem eigenen Spiegel anprobieren und bei Nichtgefallen umstandslos zurücksenden – diese Möglichkeit versetzt so manche Online-Shopper in Verzückung. Noch nie war Schuhe kaufen so bequem. Da darf's auch schon mal das eine oder andere Paar mehr sein. Kostet ja nichts! Scheinbar. Genauso sieht die Sache bei Kleidung aus: Möchte ich die Bluse lieber in aubergine oder taupe, brauche ich noch ein figurbetontes Top oder doch eher diese atemberaubende Jeans? Egal, bestellen wir einfach beides, zur Sicherheit noch in verschiedenen Größen. Mal eben zu Hause anprobiert und das Aussortierte flugs per Retourenschein zurückgeschickt.

Jeder Onlinehändler, der auf sich hält, nimmt seine Ware bei Nichtgefallen zurück. Kostenlos versteht sich. Zalando und Frontlineshop sogar noch nach 100 Tagen. Da ist es dann auch egal, wenn man sich im Eifer mal verklickt und Pumps in Schuhgröße 35 statt 38 bestellt hat.

Die Gratisrücksendung war schon in Zeiten dicker Kataloge gängige Praxis der Versandhäuser. Doch die Bestellung per Klick, die prompte Lieferung (zum Teil sogar frei Haus) und das Versprechen, bei Nichtgefallen alles wieder zurückzunehmen, versetzt besonders Konsumentinnen in einen wahren Kaufrausch. Die Branche boomt: Zalando will in nächster Zeit 1 000 Jobs für ein Logistikzentrum in Mönchengladbach generieren. Der Umsatz des Bannerträgers in der Modeverkaufsschlacht ist von 6 Millionen Euro im Jahr 2009 auf eine Milliarde im Jahr 2012 explodiert. Nicht schlecht.

Die Kehrseite der Medaille: In Deutschland gehen jährlich 250 Millionen »Probepäckchen« zurück. Das bedeutet 125 000 Tonnen CO_2 allein für die Retouren des Onlinehandels! Das ist so viel wie der durchschnittliche Jahresausstoß an CO_2 von 12 500 Deutschen. Auch das Statistische Bundesamt liefert ernüchternde Zahlen: Der Transportaufwand, den die Unternehmen in Deutschland im Verhältnis zum erzeugten Bruttoinlandsprodukt treiben, ist zwischen 2000 und 2010 um fast elf Prozent gestiegen. Beabsichtigt war, diesen um zwei Prozentpunkte zu senken, bis 2020 sogar um fünf Punkte. Insgesamt macht der Güterverkehr neun Prozent des gesamten bundesdeutschen CO_2-Ausstoßes aus.

Diese Steigerung entsteht zum einen durch das inflationäre Bestellverhalten der Kunden und zum anderen durch unsere »Sofortness«, die Ungeduld im digitalen Zeitalter: Da die Lieferung innerhalb von ein bis zwei Werktagen versprochen wird, können Sendungen nicht zusammengeführt werden, fehlt die Zeit für die Koordinierung unterschiedlicher Bestellungen oder gar die Kooperation der Onlinehändler in Sachen Optimierung der Logistik. Und so fährt die Lieferflotte auf weiten Strecken Luft durch die verstopften Straßen.

Wussten Sie schon ...

- Manche Experten schätzen den Anteil der zurückgeschickten Waren derzeit auf 50 bis 70 Prozent.
- Zurückgesandte Kleidung muss geprüft, gebügelt, wieder eingepackt und zurück ins Lager gebracht werden. Alles mit zusätzlicher Energie. Durchschnittliche Kosten pro Retoure: 8 Euro.
- Zalando schreibt trotz seines exorbitanten Umsatzes rote Zahlen.
- Die Lieferwagen transportieren im zweistelligen Prozentbereich ihres Volumens nur warme Luft.
- Der Studie »Delivering Tomorrow – Zukunftstrend Nachhaltige Logistik« zufolge ziehen bereits 57 Prozent der Geschäftskunden einen umweltfreundlichen Logistiker einem günstigeren vor. Bei Endkunden sind es erst 51 Prozent.
- Sich vor Ort beim Einzelhandel beraten zu lassen und dann beim Onlinehändler zu bestellen scheint clever, ist aber doch geschmacklos. Am Ende trägt es nur zur weiteren Verödung der Innenstädte bei.
- Die Arbeitsbedingungen in den Logistikabteilungen der Online-Shops sind berüchtigt. Vor allem Leih- und Saisonarbeiter sehen sich unmenschlichen Repressalien ausgesetzt. Der

von Amazon beauftragten Leiharbeitsfirma droht der Lizenzentzug. Und der Sicherheitsdienst des Online-Riesen steht nicht nur im Verdacht, die Mitarbeiter zu drangsalieren, sondern auch Kontakte zur Rechtsextremisten zu haben.

▮ ▮ ▮ TIPPS

Gut möglich, dass ein großer Teil der letztlich ungewünschten Warenlieferungen auf schlichter Gedankenlosigkeit beruht. Es ist so einfach und so selbstverständlich geworden, im Internet nach Waren zu stöbern und diese nach ein paar Klicks und zweimal Schlafen an der Haustür in Empfang nehmen zu können. Auch die Werbung der Versandhändler zielt ja auf genau diese Mischung aus reizvollem Angebot und sofortiger, risikofreier Lieferung, inklusive kostenloser Rücksendung, Zahlungsaufschub und zinsfreier Kreditzahlung. Diese schillernden Botschaften lassen die tatsächlichen Folgen und Kosten des Online-Konsums – die ökologischen ebenso wie die finanziellen – einfach verschwinden. Eine Illusion, wie selbst die Onlinehändler inzwischen merken. Trotz des rasenden Umsatzes sind am Ende die Zahlen in der Bilanz rot. Retouren kosten die Händler viel Geld. Deshalb ruft Zalando auch seit einiger Zeit nicht mehr »Schick's zurück«.

Wenn Sie dazu beitragen wollen, das immer schnellere Warenkarussell auf unseren Straßen anzuhalten, lassen Sie sich nicht von scheinbarer Kostenlosigkeit täuschen und widerstehen Sie dem Reiz der »Sofortness«. Wenn Sie nicht sicher sind, ob Sie den gewählten Artikel tatsächlich brauchen und ob er Ihnen wirklich gefällt oder passt, schlafen Sie einmal über Ihre Kaufentscheidung. Wenn Sie es nicht eilig haben, verzichten Sie auf Sofortlieferung.

Bündeln Sie ähnliche Produkte und bestellen Sie bei möglichst wenigen verschiedenen Händlern, auch wenn Ihnen dabei ein minimaler Preisvorteil entgeht. Vielleicht können Sie ja sogar mit Freunden und Freundinnen zusammen in einer Großlieferung bestellen – und anschließend Ihren Kauf bei einer privaten Schuh- oder Hosenparty anprobieren.

Wählen Sie nach Möglichkeit Händler, die den CO_2-Ausstoß ihrer Lieferungen reduzieren oder kompensieren. Schon länger bietet DHL mit GoGreen-Lieferungen diese Möglichkeit. Der DPD zieht nun nach. Bei der Bestellung können Sie auch angeben, dass Sie Ihre Ware an einer Packstation oder einem Pakektshop selbst abholen. Am besten zu Fuß, mit dem Fahrrad oder bei ohnehin nötigen Fahrten. So verhindern Sie außerdem vergebliche Lieferversuche in Ihrer Abwesenheit.

Wenn Sie etwas in Ihrer Nähe bekommen oder die Passform entscheidend ist, kaufen Sie lieber nicht online. Der Einzelhandel vor Ort wird es Ihnen danken.

Und das kommt dabei raus

Wenn Sie beim Online-Shopping einen Moment innehalten und die Wege überschlagen, die die Ware zu Ihnen zurücklegen muss, könnte dies nebenbei auch zu einem besser reflektierten Einkauf führen. Ziehen Sie die Lieferung durch Services vor, die durch Verbesserung ihrer Logistik den CO_2-Ausstoß reduzieren und kompensieren, sorgen immerhin Dritte dafür, den ökologischen Fußabdruck zu minimieren. Mit jeder Paketlieferung, auf die Sie verzichten, sparen Sie bis zu 500 Gramm CO_2 ein. Wenn Sie allerdings durch einen Onlinekauf drei bis vier reale Shoppingtouren oder eine Fahrstrecke von 50 Kilometern vermeiden, können Sie getrost den »Jetzt-Kaufen-Button« drücken, denn dann – und nur dann – ist der ökologische Fußabdruck eines Onlinekaufs vergleichsweise kleiner. Natürlich nur, wenn Sie das Produkt danach nicht wieder zurückschicken.

41 Schönheit muss leiden – und die Umwelt gleich mit

Seit jeher betreibt der Mensch mit Kosmetik zweierlei: Körperpflege und Imagepflege. Nicht immer steht beides in ausgewogenem Verhältnis, wie der aufgepuderte Barock gezeigt hat. Unter den Perücken roch es meist gar nicht erquicklich. Heute schlägt das Pendel oft so weit in die andere Richtung aus, dass Hautärzte dringend vor Überreinlichkeit warnen. Kein Wunder, bergen Hygieneartikel doch ein Chemikalienarsenal von Alaun bis Xylol, das weder dem Körper noch der Natur gut tut. Nur einige Beispiele:

Polyzyklische und Nitro-Moschusverbindungen zaubern Duft in Parfüms, Hautcremes, Seifen, Badezusätze oder Shampoos. Sie sind äußerst stabil und werden in Kläranlagen kaum abgebaut. Die EU hat für Kosmetika einige Nitro-Moschusverbindungen verboten, andere sind noch erlaubt.

Will man die Haarfarbe ändern, um »seinen Typ zu entdecken«, müssen die Aromaten Phenylendiamin und Toluylendiamin ran, die wahrscheinlich Krebs auslösen und das Erbgut schädigen können. Kaum weniger bedenklich sind Resorcin, Alpha-Naphthol oder auch allgegenwärtige Konservierungsstoffe wie Triclosan – eine antibakterielle Chlorverbindung, deren verbreitete Anwendung bereits zur Bildung resistenter Keime geführt hat. Der Allergie auslösende Konservierungsstoff MDGN (Methyldibromo Glutaronitril) wurde 2008 von der EU-Kommission verboten.

Naturkosmetik scheint die Lösung für Gesundheit und Umwelt, doch nicht alle Produkte mit dem Etikett »natürlich« oder »Bio« entsprechen den Richtlinien der Bio-Kosmetik. Zudem stehen auch hier die Rohstoffe nicht unbegrenzt zur Verfügung:

Für Palmöl, eine wichtige Grundsubstanz aus Plantagenbau, werden im großen Stil indonesische Urwälder gerodet, und etliche Heil- und Duftpflanzen werden so intensiv gesammelt, dass sie am Rand der Ausrottung stehen (siehe dazu Kapitel 42).

Wussten Sie schon ...

■ Künstliche Moschusverbindungen lassen sich nicht nur überall im Regenwasser nachweisen, sondern überdies in der Muttermilch.

■ In einem herkömmlichen Haarspray beträgt der Anteil wirksamer Substanzen nur 5 Prozent, 95 Prozent sind Lösungs- und Treibmittel.

■ Umweltmediziner raten Schwangeren dringend vom Haare-färben mit der üblichen Chemie ab.

■ Noch nicht einmal 10 Prozent der Deutschen, Österreicher oder Schweizer sind naturblond.

■ Seit Mitte März 2013 sind in Europa Tierversuche für Kosmetika verboten, dies gilt auch für importierte Inhaltsstoffe. Sie machen allerdings nur einen sehr geringen Teil aller Tierversuche aus.

▌ ▌ ▌ TIPPS

Überlegen Sie, was Sie wirklich brauchen. Es lohnt, sich ein wenig über die bedenklichen Inhaltsstoffe in Kosmetika kundig zu machen, zum Beispiel mit Hilfe der Zeitschrift *Öko-Test*. Sie werden Inhaltsangaben mit ganz anderen Augen lesen.

Die Frage, ob Propan, Butan, Dimethylether oder sonst etwas der richtige Ersatzstoff für FCKW ist, erledigt sich, wenn Sie auf Mehrweg-Pumpzerstäuber umsteigen: kein Treibgas, kein Einwegmüll. Auch das Grundproblem aller Sprays, einatembare Partikel, fällt bei Pumpzerstäubern deutlich kleiner aus. Umweltverträgliche Sprays und Roller tragen einen Blauen Engel.

Echte Nassrasierer sollten sich die paar Augenblicke gönnen, die es länger dauert, mit Seife und Pinsel aufzuschäumen, anstatt zur Schaumdose zu greifen.

Bei Zahnpasta bedeutet viel Schaum nicht viel Sauberkeit. Suchen Sie eine, die ohne das schäumende Natriumlaurylsulfat auskommt. Es reizt die Schleimhaut, greift vermutlich den Zahnschmelz an und belastet die Gewässer. Zahnbürsten mit auswechselbarem Kopf helfen, den »Müll aus dem Badezimmer« zu reduzieren.

Tönungen scheinen etwas weniger gefährlich zu sein als Haarfärbemittel. Doch auch hinter dem Werbebegriff »Intensivtönung« verbirgt sich die Chemie der Färbung, zu erkennen an den zwei Komponenten für die Tönung statt nur einer. Pflanzenfarben stellen in der Regel eine geringere Belastung für Mensch und Umwelt dar, aber auch das kräftige Rot der Krappwurzel hat sich schon als krebserregend erwiesen.

Probieren Sie mal alternative Nagellacke auf Wasserbasis, dann können Sie sich den giftigen Entferner gleich schenken.

Bei der Auswahl natürlicher Alternativen können Sie sich am Logo *Kontrollierte Naturkosmetik* orientieren, das verbindliche Mindeststandards garantiert: künstliche Moschusverbindungen sind ebenso verboten wie Paraffine und andere Erdölprodukte, pflanzliche Rohstoffe stammen weitestgehend aus kontrolliert biologischem Anbau. Und für die Inhaltsstoffe muss man nicht in die Ferne schweifen. In Österreich erzeugt ein Großteil der Ökobauern auch Biokräuter.

Und das kommt dabei raus

Kosmetika gehören bekanntlich zu den teuren Artikeln im Warenkorb, manche Badezimmer horten wahrhaft Reichtümer. Wenn Sie es schaffen, sich mit »kleinem, individuellem Besteck« wohl zu fühlen, können Sie sich, den Gewässern und der Atmosphäre eine ganze Menge ersparen. Viele Tests ergaben, dass gerade die teuren Kosmetika mit überdurchschnittlich vielen Problemstoffen beladen sind.

42 Naturmedizin – der bessere Weg zur Gesundheit?

Medizinische Produkte aus Heilpflanzen, sogenannte Phytopharmaka, erfreuen sich wachsender Beliebtheit. Auch bei Kosmetika, Hygieneprodukten, Reinigungsmitteln oder anderen Produkten dienen Heilpflanzen-Zusätze immer häufiger als »natürliche« Verkaufsargumente. Das unkontrollierte Abernten der Heilpflanzen hat für diese Arten und die assoziierten Ökosysteme jedoch drastische Konsequenzen. Laut dem WWF International könnten bis zu 20 Prozent der 50 000 Arten bald verschwinden. Weder Hersteller noch Anwender der pflanzlichen Präparate machen sich Gedanken über diesen Raubbau. Dabei wären nachhaltige Strategien bei Anbau und Ernte dringend notwendig, denn mehr als zwei Drittel der genutzten Medizinalpflanzen werden wild gesammelt, nur ein Bruchteil wird in Plantagen gezogen. Die Organisation Plantlife beklagt, dass die meisten Unternehmen aus diesem Sektor die Pflanzen sogar ausschließlich in freier Wildbahn ernten lassen. Europa ist mit einem Drittel des weltweiten Verbrauches ein Hauptabnehmer, Deutschland ist weltweit der viertgrößte Importeur von Heilpflanzen und in der EU sogar auf Platz 1 bei Handel und Verbrauch. Etwa 1 500 Arten werden hier gehandelt. Besonders tragisch ist diese Entwicklung, da hinter vielen Mitteln nicht einmal eine nachweisbare Wirkung steht. Hier lautet das

Motto: Lieber Unsinn aus der Natur als Fragwürdiges von der »bösen Chemie«.

Die Firmen freut dieser Boom, nutzen doch rein rechnerisch vier von fünf Menschen Heilstoffe aus der Natur. Durch den Raubbau besonders bedroht sind etwa Tetu Lakha, Costus (Kusta) aus Indien, die Lilienartige Fritillaria cirrhosa oder die Wüsten-Zistanche aus China. Höchst gefährdet sind auch Bärentraube, Teufelskralle, Ginseng, Ginkgo biloba und Hoodia, eine kaktusähnliche Pflanze aus dem Süden Afrikas, die eine Hunger stillende Wirkung hat. Das als Prostatamittel beliebte Afrikanische Stinkholz ist bereits nahezu ausgelöscht, da die Bäume zuletzt nicht mehr nur teilweise, sondern komplett geschält wurden. Der immergrüne Baum wächst in afrikanischen Bergwäldern und erreicht imposante Höhen von bis zu 40 Metern. Er fällt den Gewinnen zum Opfer, die mit dem Handel dieses Prostatamittels erzielt werden: umgerechnet etwa 140 Millionen Euro. Diese Gewinne bleiben freilich vor allem in den Industrieländern hängen.

Bislang sind 350 Medizinalpflanzen unter den Schutz der strengen Handelsbestimmungen des Artenschutzübereinkommens CITES gestellt worden. Auch wenn immer wieder größere Mengen illegal importierter Präparate beschlagnahmt wurden, dürfte der illegale Handel mit den Pflanzen aber nur schwer unter Kontrolle zu bringen sein. Strenge Schutzbestimmungen für etwa Sonnentau oder Schlüsselblume – wilde Populationen sind in Deutschland nach der Bundesartenschutzverordnung geschützt – verhindern nicht, dass diese Pflanzen für den Handel in Südosteuropa und Spanien weiterhin wild gesammelt werden. Die Leidtragenden sind unter anderem auch die unwissenden Konsumenten, die die Präparate teuer im Internet bestellen und mit hohen Strafen rechnen müssen. Eine Lösung des Problems wird zudem von pharmastarken Nationen wie der Schweiz oder Kanada blockiert. Sie widersetzen sich seit Jahren einer Ausgleichsregel, da sie ihren Zugang zur Artenvielfalt der Entwicklungsländer nicht einschränken wollen.

Wussten Sie schon ...

- Jährlich gelangen 400 000 Tonnen Heilpflanzen weltweit in den Handel und werden zu ätherischen Ölen, Phytopharmaka oder Kosmetika weiterverarbeitet. Deutschland ist mit 45 000 Tonnen Heilpflanzen pro Jahr europaweit spitze.
- 2006 wurden in Deutschlands Apotheken Phytopharmaka für fast 2 Milliarden Euro verkauft – das macht knapp ein Drittel des Gesamtumsatzes an rezeptfreien Arzneimitteln aus.
- Der Markt für Medizinalpflanzen ist in Nordamerika und Europa in den letzten zehn Jahren jährlich um 10 Prozent gewachsen. Der weltweite Umsatz beträgt rund 16 Milliarden Euro.
- Der Moschushirsch ist eine geschützte und durch Bejagung stark gefährdete Art – trotzdem ist Moschus weiterhin in zahlreichen homöopathischen Arzneien enthalten.
- Der weltweite jährliche Absatz von Ginseng und Ginkgo biloba beträgt etwa 8 000 beziehungsweise 2 000 Tonnen, über ein Drittel davon allein in Deutschland. Seit Kurzem versprechen Kondome mit Ginseng grenzeloses Vergnügen: Die mit einer Ginseng-Beschichtung versehenen Kondome wurden von der AIDS-Hilfe Schweiz ins Leben gerufen.
- In China war im Oktober 2008 ein Fall von tödlicher Naturmedizin zu verzeichnen: Ein neun Monate altes Baby verstarb an der Injektion des Präparats Yinzhihuang, das gegen Kindergelbsucht angewandt wird und Extrakte von Gardenie und Geißblatt enthält.
- Noch immer werden jährlich um die 16 Millionen Seepferdchen getrocknet und als allheilendes Vitalisierungsmittel ver-

wendet. Alle 33 Arten gelten als bedroht. Und obwohl Frankreich, Portugal und Vietnam sie auf der Roten Liste führen, ist in diesen Ländern der Handel mit Seepferdchen legal.

▮ ▮ ▮ TIPPS

Als Konsument können Sie zwar nicht direkt beeinflussen, wie Heilpflanzen in den Handel gelangen. Aber Sie können in der Apotheke nachfragen, was in den Mitteln enthalten ist und ob es aus legaler Quelle stammt. Bei Käufen im Internet ist das natürlich nicht möglich. Außerdem ist hier Vorsicht geboten, da Sie beim Erwerb verbotener Phytopharmaka mit Strafen belangt werden können.

Ziel muss es sein, dass der Natur nur so viel entnommen wird, wie auch nachwachsen kann. So macht es seit Jahren Deutschlands führender Heilpflanzen-Lieferant Martin Bauer. In Namibia werden die Sammler der Teufelskralle von dem Unternehmen darin geschult, die Wurzelpflanze bestandsschonend zu ernten. Außerdem werden jährlich Sammelgebiete begrenzt, um der Pflanze Zeit zur Regeneration zu lassen.

Seit 2007 läuft ein Schutzprogramm, das Standards für eine nachhaltige Wildsammlung von Heil- und Aromapflanzen gewährleisten soll. Entwickelt wurde es vom Bundesamt für Naturschutz, dem WWF Deutschland, dem Artenschutzprogramm TRAFFIC und der Weltnaturschutzunion IUCN. Die entsprechenden Vorgaben fasst der ISSC-MAP zusammen (International Standard for Sustainable Wild Collection of Medicinal and Aromatic Plants, www.floraweb.de/map-pro). Für Arzneimittelhersteller ist dieses Programm spannend, da es den Erhalt vieler Heilpflanzen gewährleistet. Aber auch soziale Aspekte spielen eine wichtige Rolle, denn in ärmeren Ländern sind Heilpflanzen eine wichtige Einnahmequelle vieler Familien – und ein fairer Lohn würde verhindern, dass die Sammler ihre Ressourcen aus

Not überstrapazieren. Ziel des Projekts ist ein Zertifikat, das von den Unternehmen akzeptiert und übernommen wird und das Konsumenten informiert.

Und das kommt dabei raus

Nachhaltig geerntete Heilpflanzen sind durchaus positiv zu sehen, da sie lokalen Bauern und Sammlern etwa in Afrika, Indien oder China ein langfristiges Einkommen sichern. Auch das Wissen um traditionelle Heilmethoden wird so gefestigt. Erst internationale Standards gewährleisten aber, dass indigene Völker zumindest ansatzweise an den Gewinnen beteiligt werden. Das Volk der San etwa, das die besondere Wirkung der Pflanze Hoodia entdeckt hat, erhielt erst nach langem Rechtsstreit eine Entschädigung von dem Forschungsinstitut in Südafrika, das sich Hoodia hatte patentieren lassen – allerdings nur ein winzig kleines Stück vom großen Gewinnkuchen.

43 Blühende Geschäfte – Augen auf beim Blumenkauf

Tulpen kommen aus Amsterdam, das hat uns der Schlager beigebracht. Dass Kolumbien nach den Niederlanden der zweitgrößte Lieferant von Schnittblumen ist, davon singt kein Lied. Und von den Anbaubedingungen dort und in den anderen Entwicklungsländern im Blumenbusiness erst recht nicht. Seit den 1960er Jahren wuchsen die Gewächshäuser in der Hochebene um die kolumbianische Hauptstadt Bogotá. Rund 200 Kilogramm Pestizide gehen hier jedes Jahr auf den Hektar nieder, fünfmal so viel wie in der deutschen Rosenzucht. Selbst international geächtete

Pestizide wie DDT kommen noch zum Zug. Die Blumenindustrie beansprucht drei Viertel des Wasservorrates rund um Bogotá für sich, so dass sich der Grundwasserspiegel bereits um 60 Meter gesenkt hat. Harte Arbeit, ungenügende Löhne und steter Gifteinsatz führen dazu, dass die Arbeiterinnen oft schon mit Mitte 30 invalide sind. Dies alles verstößt gegen kolumbianische Gesetze, doch der Staat kontrolliert ihre Einhaltung kaum. Ähnlich oder gar noch schlimmer sieht es in Sambia und Tansania aus.

Die Organisation FIAN setzt sich seit 1991 gemeinsam mit Brot für die Welt, terre des hommes und weiteren internationalen Organisationen für bessere Umwelt- und Sozialstandards in Blumenexportländern ein. Die Schweizer Supermarktkette Migros brachte im Jahr 1997 die ersten »fairen Rosen« aus Simbabwe auf den Markt, und im Oktober 2003 wurde der erste Betrieb aus Kolumbien mit dem Gütesiegel des Flower Label Program (FLP) ausgezeichnet.

Beim Blumenverkauf sind in Deutschland die Discounter auf dem Vormarsch. Bereits 40 Prozent aller Schnittblumen finden dort ihre Abnehmer, Aldi gehört mittlerweile zu den größten Schnittblumenhändlern Deutschlands. Zunehmend ergänzen auch dort Blumen mit FairTrade-Siegel das Sortiment. Der Bund für Umwelt und Naturschutz Deutschland (BUND) warnt indes vor dem Kauf herkömmlicher und günstiger Supermarktware. In einer Untersuchung von 2012 befanden sich elf verschiedene, teils stark krebserregende und hormonell wirksame Pestizide in Blumen vor allem aus Supermärkten und Blumenketten.

Wussten Sie schon ...

- Deutschland ist weiterhin der weltweit größte Importmarkt für Schnittblumen, während der Absatz in Griechenland, Spanien und Portugal wegen der Wirtschaftskrise zurückgeht.

- Jede dritte Rose oder Nelke auf dem Weltmarkt ist im unterprivilegierten Süden gewachsen.
- Die Deutschen geben im Jahr insgesamt 4 Milliarden Euro für 1,5 Millionen Tonnen Frischblumen aus – fast 13 Prozent der weltweit gehandelten Menge.
- Eine sambische Blumenarbeiterin verdient etwa 34 Euro im Monat. Davon gibt sie zwei Drittel allein für das Nötigste an Nahrungsmitteln für ihre Familie aus.
- Für ein Kilogramm Rosen werden in Kenia 460 Kilogramm Wasser verbraucht, in der Schweiz 230 und in den Niederlanden 280 Kilogramm.

▮ ▮ ▮ TIPPS

Wenn Sie Blumen schenken wollen, vergewissern Sie sich, dass Sie keinen Bund »Fleurs du Mal« in den Händen halten. Das Flower Label Program vergibt ein Gütesiegel für sozial- und umweltverträgliche Blumenproduktion. Das FLP-Zeichen garantiert unter anderem, dass existenzsichernde Mindestlöhne gezahlt und der Einsatz von Pestiziden, Düngern sowie anderen Chemikalien minimiert werden. Kinderarbeit ist verboten. Inzwischen arbeiten über 60 Plantagen in sechs Ländern nach diesen Kriterien, 20 000 Arbeiter und Arbeiterinnen profitieren davon. Auf der Website www.fairflowers.de können Sie sortiert nach Ort oder Postleitzahl einen Blumenhändler in Ihrer Nähe suchen, der Blumen mit dem FLP-Siegel führt.

Das Siegel »Fairfleurs« von Transfair zeichnet ebenfalls soziale und ökologische Produktionsbedingungen aus. Neben dem angemessenen Lohn für die Arbeitskräfte geht hier vom Erlös zudem noch ein Betrag für den Bau von Schulen und Kindertagesstätten sowie für Bildungsprojekte und Krankenhäuser ab. Allein in Kenia sind bislang 18 Produzenten mit dem FairTrade-Label ausgezeichnet (www.fairtrade-deutschland.de).

Eine gute Alternative bieten die Gärtnereien, die als Mitglieder der anerkannten ökologischen Anbauverbände Bio-Blumen anbauen. Sie lassen Nützlinge die Arbeit von Pestiziden machen, verwenden möglichst keinen Torf und sparen durch Kulturen mit niedrigem Temperaturbedarf Energie. Ein breit gefächertes Sortenspektrum sichert das Schnittblumenangebot von Ende April bis Anfang November. Bio-Blumen bekommen Sie direkt in den Gärtnereien, auf Wochenmärkten oder über den Versandhandel.

Lassen Sie sich Ihre Blumen nicht in Kunststofffolie einwickeln. Die kurzlebige Verpackung verwandelt sich zu schnell in langlebigen Müll. Verlangen Sie eine Papierverpackung.

Und das kommt dabei raus

Blumen aus ökologischem oder zumindest fairem Anbau finden Sie noch nicht an jeder Straßenecke, aber etwas Suchen lohnt sich: Solch einen Strauß können Sie mit gutem Gewissen auf den Tisch stellen, und bei Bio-Blumen brauchen Sie keine Angst um Ihre Gesundheit zu haben, wenn Sie eine tiefe Nase voll nehmen.

44 Goldige Geschenke – jedes Gramm kostet zentnerweise Natur

Für viele gehört es zur Hochzeit einfach dazu. Oder unter den Weihnachtsbaum. Finanzberater empfehlen es als ergänzende Geldanlage: Gold. In der Erdkruste kommt es fast ausschließlich gediegen vor, und zwar in geringen Mengen. Der Aufwand, es da rauszuholen, hat natürlich seinen Preis, den noch lange vor dem

Käufer die Menschen und die Natur in den Schürfgebieten entrichten. Gut eine Tonne Erdreich muss man für 3 Gramm gebundenes Gold umwühlen.

Wird es dann ausgelöst, folgt der Verwüstung die Vergiftung, denn um das Metall zu extrahieren, wird harte Chemie eingesetzt: Einzelkämpfer, die allerdings zu Zehntausenden auftreten, benutzen Quecksilber, um das Gold zu amalgamieren. Wird das Amalgam verbrannt, bleibt Reingold zurück, während sich die Quecksilberdämpfe in der Umgebung niederschlagen. Sie führen bei Mensch und Tier zu irreversiblen Schäden des Nervensystems. Große Förderorganisationen spülen das Gold zum Abscheiden mit Alkalicyanidlösungen aus. Die Cyanidlauge wird nach Gebrauch in offenen Becken von der Größe eines Baggersees aufgefangen, in denen vor allem zahlreiche Vögel den Tod finden. Immer wieder brechen die Dämme verwahrloster Becken, und die Cyanidbrühe verursacht Massensterben in den umliegenden Gewässern. Andere Auswirkungen sind in Ghana zu sehen: Schwefeldioxid und Arsentrioxid aus den Schloten der Abbaubetriebe in Obuasi haben die umliegenden Hügel völlig entwaldet. Die Minenarbeiter und Einwohner Obuasis zeigen klinische Symptome einer Arsenvergiftung.

In den letzten Jahren sind zwar umweltverträglichere Trennmethoden auf den Markt gekommen, ohne harte Vorgaben für die Industrie werden sie sich aber nur langsam durchsetzen. Die ausgebeuteten Landstriche lassen sich kaum rekultivieren. In den ehemaligen Schürfgebieten im Harz sind die Schäden noch Jahrhunderte nach dem Abbau zu sehen. Hier wächst nichts außer Flechten.

Wussten Sie schon ...

- Seit 1980 hat sich die weltweite Goldförderung etwa verdreifacht, unter anderem mit Unterstützung der Weltbank und der Deutschen Investitions- und Entwicklungsgesellschaft. Mit 2700 Tonnen wurde 2012 ein neuer Rekord erreicht. Inzwischen auch hier die Nummer eins: China.

- Über 80 Prozent des Goldes werden zu Schmuckstücken verarbeitet, der technische Bedarf spielt mit etwa 13 Prozent eine untergeordnete Rolle.
- Der jährlich anfallende Abraum könnte eine Schlange von 250-Tonnern einmal rund um den Äquator füllen.
- Allein in den Amazonas spülen Goldsucher jährlich rund 100 Tonnen Quecksilber.
- Das Pariser Industrieministerium hat mitten im Amazonas-Nationalpark in Französisch-Guyana eine Goldkonzession erteilt – obwohl die dortigen Behörden erst 2012 einen Raumnutzungsplan in Kraft gesetzt haben, der den Bergbau und damit den Goldabbau generell verbietet.
- Nach Angaben der International Labour Organization sterben jährlich 15000 Menschen an den Folgen des Goldabbaus.
- Der Gewinn der 40 größten Firmen der Goldbranche stieg 2005 zusammen um 59 Prozent auf 45 Milliarden Dollar – rund achtmal mehr als im Jahr 2002. Im Boomjahr 2011 meldete Barrick Gold allein für das dritte Quartal einen Gewinn von 1,37 Milliarden Dollar.

I I I TIPPS

Da es nach Aussage von Juwelieren nahezu unmöglich ist herauszufinden, aus welchen Ländern das verarbeitete Gold stammt, oder ob und welche Umweltstandards dort eingehalten werden, sollten Sie sich vor dem Kauf von Goldschmuck überlegen, ob Ihnen die Zier am Ohr den Raubbau vor Ort wert ist. Verzichten Sie auf den Kauf von industriell gefertigtem Massen-Goldschmuck. Wenn es Gold sein soll, dann können Sie alte Schmuckstücke und andere goldlegierte Produkte umarbeiten oder recyclen lassen. Hierfür bietet sich Schmuck aus Nachlässen an, der keine persönliche Bedeutung für Sie hat. Goldschmiede und qualifizierte Fachgeschäfte können aus altem Gold problemlos neuen Schmuck nach Ihren Vorstellungen kreieren.

Und das kommt dabei raus
Die Feinunze Gold kostete im Januar 2008 erstmals 900 US-Dollar – eine ganze Menge für 31 Gramm Metall. Mit so viel Geld können Sie sich Schöneres leisten. Vielleicht eine Reise in Urwälder, die mangels Nachfrage vom Goldrausch verschont bleiben.

45 Teures Papier – ein Stück Urwald steckt in jedem weißen Bogen

Der Papierbedarf in Deutschland explodiert. Sind wir vor 30 Jahren noch mit 8,7 Millionen Tonnen ausgekommen, so waren es 2006 über 20 Millionen Tonnen. Das heißt, vom Briefbogen bis zum Toilettenpapier verbrauchen wir fast 250 Kilogramm pro Kopf und Jahr, fast viereinhalb mal so viel wie der Weltdurchschnitt! In der Schweiz liegt der Pro-Kopf-Verbrauch an Papier bei 224 Kilogramm, in Österreich bei knapp 250 Kilogramm – gegenüber im Schnitt 18 Kilogramm in Entwicklungsländern. Erschwerend hinzu kommt ein neuer Trend zu immer weißeren Büro- und Kopierpapieren. So sind in jüngster Zeit sowohl die Nachfrage als auch das Angebot an Recyclingprodukten stark geschrumpft: Nur noch jedes fünfte Schulheft besteht aus Altpapier, und kaufen können Sie es in weniger als der Hälfte aller Schreibwarenläden und -abteilungen. Das mag unter anderem daran liegen, dass etliche Hersteller ihre hochweißen Produkte mit selbst erfundenen Logos wie »… schützt den Tropenwald« als umweltfreundlich bewerben. Solche Aussagen verschleiern aber, dass auch dieses Papier großenteils aus Urwäldern stammt, nämlich denen des Nordens, zum Beispiel aus Kanada.

Echter Umweltschutz aber bedeutet, den Papierverbrauch zu senken und beim Papierkauf auf den »Blauen Engel« (in Österreich auf das Umweltzeichen) zu achten. Und den bekommt nur Recycling-Papier mit einem hohen Altpapieranteil. Papier mit diesem Logo lässt sich übrigens genauso gut bedrucken und lagern wie teurere Frischfaserpapiere, also hochweiße Papiere aus frischem Holz.

Wussten Sie schon …

- In einem Jahr hat ein Mitteleuropäer rechnerisch so viel Papier verbraucht wie ein 58-jähriger Inder in seinem ganzen Leben. Deutschland allein verbraucht so viel Papier wie Afrika und Südamerika zusammen.
- Holzfrei bedeutet, dass das Papier keinen störenden Holzstoff enthält. Für dieses Papier wird aber überdurchschnittlich viel Holz verbraucht!
- Für Recycling-Papier müssen nur ein Drittel der Energie und ein Sechstel der Wassermenge aufgewendet werden, die für neues Frischfaserpapier nötig ist.
- Nur ein Fünftel des Holzes für unser Papier wächst in Deutschland, der Rest wird importiert. Österreich importiert ebenfalls große Mengen von Papiervorläuferstoffen, zum Beispiel auch viel Altpapier.
- Die Papierproduktion frisst ebenso viel Energie wie die Herstellung von Stahl.

- Papier kann technisch 6- bis 7-mal recycelt werden, zurzeit erreichen wir jedoch mangels Nachfrage nicht einmal zwei Recycling-Umläufe.
- Auch Recycling-Papier gibt es in weißer Färbung. Beispielsweise das, das Sie gerade in den Händen halten.

▮ ▮ ▮ TIPPS

Überlegen Sie am Computer, welche Dokumente Sie wirklich ausdrucken müssen. Oft genügt es, E-Mails am Bildschirm zu lesen (die Darstellungsgröße lässt sich übrigens ändern!). Wählen Sie im Druckmenü »2 Seiten pro Blatt«. Verwenden Sie die Rückseite einseitig bedruckter Bögen als Konzept- oder Kopierpapier.

Machen Sie Ihr Statement als Papiersparer am Briefkasten: Bitte keine Werbung! So weisen Sie jedes Jahr bis zu 100 Kilogramm Papiermüll zurück.

Sie finden kein Recycling-Papier im Schreibwarenladen? Gehen Sie nicht frustriert mit hochweißen Seiten nach Hause, sondern fragen Sie gezielt Recycling-Papier nach. Kaufen Sie für Ihre Kinder Schulhefte und Blöcke nur aus Recycling-Papier mit dem Blauen Engel. Ersetzen Sie Einweg-Wischtücher durch waschbare aus Stoff.

Wickeln Sie Überweisungen und ähnliche Vorgänge online ab – das geht häufig schneller als per Papierformular. Sammeln Sie Altpapier.

Und das kommt dabei raus

Mit jedem Blatt Papier, das Sie ein zweites Mal benutzen, halbieren Sie Ihre Papierkosten. Recycling-Papiere sind im Schnitt ein Drittel billiger als hochweißes Frischfaserpapier.

46 Schief gewickelt – der lange Weg zum trockenen Kind

Kaum 35 Jahre sind sie alt und nicht mehr wegzudenken: Wegwerfwindeln aus Zellstoff, Polyethylen und Klebeband. Im Herbst 1973 wurden die ersten Pampers in Deutschland verkauft. Wenige Jahre später hatten sie die Stoffwindel bereits weitgehend verdrängt. Rund sechs Millionen Windeln werden in Deutschland Tag für Tag verwickelt. Rund 95 Prozent sind Wegwerfwindeln. Bis zu 1,5 Tonnen schwer verrottbaren Windelmüll produziert so jedes Kind. In der Müllverbrennungsanlage, wo die meisten Wegwerfwindeln landen, schlagen sie wegen ihrer hohen Feuchtigkeit in der Energiebilanz negativ zu Buche. Unbeeinflussbar negativ für die Ökobilanz ist außerdem die energie- und wasserträchtige Herstellung der High-Tech-Einmalwindeln.

Ob Stoff- und Wegwerfwindeln – letztere kosten 25 bis 30 Cent pro Stück, billige gibt es schon für 15 Cent – sich unterm Strich in Preis und Umweltbelastung unterscheiden, darüber haben schon mehrere Studien gestritten. Das Ergebnis hängt von den zugrundegelegten Vergleichsdaten ab. Eine der letzten großen Studien, die keinen Unterschied feststellen konnte, wurde von Procter & Gamble finanziert – einem bedeutenden Hersteller von Einwegwindeln. Eine unabhängig erstellte Ökobilanz für beide Systeme gibt es laut Umweltbundesamt bis heute nicht. Auch mit Bio-Wegwerfwindeln können junge Eltern ihr ökologisches Gewissen nicht wirklich beruhigen. Sie bestehen nur zum Teil aus Rohstoffen, die biologisch abbaubar sind.

Klar ist jedenfalls, dass Sie durch die Verwendung von Mehrwegwindeln die Ökobilanz aktiv beeinflussen können, bei Pampers und Co. bleibt sie immer gleich.

Erfahrungen und Tipps tauschen Eltern zum Beispiel unter www.windelfrei.blog.de aus.

Wussten Sie schon ...

- Ein Baby braucht 6 000 Wegwerfwindeln, bis es trocken ist.
- Die Abfallmenge für ein Baby beträgt 1 bis 1,5 Tonnen und füllt wöchentlich eine 50-Liter-Mülltonne.
- Für 500 Windeln muss ein ganzer Baum dran glauben.
- Wissenschaftler der Fachhochschule Gießen-Friedberg arbeiten an einer Methode, um Biogas aus gebrauchten Windeln zu erzeugen. Für die Markteinführung des Verfahrens wird mit einem Industriepartner verhandelt.

▮ ▮ ▮ TIPPS

Wer die Energie- und Windelkosten selbst beeinflussen möchte, muss heute keine langwierigen Wickelprozeduren und unüberschaubaren Berge von Kochwäsche mehr fürchten. Mit modernen Wickelsystemen aus Baumwollhöschen mit Klettverschluss und zusätzlichen Einlagen geht das Wickeln ähnlich schnell wie mit Wegwerfwindeln.

In der Waschmaschine reicht im Prinzip die 60-Grad-Wäsche für ausreichende Keimarmut, solange keine Hefepilzinfektion vorliegt. Wer dann noch umweltfreundliche Waschmittel und eine sparsame Maschine nutzt sowie auf Trockner und Bügeln verzichtet, hat in Sachen Gewässerbelastung und Energiebedarf gegenüber Wegwerfwindeln nochmals etwas wettgemacht.

Ein weiteres Plus für Haut und Umwelt sind langlebige Überhöschen aus Schurwolle und Mikrofaser, die selten gewaschen werden müssen und laut *Öko-Test* keine schädlichen Kunststoffe enthalten.

Wenn Sie einen Windeldienst beauftragen, sparen Sie sowohl die Wäsche als auch die Fahrt zum Drogeriemarkt, um Pampers-

Nachschub zu besorgen. Stattdessen bekommen Sie Baumwoll-windeln und Überhosen gestellt sowie einen geruchsdichten Behälter, der die benutzten Windeln aufnimmt. Mindestens einmal pro Woche tauscht der Dienst die gebrauchten Windeln dann gegen frische aus. Windeldienste waschen in modernen, sparsamen Industriemaschinen mit hygienisch einwandfreien 90 °C.

Ein weiterer Spareffekt steckt in der Wahrscheinlichkeit, dass Kinder mit Stoffwindeln früher trocken werden, denn das Kind spürt deutlicher die Nässe und entwickelt ein natürliches Interesse daran, ohne Windel auszukommen. Dabei ist der Urin, da er antiseptisch ist, durchaus hautfreundlich. Manche Windeldienste sind vom früheren Trockenwerden so überzeugt, dass sie ab einem bestimmten Alter die Windeln umsonst liefern. Besonders für Babys mit empfindlicher Haut können sich Stoffwindeln als verträglicher erweisen.

Falls Sie sich für Öko-Wegwerfwindeln entscheiden, sollten Sie testen, ob sie wegen der niedrigeren Aufnahmekapazität häufiger wickeln müssen. Dann nämlich würde der positive Effekt auf die Ökobilanz wieder geringer ausfallen. Weitere Entscheidungshilfen finden Sie unter www.naturwindeln.de.

Und das kommt dabei raus

Die Müllgebühren sollten Sie nicht unberücksichtigt lassen, da diese eine wesentliche Rolle bei der Kalkulation spielen – vor allem, wenn Ihre Gemeinde den Abfall in Kilogramm abrechnet. Zu den Müllgebühren gehören die Gebühr je Personenanzahl (hier also nur das Baby), Müllabfuhrgebühren, Grundgebühr je Mülltonne oder Preis pro Kilogramm. Bei mehr als einem Kind fällt der Kauf von Stoffwindeln nur einmal an, so dass Sie je nach Marke bis zu 880 Euro sparen können. Zugrundegelegt wurde eine Wickelzeit von je zweieinhalb Jahren im Vergleich mit Wegwerfwindeln mittlerer Preisklasse. Der Verband der Windeldienste in Europa geht davon aus, dass man mit einem Windelservice gegenüber Wegwerfwindeln etwa 500 Euro pro Kind sparen kann. Allerdings sind diese Rechnungen natürlich davon abhängig, wie häufig ein Kind pro Tag gewickelt wird, ob man Discounter- oder Markenwindeln kauft und ob die Müllkosten durch die dreckigen Wegwerfwindeln steigen würden. Unter www.windeldienst.de finden Sie einen »Wickelrechner«, der Ihnen dabei hilft, die eigene Bilanz zu überschlagen.

47 Immer auf Sendung – Umweltaspekte von Handy und Co.

Erinnern Sie sich noch daran? Der Spaßmacher einer Comedy-Serie ist auf der Suche nach einem Opfer für seine Straßenwette. Eine junge Frau macht mit und setzt ihr Handy. Sie verliert, das Handy wird auf dem Gehsteig zertrümmert. Lustig! Das freut besonders die Hersteller, werben sie doch gerade mit dem Lifestyle, den ihre Erzeugnisse »ausströmen«. Die ökologischen und sozialen Auswirkungen der Unterhaltungselektronik sind allerdings gar nicht lustig.

Eine besonders tragische Rolle spielt der Werkstoff Colombo-Tantalit, kurz Coltan, der für die Herstellung immer leistungsstärkerer Handys, Laptops und Playstations benötigt wird. Eine der wenigen Lagerstätten liegt in der Demokratischen Republik Kongo, wo seit Jahren gewaltsame Auseinandersetzungen stattfinden, die sich hauptsächlich um Zugang zu, Kontrolle von und Handel mit fünf mineralischen Ressourcen drehen, darunter Coltan. Überdies droht der Krieg den Kahuzi-Biega Nationalpark zu zerstören, zahlreiche Gruben sind im Park in Betrieb. Das UNESCO-Weltkulturerbe beheimatet zahlreiche seltene Tierarten, beispielsweise eine der letzten Gorillapopulationen.

Auch jene Komponenten, die auf weniger dramatischem Weg in unsere Geräte gelangen, fallen durch einen überdurchschnittlichen Bedarf an Rohstoffen, Energie und Wasser auf, etwa für ihren Transport rund um den Globus. Der Lebenszyklus von Produkten der IT-Branche ist verglichen mit anderen Waren und angesichts der enormen Ressourcen, die sie schlucken, erstaunlich kurz. Am Ende ihres schnellen Lebens werden die gestern noch begehrten Teile zu Elektronikschrott, der es in sich hat: Schwermetalle, giftige Flammschutzmittel, jede Menge Kunststoffe und so weiter. Weder für Entsorgung noch Verwertung existieren schlüssige Konzepte.

Beim Energiebedarf nicht nur der Industrienationen nimmt die mobile Kommunikation bereits eine Spitzenstellung ein. Die Anzahl der weltweit erstellten, kopierten und konsumierten Daten wird in Zettabyte gemessen: einer Zahl mit 21 Nullen, die bislang im normalen Sprachgebrauch nicht vorkam. Daraus leitet sich die Prognose ab, dass im Jahr 2020 57-mal mehr Byte produziert, kopiert und konsumiert werden, als es Sandkörner auf der Erde gibt. Dass der Energiebedarf des Internets und damit sein CO_2-Ausstoß mit dem des Flugverkehrs konkurrieren kann, sollte die Einbildung korrigieren, wie »soft« die digitale Revolution doch sei.

Wegen der Energiekosten und der ökologischen Folgen des Primärenergiebedarfs beginnt man sich immerhin Gedanken zu machen: Serveranlagen und ihre luftigen Töchter, die Clouds, sind gigantische Energiefresser und ein Stromausfall von nur einer Sekunde wäre tödlich für all die kostbaren Daten.

Wussten Sie schon ...

- »Der Kongo wird systematisch ausgeplündert«, hält die UNO in mehreren Berichten fest, die die USA und Deutschland als wichtigste Coltan-Abnehmer identifizieren.

- Taiwan schränkt die Wasserversorgung des Reisanbaus ein, um die Versorgung der Halbleiterwerke sicherzustellen.

- Die australische Studie »The Power of Wireless Cloud« lässt im April 2013 aufhorchen: Die Branche mobiler Anwendungen habe den Energiebedarf sträflich unterschätzt, bis 2015 werde er auf 43 Milliarden Kilowattstunden anwachsen – viermal so viel wie heute und ein Drittel des weltweiten Stromaufkommens.

- In Deutschland liegen rund 120 Millionen Handys ungenutzt in Schubladen und Büroschränken.

- Die weltweite PC-Fertigung braucht etwa so viel Energie wie die Millionenstadt München – einschließlich Verkehr und Industrie.

- In China kam es aufgrund desolater Arbeitsbedingungen bereits zu Selbstmorden und Massenschlägerein bei einem Apple-Zulieferer.

- In Deutschland fallen jährlich 1,1 Millionen Tonnen Elektronikschrott an. Seit September 2005 sind die Hersteller verpflichtet, Altgeräte zurückzunehmen.

- T-Mobile, Vodafone, E-Plus und O2 unterstützen aus den Umsätzen mit retournierten Handys verschiedene Umwelt- und Sozialprojekte.

- Das mobile Netz transportierte im Jahr 2011 schon achtmal so viele Daten, wie das gesamte Internet im Jahr 2000 enthielt. Der Datenverkehr wuchs im selben Jahr um über 100 Prozent.

▌▐▌ TIPPS

Für die ressourcenintensive Unterhaltungselektronik gilt ein alter Leitsatz in besonderem Maße: Kaufen Sie lieber hochwertige, langlebige und womöglich reparable Produkte.

Mit dem Leistungsspektrum der Geräte steigt auch ihr Energiehunger. Konfigurieren Sie die vorgesehenen Energiespar-Features neuer Rechner oder lassen Sie sich dabei helfen. Ältere Modelle haben die zwar manchmal nicht, verbrauchen aber auch deutlich weniger Strom.

Wenn Sie nur »einfache« Arbeiten am Rechner durchführen, wie Textdokumente erstellen, versuchen Sie möglichst lange mit einem Computer auszukommen. Sollte mal etwas haken, fragen Sie – hartnäckig – nach Reparaturmöglichkeiten. Jede wichtige Komponente eines Rechners lässt sich so ersetzen, dass sie sich nach ein bis zwei Monaten ökologisch amortisiert hat. Ab dann spart die Reparatur gegenüber der Neuanschaffung viel Energie.

Wenn Sie einen neuen Computer kaufen müssen, achten Sie auf das Umweltzeichen »Blauer Engel«. Es zeichnet sparsamen Energieverbrauch und recyclinggerechte Konstruktionen der Produkte aus. Kaufen Sie nur Monitore, die über einen energiesparenden Ruhezustand (»sleep mode«) verfügen. Fragen Sie nach einem Mini-PC, da er deutlich weniger Strom braucht und eine leisere Lüftung hat.

Unter www.murks-nein-danke.de finden Sie Elektrogeräte – nicht nur – aus dem IT-Bereich, mit »eingebauter Obsoleszenz«, also einem technisch gewollten Verfallsdatum. Wenn Sie solche Geräte nicht kaufen, leisten Sie Großes zum Umweltschutz – und Ihr Geldbeutel freut sich.

Wiederverwenden vor Wiederverwerten: Selbst wenn Recyclinganforderungen greifen, sind sie letztlich so niedrig, dass mit einem alten Gerät 95 Prozent der ursprünglich eingesetzten

Energie in die Tonne gehen. Funktioniert ein Gerät noch, versuchen Sie es zu verkaufen oder zu verschenken.

Moderne Elektronik ist randvoll mit umweltgefährdenden Stoffen. Lassen Sie daher endgültig Kaputtes fachgerecht entsorgen. Handys zum Beispiel enthalten giftige Substanzen wie Arsen, Blei, Cadmium oder Quecksilber und dürfen daher nicht einfach im Hausmüll verschwinden. Alle in Deutschland tätigen Mobilfunknetzbetreiber bieten fachgerechte Entsorgung an. Die Firma »Greener Solutions« baut alte Handys auseinander, gewinnt die teils giftigen Rohstoffe zurück und führt noch funktionstüchtige Teile einer Wiederverwendung zu. Noch gebrauchsfähige Handys werden überholt, mit einer neuen Software versehen und meist in China wiederverkauft.

Fragen Sie in den Shops Ihres Mobilfunknetzbetreibers nach einer Recyclingtüte. Entnehmen Sie vorher die SIM-Karte! Und: Handys nicht als Wetteinsatz missbrauchen ...

Fragen Sie sich: Welches Gerät für welchen Zweck? Was geht mit Netbook oder Tablet und wozu brauchen Sie wirklich den großen Rechner?

Ziehen Sie den Stecker Ihrer Ladegeräte, sobald der Akku voll ist. Ladegeräte ziehen doppelt so viel Strom, wenn sie nichts tun.

Laptops und Netbooks brauchen weniger Strom als PCs. Und wenn Sie schon Ihr Notebook am Schreibtisch neben dem Router benutzen, können Sie auch das Kabel einstecken, anstatt wireless ins Netz zu gehen.

Wenn Sie zur schnell wachsenden Zahl der begeisterten Nutzer von Kommunikationsdiensten wie WhatsApp gehören, überlegen Sie, ob Sie die Zahl Ihrer Nachrichten reduzieren können. Die rasende Geschwindigkeit der Kommunikation verleitet dazu, nicht nur viel zu schreiben, sondern auch immer öfter immer kürzere und dadurch meist immer sinnärmere Nachrichten zu verschicken. Bei einer kostenpflichtigen SMS würden Sie doch auch die Anzahl der möglichen Zeichen ausnutzen und nicht jeden Halbsatz einzeln versenden, oder?

Und das kommt dabei raus

Auch wenn Handys heute nicht mehr, wie noch Anfang der 1990er Jahre, über 800 Euro kosten, zahlen doch Menschen in den Entwicklungsländern und die Biosphäre einen hohen Preis für sie und ihresgleichen. Wenn Sie genau wissen, was ein Computer oder ein Handy wirklich leisten muss, um Ihre Anforderungen zu erfüllen, können Sie sich einiges an Geld sparen. Im Grunde ist es wie bei Benzinsparen durch autofreie Tage oder »eine Stunde Licht aus« während einer »Earth Hour«: Die Antwort liegt in der Beschränkung, auch wenn es nur teilweise und zeitweise ist. Ressourcen werden für alle teurer, unser Konsumverhalten kann die Geschwindigkeit jedoch beeinflussen. Das Berliner Borderstep Institut hat ein Gutachten zum Energiebedarf der Informations- und Kommunikationstechnik vorgelegt. Senior Researcher Ralph Hintemann sagt: »Wenn die Verbraucher mehr darauf achten, welche Umweltbelastungen die Erzeugung der Geräte oder auch die verschiedenen Internetdienste bedeuten, wenn sie das in ihre Kauf- und Nutzungsentscheidung einfließen lassen, dann werden sich die Unternehmen auf jeden Fall danach richten.«

48 Exoten auf Weltreise – Vorsicht bei Kauf und Haltung exotischer Arten

Der Traumurlaub in Afrika geht zu Ende und ein typisches Andenken soll noch lange schöne Erinnerungen wachhalten? »Schauen wir mal bei den Souvenirhändlern auf dem Markt« –

Vorsicht, mit diesen Worten begeben Sie sich eventuell schon auf den Weg in die Illegalität oder beschleunigen unwissentlich das weltweite Artensterben. Jeden Tag verschwinden etwa 70 Tier- und Pflanzenarten. Der häufigste Grund ist die Zerstörung ihres Lebensraums, doch bereits auf Platz zwei folgt der ungehemmte Handel mit Souvenirs, Haustieren, Luxusartikeln oder Arzneien. Es muss Ihnen klar sein, dass Sie sich bei deren Kauf nicht in rechtsfreiem Raum bewegen.

Ein Souvenir aus Tier

Das wichtigste internationale Gesetz, das den Handel mit seltenen Arten regelt, ist das Washingtoner Artenschutzübereinkommen (CITES) von 1973. Es listet rund 33 000 Tier- und Pflanzenarten, die im Bestand oder vom Aussterben bedroht sind. Bei dieser Menge verlieren Händler, Touristen, Sammler und Halter leicht den Blick, wo sie die Grenze zur Illegalität überschreiten. Schlimmer noch: Mittlerweile hat das organisierte Verbrechen den Artenhandel als lukrativen Geschäftszweig entdeckt.

Illegaler Besitz bedrohter Arten ist kein Kavaliersdelikt und kann empfindliche Geld- oder Haftstrafen nach sich ziehen. Der Handel mit seltenen Arten bleibt ein Drahtseilakt zwischen einer verkraftbaren Nachfrage, die dazu führen kann, dass natürliche Biotope um ihrer »Produkte« willen geschützt werden, und der heillosen Übernutzung.

Wussten Sie schon ...

- Zahlreiche Souvenirs mögen im Herkunftsland legal angeboten werden, sie nach Europa einzuführen kann dennoch illegal sein.
- Die meisten wilden Tiere und Pflanzen muss der EU-Zoll bei Touristen beschlagnahmen, die ihre »Mitbringsel« ohne Genehmigungen einführen.

- Etwa 24 Millionen Seepferdchen werden jedes Jahr aus den Weltmeeren gefischt, Europa gehört zu den größten Abnehmern.
- Nachweislich kontrollieren kriminelle Gruppierungen einen Teil des Kaviarhandels. Ein (!) großer Beluga-Stör bringt bis zu 200 000 Euro, die meisten der 27 Stör-Arten sind indes durch Überfischung bedroht.
- Der weltweite Schmuggel mit wildlebenden Tieren und Pflanzen setzt jährlich über 4 Milliarden Euro um. Nur im Drogen- und Waffenhandel liegen die Gewinnspannen noch höher.

▮ ▮ ▮ TIPPS

Für etliche Souvenirs gilt: Liegenlassen! Zu den häufigsten beschlagnahmten Artikeln zählen Produkte aus Reptilienleder, Fechterschnecken und Korallen, Schildpatt, Elfenbein, Orchideen und Kakteen, Mäntel aus Leoparden- oder Tigerfell, Schnitzereien aus seltenen Holzarten und leider oft lebende Papageien, Raubvögel oder Skorpione – sogar Affen. Achten Sie beim Kauf vor Ort darauf, ob diese Tiere hier überhaupt gehalten werden dürfen. Absolutes Besitz- und Vermarktungsverbot gilt etwa für den Amerikanischen Biber, Schnappschildkröte, Geierschildkröte und Grauhörnchen.

Wenn Sie ein Aquarium oder Terrarium zu Ihrem Hobby machen wollen, suchen Sie Arten aus, die nicht bereits stark dezimiert sind. Fast auf jedes exotische Tier, das es bis in den Handel schafft, kommen Dutzende bis Hunderte Artgenossen, die das Einfangen oder den Transport nicht überleben. Etliche Arten eignen sich auch einfach nicht für die Gefangenschaft, Seepferdchen zum Beispiel gehen eigentlich zuverlässig ein. Lassen Sie sich in der Zoohandlung die Papiere zeigen, die den legalen Import dokumentieren. Bei ausweichenden Antworten des »Fachhändlers« sollte Ihre Alarmglocke läuten.

Wenn Sie sich für bestimmte Arten interessieren, erkundigen Sie sich bei den zuständigen Behörden für Naturschutz über deren Schutzstatus. Das Siegel des Marine Aquarium Council (MAC) steht für relativ umweltverträglichen Handel mit Zierfischen.

Und das kommt dabei raus

Wer vom Zoll mit Schlangen im Reisegepäck erwischt wird, kann sich nicht damit herausreden, er hätte nichts von der Bedrohung der Tiere gewusst. Das Bußgeld kann bis zu 36 000 Euro betragen, in schweren Fällen drohen bis zu fünf Jahre Gefängnis. Spielen Sie lieber eine Rolle in den Erfolgsgeschichten des Artenschutzes: Froschschenkel gelten nicht mehr als fein, und während vor dreißig Jahren fast alle 23 Krokodilarten kurz vorm Aussterben standen, kann heute Entwarnung gegeben werden. Diese Beispiele zeigen, dass Verbraucherverhalten Entscheidendes bewirken kann.

Exoten im heimischen Biotop

Das Jahr 1492 markiert den Beginn der Kolonialisierung der Welt und gilt als das Jahr null für das Phänomen der Neophyten und Neozoen – Pflanzen und Tiere, die durch menschliches Zutun beabsichtigt oder unbeabsichtigt in andere Lebensräume gebracht werden. Ein bekannter Vorgang, der schon in kleinem Umfang zu großen Problemen führen kann. Dann nämlich, wenn sich eine Art in der fremden Umgebung als invasiv erweist. Beispiele dafür sind der aus Nordamerika stammende Waschbär, der sich mittlerweile in Berlin und Kassel besonders wohlfühlt, oder das Grauhörnchen, das dabei ist, das heimische rote Eichhörnchen von den Bäumen zu vertreiben. Rotwangenschildkröten – mit bis zu 35 Zentimetern Länge und 4 Kilogramm Gewicht schnell zu groß fürs Aquarium – wohnen in fast allen deutschen botanischen Gärten im Teich, wo sie eigentlich nichts zu suchen haben. Sogar der Ochsenfrosch wird schon gesichtet. Als Kaulquappe für den Gartenteich verkauft, wird er aufgrund seiner schieren Größe zur Gefahr. In den Altrheinauen der Oberrheinischen Tiefebene pflanzt er sich munter fort und verspeist dort alles, was kleiner ist als er selbst – mit Vorliebe die ohnehin gefährdeten heimischen Amphibien.

Zwar führt das Einbringen gebietsfremder Arten selten zu solchen Phänomenen, doch ob und wann solch ein Fall eintritt, ist nicht genau vorhersehbar. Unstrittig ist aber, dass weltweiter Handel und Tourismus das Problem verschärfen. Hinzu kommt, dass der erwartete Anstieg der Temperaturen durch den Klimawandel für die eine oder andere Art plötzlich die Lebensbedingungen entscheidend verbessern könnte. Bislang tauchen zum Beispiel illegal importierte Schnappschildkröten nur vereinzelt im Schilf bayerischer Seen auf. Doch in Südeuropa vermehren sich die bis zu 40 Zentimeter langen Alligatorschildkröten bereits in freier Wildbahn. Mit ihren kräftigen Schnäbeln können die durchaus aggressiven Gesellen problemlos Kinderzehen durchbeißen.

Wussten Sie schon …

- In Hawaii übersteigt die Biomasse der Neophyten bereits die der einheimischen Arten. Schon 10 Prozent der einheimischen Pflanzenarten wurden durch Neophyten verdrängt und sind ausgestorben.
- In Großbritannien hat die aus privaten Gärten entflohene Schwarzkopfruderente die heimische Art bereits verdrängt und ist auch in Deutschland auf dem Vormarsch.
- Von den 12 000 durch den Menschen nach Deutschland eingebrachten Gefäßpflanzenarten kommen etwa 1 000 unbeständig vor, rund 400 sind etabliert und etwa 30 haben einen invasiven Charakter.

- Der eingeschleppte Riesen-Bärenklau und das Beifußblättrige Traubenkraut enthalten Stoffe, die beim Menschen Verbrennungen oder Allergien verursachen können.
- Von scheinbar gutwilligen Tierschützern aus Nerzfarmen freigelassene amerikanische Nerze (Minks) haben die europäische Art weiträumig verdrängt.
- Auch wenn Bisam und Waschbär niedlich aussehen: Vorsicht, sie können gefährliche Band- und Spulwürmer übertragen.

▌▌▌ TIPPS

Für den Schutz der heimischen Natur vor gebietsfremden Arten gilt das Prinzip der Vorbeugung, denn es ist nicht sicher vorherzusagen, welche Art sich – möglicherweise nach einer längeren Latenzzeit – plötzlich als schädlich erweisen könnte. Deshalb gilt grundsätzlich: Bringen Sie aus dem Urlaub keine Pflanzen oder lebende Tiere mit. Auf der Seite des Bundesamtes für Naturschutz (www.bfn.de) finden Sie eine Liste der Arten, deren Einfuhr genehmigungspflichtig ist.

Selbst die Verpackung von Souvenirs kann es in sich haben. So ist in Holzkisten oder Paletten der Asiatische Laubholz-Bockkäfer (*Anoplophora glabripennis*) nach Mitteleuropa gelangt, wo er verschiedene Baumarten massiv schädigt. Seine Gefährlichkeit wird mit der des Ulmensplintkäfers verglichen, einem Neubürger, der durch einen Pilz das Ulmensterben verursacht.

Vom Kauf exotischer Tiere sollten Sie vor allem dann absehen, wenn Sie über die Haltungsbedingungen nicht genauestens informiert sind oder diese nicht sicher einhalten können. Wenn Sie sich dennoch für die Haltung von Exoten entscheiden, sollten Sie absolut sicher sein können, dass diese Lebewesen nicht, aus welchen Gründen auch immer, in die freie Wildbahn gelangen. Ein entlaufener Leguan ist auf einem Laubbaum kaum wiederzuerkennen und kann sehr ungemütlich werden. Die Begegnung mit Reptilien oder Giftspinnen sollte solchen Menschen vorbehalten bleiben, die dies wollen und damit umgehen können.

Unter www.floraweb.de/neoflora gibt das BfN einen Überblick über die 40 hartnäckigsten und bedenklichsten Eindringlinge unter den Pflanzen sowie Empfehlungen für den Umgang mit ihnen.

Ein Hinweis noch an Angler: Durch das Aussetzen der aus Nordamerika stammenden Regenbogenforelle gerät die heimische Bachforelle unter Konkurrenzdruck. Greifen Sie für den eigenen Fang auf hier heimische Arten zurück.

Und das kommt dabei raus

Wenn Sie sich wirklich für eine Tierart begeistern, sparen Sie sich das Geld für dubiose Händler und gönnen Sie sich eine Reise, zum Beispiel mal eine Safari. Ihre wahre Natur zeigen Tiere ohnehin nur in freier Wildbahn. Den exotischen Arten und der heimischen Flora und Fauna erweisen Sie damit einen großen Dienst.

49 Gut Holz – zeigen Sie Raubbau die Rote Karte

Die meisten von uns wissen, dass unser Überleben maßgeblich vom Fortbestehen der großen Waldgebiete abhängt. Dennoch werden jährlich fast 20 Millionen Hektar Regenwald vernichtet und »verschönern« als Gartenmöbel, Fenster- und Bilderrahmen oder Parkettböden häufig auch deutsche Heime. Allein im Amazonasgebiet wurden in den letzten Jahren jede Minute mindestens 4,5 Fußballfelder Regenwaldfläche vernichtet, so der WWF. Auch in großer Distanz werden wir die Folgen des Raubbaus über kurz oder lang am Klima spüren, vor Ort sind sie schon jetzt gravierend.

Selbst wenn nur wenige Stämme aus einem Hektar geschlagen werden, bleibt vom Rest kaum etwas übrig, nachdem der Baumriese gefallen und zerlegt ist. Auf bis zu 70 Meter breiten Trassen stoßen die Transporter der Holzfirmen in die Wälder vor, und mit ihnen pendeln Wilderer an ihren »Arbeitsplatz«: Unter der Bezeichnung *Bush Meat* bieten sie den Arbeitern der Holzfirmen und auf den Märkten Wild aus den Wäldern an, erschreckend oft auch Menschenaffen. Inzwischen sind alle sechs Primaten-Arten vom Aussterben bedroht. Kaum besser ergeht es den Waldvölkern, die, wenn nicht umgebracht, zumindest vertrieben werden.

Der einheimischen Bevölkerung tut man mit dem Kauf illegaler Holzprodukte nichts Gutes: Die Holzfäller bringt ihr Lohn gerade so über den Tag, außer einer mafiösen Oberschicht verdient vor Ort niemand.

In krassem Widerspruch zu all dem wiegen wertlose Zertifikate die Verbraucher in Sicherheit – pauschale Erklärungen, die sich Regierungen oder Holzfirmen selbst ausstellen. Indonesien zum Beispiel gehört zu den korruptesten Staaten weltweit und kein anderes Land weltweit verliert so schnell so viel Wald.

Tropenhölzer stammen mit gut 80-prozentiger Wahrscheinlichkeit aus zerstörerischem Raubbau. Doch woran erkennt man sie? Fast jeder kennt – wenigstens dem Namen nach – Mahagoni oder Teak als typische Tropenhölzer, kaum jemand dagegen die ebenso angebotenen Meranti, Balau oder Iroko. Zudem spart der Handel nicht mit irreführenden Bezeichnungen: Selbst hinter Angaben wie »Buche dekor« können sich Tropenhölzer verbergen. Auch die Färbung hilft nicht weiter: Makassar und Melapi könnten als heimisches Nadelholz durchgehen.

Wussten Sie schon ...

- Deutschland gehört mit Frankreich, Italien, Spanien, Portugal und China zu den größten Importeuren afrikanischer Tropenhölzer.

- Deutschland verfügt über 10,7 Millionen Hektar Wald, der über 30 Prozent der Gesamtfläche bedeckt, mit insgesamt 3,4 Milliarden Kubikmetern Holz.

- Jede Minute vernichtet Abholzung tropische Waldflächen in der Größenordnung von 35 Fußballfeldern.

- Ecuador verfügt über die höchste Entwaldungsrate Südamerikas. 2007 wurde per Dekret ein Holzeinschlagsverbot in allen Naturwäldern des Landes erlassen, um die Entwaldung zu bremsen.

- Die Schweizer Bank Credit Suisse hat 2007 die malaysische Holzfirma Samling an die Börse gebracht, um mit dem Börsengang weitere Abholzungen zu finanzieren. Heute macht sie mehr Schlagzeilen als Steuerfluchthelfer.

- Gewaltsame Proteste und internationale heftige Kritik haben 2007 dazu geführt, dass Ugandas Regierung Pläne stoppte, ein Drittel der letzten Regenwälder für Zuckerrohr-Plantagen zu zerstören.

- Aus Tropenholz werden keineswegs nur Luxusartikel gefertigt. Ein großer Teil endet als Sperrholz, Besenstiel, Grillkohle oder Klodeckel.

- Die Regenwälder stabilisieren das Klima – allein der Wald im Amazonas speichert 120 Millionen Tonnen Kohlenstoff – und bergen das größte genetische Reservoir: Hier leben etwa 30 Millionen Tier- und Pflanzenarten, die meisten noch unerforscht.

- Länder wie die Elfenbeinküste, die früher zu den wichtigen Tropenholzexporteuren gehörten, müssen heute sogar Holz einführen.

▮ ▮ ▮ TIPPS

Am besten, Sie entscheiden sich für Holz aus heimischen Wäldern. Gartenmöbel aus Robinie, Eiche und Esskastanie vertragen Regenwetter ebenso gut wie Teak. Lärche und Kiefer halten trocken gelagert auch lange. Und Grillkohle muss wirklich nicht aus Urwäldern kommen. Sie können sich auf die meisten Herkunftsangaben allerdings kaum verlassen. Fragen Sie vor einem Kauf also hartnäckig nach der genauen Herkunft von Hölzern oder Holzprodukten. Zwar dürfen Sie eine kompetente oder ehrliche Antwort nicht unbedingt erwarten, aber lassen Sie sich nicht mit vagen Aussagen abspeisen und signalisieren Sie, dass Ihnen die Vorgeschichte eines Produkts nicht gleichgültig ist.

Fallen Sie nicht auf Scheinzertifikate wie »aus staatlich betriebener« oder »kontrollierter Forstwirtschaft« herein. Der Malaysische Holzzertifizierungsrat *MTCC* hat sich ein eigenes, aber wertloses »Ökolabel« kreiert, und aus Myanmar kommen Unbedenklichkeitsversicherungen der »Myanmar Timber Enterprise«. Faktisch hat die dortige Militärdiktatur mit Raubbau den Bürgerkrieg finanziert. Auch Holz mit dem PEFC-Siegel kann aus Kahlschlägen in Urwäldern stammen. Immer häufiger werden Produkte aus »Plantagen« angepriesen. Für diese Plantagen wurde meist Urwald gerodet, außerdem laugen sie die nährstoffarmen tropischen Böden schnell aus.

Von allen Zertifikaten garantiert das FSC-Siegel des *Forest Stewardship Councils* die höchsten ökologischen und sozialen Standards. Es ist damit immer noch das glaubwürdigste Gütezeichen für Holz und Holzprodukte – nicht nur tropischer Herkunft. Greenpeace nennt es »nicht perfekt, aber ohne bessere Alternative«. Mehrere Baumarktketten führen Produkte mit dem FSC-Siegel, ebenso bekannte Möbel- und Papierhersteller. Allerdings ist darüber mittlerweile Zwist zwischen verschiedenen Umweltorganisationen ausgebrochen. Der Verein »Rettet den Regenwald« kritisiert zum Beispiel, dass der FSC sein Siegel an ein großes schwedisches Möbelhaus vergeben hat, obwohl es in russische Urwälder vordringt. Ihre Kritik formulierte die Organisation in der Kampagne »Wohnst Du noch oder zerstörst Du schon?«.

Und das kommt dabei raus

Es ist sicher einzusehen, dass Holz aus umwelt- und sozialverträglicher Waldwirtschaft nicht so billig sein kann wie Rohstoffe aus rücksichtslos ausgeplünderten Wäldern. Bei einheimischem Holz fallen allein schon die höheren Löhne ins Gewicht, für FSC-Holz beträgt der Aufpreis zwischen 2 bis 10 Prozent. Auf dem Preisetikett eines billigen Gartenstuhls aus Tropenholz müsste indes geschrieben stehen: »Hergestellt ohne Naturschutz, ohne Lohn, ohne Sozialversicherung, ohne Skrupel«. Wer Tropenholz kauft, muss sich über die Folgen im Klaren sein: Über die Hälfte der Tropenwälder ist bereits verschwunden. Geht es weiter wie bisher, wird vielleicht schon die nächste Generation ihr Ende miterleben. Und von einem stabilen Klima wird dann keine Rede mehr sein. Kaufen Sie dagegen heimisches Holz aus verantwortungsvoller Bewirtschaftung, sichern Sie damit auch Arbeitsplätze vor Ort und unterstützen Sie regionale Wertschöpfung und Stoffkreisläufe.

50 Nutzen statt besitzen – es muss nicht immer »meins« sein

In den vergangenen Jahren ist immer mehr Menschen aufgegangen, dass sie, um etwas aufzuhängen, eigentlich gar keine Bohrmaschine brauchen, sondern ein Loch in der Wand. Das Thema »Nutzen statt besitzen« hat es vom Nischendasein in ökologisch bewegten Kreisen auf die Titelseite von Magazinen geschafft. Internetbörsen zum Tauschen, Teilen und Wiederverkaufen schießen wie Pilze aus dem Boden: Da wechseln wenig getragene Markenklamotten auf www.kleiderkreisel.de die Besitzer und bei organisierten Tauschpartys wie »Swap in the City« erhält der Kleidertausch Eventcharakter. Kaum etwas, das nicht getauscht oder geteilt werden kann, vom Segelboot über Schlafgelegenheit oder das eigene Auto bis hin zu Lebensmitteln. In den Großstädten liefern sich Daimler (mit »car2go«) und BMW (mit »Drive-Now«) Kämpfe um eine neue Spezies von Autofahrern: zumeist junge Leute, die ein schnittiges Stadtauto lieber per Smartphone ordern und spontan nutzen, anstatt es zu besitzen. Haben sie unter anderem doch erkannt, dass in den Städten bis zu 60 Prozent Parksuchverkehr herrscht.

»Collaborative Consumption«, gemeinschaftlicher Konsum, heißt die Idee, die das *Time Magazin* zu einer der zehn großen Ideen zählt, die die Welt verändern werden. Auf der Computermesse Cebit wurde der KoKonsum als Megatrend bezeichnet. Das Wuppertal Institut für Klima, Umwelt, Energie konnte in einer Studie bestätigen, dass das Konzept »Nutzen statt besitzen« wesentliche Potenziale zur Ressourceneinsparung erschließt. Aus der Zukunfts- und Technologieforschung tönt es schon lange unisono, dass der erreichte Wohlstand nur zu halten ist, wenn es gelingt, aus den verfügbaren Ressourcen etwa zehnmal so viel wie bisher herauszuholen – und zwar indem Güter nicht nur länger, sondern auch intensiver genutzt werden.

Der Trend zum »Nutzen statt besitzen« scheint sich nun auf zwei Fakten zu stützen, die real spürbar sind: das knapper werdende Geld und die glänzenden Vermarktungsmöglichkeiten durch das Internet. Das passt. Denn gerade Dinge, die viel Ressourcen beanspruchen, aber relativ selten eingesetzt werden, bieten sich zum Mieten, Leasen oder einfach gemeinsamen Nutzen an. Bohnermaschinen, Dampfstrahler, Partyzelte und so weiter … Hochwertige, aufwändige Produkte, die den Großteil ihrer Lebenszeit in der Abstellkammer verbringen, können sich kaum bezahlt machen.

Wussten Sie schon …

- In immer mehr Großstädten werden »Foodsharing Hotspots« eröffnet, wo Sie zu viel gekaufte Lebensmittel abgeben können. Allein in Deutschland landen pro Kopf jährlich 82 Kilo Lebensmittel im Müll.
- Eine Waschmaschine im Haushalt läuft in zehn Jahren etwa 3 000-mal, im Waschsalon dagegen 30 000-mal.
- Landwirte schließen sich seit Langem zum Kauf großer Geräte in Maschinenringen zusammen.
- In jeder größeren deutschen Stadt existieren Tauschringe, in denen Waren gegen Waren oder Dienstleistungen angeboten werden.

▮ ▮ ▮ TIPPS

Machen Sie den Schritt vom Besitzer zum Nutzer. Kaufen Sie Leistung statt Produkte. Was liegt näher, als sich mit Freunden vor dem Kauf von Geräten abzusprechen, um einen privaten »Maschinenring« aufzubauen. Sie sollten sich allerdings so gut verstehen, dass Terminabsprachen und Reparaturfragen reibungslos ablaufen. Viele Heimwerkermärkte haben den Bedarf erkannt und bieten Maschinen auch zum Verleih an. Wer will schon eine eigene Motorsäge?

Bürgerzentren bieten eine gute Gelegenheit, gemeinsam genutzte Werkstätten einzurichten. Gewiefte Bastler können hier fachkundige Anleitung geben und im Gegenzug vielleicht Unterstützung bei einem Computerproblem bekommen.

Mieten und testen Sie verschiedene Geräte vor einem Kauf. Vielleicht stellt sich dabei heraus, dass Sie gar kein eigenes benötigen. Börsen für gemeinsames Besitzen können eine ganze Region bedienen. Verbraucher- und Umweltschutzorganisationen haben in zahlreichen Regionen Verleih- und Reparaturführer zusammengestellt. Diese Einrichtungen geben auch Auskunft zu »Nutzen statt besitzen« in Ihrer Nähe, fragen Sie nach.

Beachten Sie beim Online-Tausch und -Weiterverkauf auch die Transportstrecke. Machen Sie für sich selbst eine Kosten- und vielleicht auch Umweltbilanz auf, wenn Sie etwas vom anderen Ende der Republik – oder gar der Welt – bestellen.

Auf www.netcycler.de kann jeder User als Tausch für seine überflüssigen Sachen einen kleinen Spendenbetrag festlegen, der dem NABU zugutekommt. Unter www.abfallspiegel.de finden Sie eine Liste regionaler Verkauf- und Verschenkbörsen.

Viele Geräte lassen sich reparieren! Reparaturanleitungen – auch für Laien – werden immer öfter über das Internet ausgetauscht und Bastler und Tüftler wagen sich selbst an Geräte, die als nicht reparierbar gelten.

Und das kommt dabei raus

Das Konzept »Nutzen statt besitzen« kann Ihnen in vielen Fällen bis zur Hälfte der »Besitzkosten« sparen. Das Institut für Zukunftsstudien und Technologiebewertung rechnet am Beispiel eines Vertikutierers vor, dass bei der Neuanschaffung zum Preis von 500 Euro (circa 610 sFr) und zweimaligem Einsatz im Jahr die alleinige Nutzung 85 Euro (circa 104 sFr) pro Jahr, die Miete eines solchen Gerätes etwa 50 Euro (circa 61 sFr) im Jahr und die gemeinschaftliche Nutzung mit einem Nachbarn nur 42,50 Euro (circa 52 sFr) kosten würde. Die Rechnung basiert auf Wartungskosten von 50 Euro (circa 61 sFr) und Betriebskosten von 3 Euro (rund 3,70 sFr) pro Jahr bei einer Nutzungsdauer von 15 Jahren.

Klar, das Konzept ist bei Herstellern und Einzelhandel nicht beliebt, weil sie zurzeit noch so wirtschaften, dass ihr Gewinn davon abhängt, möglichst große Mengen an Rohstoffen in Waren umzusetzen und diese loszuschlagen. Bleibt die Produktverantwortung aber beim Hersteller, verschieben sich auch seine Interessen: Güter sollen dann möglichst lange halten, wenig Energie und wenig Ressourcen verbrauchen.

Gut angelegt – wohin mit all dem Geld?

Sie haben Geld übrig, zum Beispiel durch Sparmöglichkeiten, die Sie auf den vorherigen Seiten kennen gelernt haben? Vielleicht möchten Sie es gewinnbringend anlegen? Investitionen in Edelmetalle und Wertpapiere führen aber oft auf Umwegen zu Schaden. Etliche Geldanlagen fließen in ökologisch und sozial unverträgliche Geschäfte, oft ohne Wissen der Anleger.

Es geht auch anders: Eine wachsende Anzahl von Kleinanlegern und Großinvestoren beweist, dass auch »grünes Geld« Rendite abwirft. Nachhaltige Anlagen berücksichtigen ausgewogen ökologische, soziale und finanzielle Kriterien. Grüne Aktien können von Umwelttechnikunternehmen ausgegeben werden, von jungen Unternehmen mit besonders ökologischen Fertigungsprozessen oder auch von Großunternehmen, die in ihrer Branche durch überdurchschnittliche Umwelt- und Sozialstandards hervorstechen.

Viele Anleger wollen nicht nur wissen, dass ihre Geldanlage sauber ist. Sie verlangen zudem, dass ihr Investment einen Beitrag zur Verbesserung der Umwelt leistet. Das Carbon Disclosure Project (CDP), ein internationales Bündnis aus Banken, Versicherern und Pensionsfonds, befragt über 3 000 Konzerne weltweit (darunter auch die 200 größten deutschen) über ihre Kohlendioxidbilanz und Klimastrategien und macht die Ergebnisse allen Investoren offen zugänglich. 655 institutionelle Investoren, die zusammen mehr als 78 Billionen US-Dollar Vermögen verwalten, unterstützten das CDP in 2012. Unternehmen, die sich der Befragung verweigern, droht das CDP, Kapital zurückzuziehen.

Wussten Sie schon …

- ▬ Vorreiterländer der Idee sind Großbritannien und die USA. Hier bestimmt »grünes Geld« schon weit über 10 Prozent des Anlagemarktes.

- Ohne grüne Geldanlagen wären viele ökologisch orientierte Unternehmen nie gegründet, umweltfreundliche Projekte nicht gestartet worden.

- Unternehmen mit einem effektiven Umweltmanagement machen genauso gute Gewinne und grüne Fonds liefern eine ebenso gute Performance wie die konventionelle Konkurrenz.

- Vergleichbar dem DAX zeigt der NAI (NaturAktienIndex) die Unternehmensentwicklung von zwanzig umweltverträglichen Firmen aus elf Ländern an. Seit 2007 gibt es an der Deutschen Börse auch den ÖkoDAX für Börsen-Unternehmen, die im Bereich Umweltschutz und Nachhaltigkeit tätig sind. Und der RENIXX ist ein weltweiter Aktienindex für erneuerbare Energien.

- Ende 2012 konnten Anleger zwischen gut 380 Nachhaltigkeitsfonds mit einem Gesamtwert von rund 35 Milliarden Euro in Deutschland, Österreich und der Schweiz wählen.

▮ ▮ ▮ TIPPS

Lassen Sie doch mal Ihr Geld »die Welt retten«. Seitdem auch die großen Banken und Versicherungen im Bereich grüner Geldanlagen aktiv sind, bietet der Markt für die meisten Kategorien von Finanzprodukten grüne Varianten, seien es Aktien, Investmentfonds, Rentenpapiere oder Zertifikate. Inzwischen existiert sogar eine Reihe von entsprechenden Produkten für Anleger, die sehr liquide Geldanlagen benötigen.

Manche Finanzberater bestreiten noch den Ertrag grüner Anlagen. Lassen Sie sich dadurch nicht verunsichern: Es stimmt nicht. Nur wenige Banken haben Anlageberater, die sich mit grünem Geld auskennen. Ausgemachte Ökospezialisten sind die EthikBank eG, die GLS Gemeinschaftsbank eG und die Umweltbank AG.

Wenn Sie sich für Aktien oder Direktbeteiligungen entscheiden, können Sie sich oft ein ganz gutes Bild davon machen, wohin Ihre Ersparnisse fließen. Bei Fonds oder Sparkonten ist das schon schwieriger. Kein Bereich grüner Geldanlagen hat sich in den letzten Jahren so schnell entwickelt wie Investmentfonds. Der Boom hat schwarze Schafe angelockt. Transparenz sollen europaweite Leitlinien schaffen, die die Anbieter von Öko-Fonds einführen. Schutz bietet auch ein Blick in die grau-grüne Liste der Zeitschrift Öko-*Invest* oder die schwarze Liste der Verbraucherzentrale Berlin.

Am besten, Sie machen sich selbst kundig. Besonders, wenn Sie in Grüne Fonds investieren wollen, sollten Sie nicht ohne eine eigene Vorstellung ins Gespräch mit Ihrer Bank gehen. Einen guten Einstieg in die Thematik vermitteln Ihnen Websites wie www.nachhaltiges-investment.de oder www.ecoreporter. de. Fortgeschrittenen empfiehlt sich *Grünes Geld – Das Handbuch für ethisch-ökologische Geldanlagen 2012/2013* des Öko-Invest-Experten Max Deml.

Und das kommt dabei raus

Mit Geld können Sie viel bewegen, auf die Richtung kommt es an. Wird Kapital gebündelt, entsteht eine Kraft, die unökologische Unternehmensaktivitäten stoppen kann. Besonders wirksam sind da Fonds oder Lebensversicherungen. Als Großanleger können diese die Unternehmen drängen, ihre Umweltleistungen zu verbessern. Noch wird diese Möglichkeit zu wenig genutzt. Erschließen Sie sich als Anleger dieses Potenzial für den Umweltschutz.

Danksagung

Mein Dank gilt all jenen in Deutschland, Österreich und der Schweiz, die mit ihrer großzügigen Unterstützung dieses Buch erst möglich gemacht haben, im Besonderen Alexa Eicken und Bettina Vollmer sowie den Mitarbeiterinnen und Mitarbeitern folgender Institutionen und Organisationen:

Allgemeiner Deutscher Automobil Club, Allgemeiner Deutscher Fahrrad-Club, Arbeitsgemeinschaft ökologischer Landbau, Bodenbündnis europäischer Städte und Gemeinden, Bundesamt für Umwelt, Wald und Landschaft, Bundesministerium für Umwelt, Naturschutz und Reaktorsicherheit, Bund für Umwelt und Naturschutz Deutschland, Bundesverband CarSharing, Bundesverband Deutscher Industrie und Handelsunternehmen für Arzneimittel, Reformwaren, Nahrungsergänzungsmittel und Körperpflege, Deutsche Energieagentur, Deutsche Gesellschaft für Sonnenenergie, Deutsches Institut für Urbanistik, Fachagentur Nachwachsende Rohstoffe, FoodFirst Informations- & Aktions-Netzwerk, Forest Stewardship Council, Fraunhofer IZM, GEW RheinEnergie, Global 2000, GermanWatch, Greenpeace, Initiative 2000plus, Inobat, Naturschutzbund Deutschland, Niedrig Energie Institut Detmold, Pro Natura, Öko-Institut Freiburg, ökotest, Rat für Nachhaltige Entwicklung, Rettet den Regenwald, Transfair, Umweltbundesamt Berlin, Umweltbundesamt Wien, Verkehrsclub Deutschland, Verkehrsclub Österreich, Verkehrsclub der Schweiz, Verbraucher Initiative, Verbraucherzentrale Bundesverband, World Wide Fund for Nature.

Köln im Mai 2013
Andreas Schlumberger

INES POHL (HG.)

192 Seiten
ISBN 978-3-938060-34-6
€ 12.95

»Wer das Buch liest, bekommt Lust auf Gesellschafts-,
Klima- und Sinneswandel.«
wienerzeitung.at

Heute schon die Welt verändert? Nimm die Dinge wieder
selbst in die Hand! In 50 Kapiteln beschreiben, empfehlen
und kommentieren die AutorInnen, was getan werden
kann, um die zivilgesellschaftliche, soziale und ökologische
Entwicklung voranzubringen und das Gemeinwohl wieder in
den Mittelpunkt zu stellen.